U0425046

ΦΙΛΟΛΟΓΙΑ

爱言：古典语文学

古典语文在中国

拉丁语在中国

另一种中西文化交流史

Latin in China

Leopold Leeb

A Special Story in the Encounter between China and the West

［奥］雷立柏 著

西北大学出版社

·西安·

项目支持

中央高校基本科研业务费项目

（No. 2023CDJSKJC05）

国家社科基金重大项目“《古典拉丁语汉语大辞典》编纂”

（16ZDA214）

目　录

序

如果谁想更深入、更透彻地了解中西文化关系史，这本书将会极有裨益。尽管论及中西交流的著作浩如烟海，但这本书却有其不同之处。它不仅是在介绍一种古老的语言，还是在描绘一幅充满友谊的历史画卷，友谊的双方就是拉丁语和中国。从中世纪到21世纪，中西关系史的关键词有贸易、战争、侵略、进出口、港口、外交等，现在雷教授为我们添加了另外一个关键词，即拉丁语。

谁在中国学习拉丁语？他们学习拉丁语的目标是什么？谁在中国教授拉丁语？谁在中国编写拉丁语著作或词典？谁曾阻碍拉丁语教学的发展？谁曾促进拉丁语教学的发展？哪些中国经典被译成拉丁语？哪些拉丁语经典被译成中文？

这本书将特别强调人类一直以来致力于彼此沟通的努力，过程永久却触及柔软，因为拉丁语是西方学者的语言，但作者笔触汩汩流淌出来的是对中国的热爱。

另外，此书也非常实用，包含了翔实的信息。它不仅提出了学术研究的新范围，提供了有关语言学习的新观点，还解释了学术界尚未探索的领域。

同时，此书作者雷立柏教授是当今在中国写就拉丁语著作最多的学者。很多欧洲人甚至一直认为他是中国人，直到在中国亲见此人，惊诧不已。所以他在一定程度上是连接中西的一座完美桥梁，而我身为他的朋友，与有荣焉。

北京外国语大学拉丁语言文化中心有雷教授作为顾问亦非常荣幸。

在此，希望您——亲爱的读者——可以通过这本书感受并分享作者对拉丁语的痴迷和狂热。

麦克雷（Michele Ferrero）
Latinitas Sinica
北京外国语大学中国海外汉学研究中心、拉丁语言文化中心

自 序

本人为2009年出版的《韦洛克拉丁语教程》(*Wheelock's Latin*)写了一篇小序，名为“拉丁语在中国”，只有两页，但据说这个序后来也唤起了一些中国读者对拉丁语的兴趣。实际上，我一直想写一部比较充分的“拉丁语在华发展史”，如今试图完成这个研究任务。本书最后一章试图说明拉丁语近几年的新发展，与我自己也有关系。

我于1988年到中国台湾学习汉语时认识了台湾辅仁大学的葛莱士(Kalesse)神父，一位55岁才开始学习汉语但已经能写出优美汉字的德国人。他当时已经60岁，并计划在辅仁大学建立一所古典学中心。葛神父的理想给了我一些启迪，更重要的是，他还赠送给我他的部分工具书。1995年我来到北京，先在北京大学读书并在1999年获得博士学位，此后在中国社会科学研究院世界宗教研究所进行研究和翻译，从2002年年底起我开始给中国社会科学研究院研究生院的少数博士生教拉丁语，此后一直不断地教授古典语言。我从2003年以来就提出“学习西方三个代表”的梦想，即学习西方古典文化的三种代表语言(古希伯来语、古希腊语和拉丁语）[1]。2004年2月我开始在中国人民大学文学院教授拉丁语，同时编写拉丁语教材和词典。因此，拉丁语在中国的历史和我有关系，我不是一个冷静的、客观的旁观者，而是一个"推动者"。正如古代历史学家波利比乌斯（Polybius，前200—前118年）所说，一个学习或记载历史的学者应该亲自去观察（autopsia，目睹），甚至应该亲自去参与所发生的事（autopathia，亲自感受）[2]。这方面我也许有一定的优势：我看过很多学习拉丁语的中国人，也知道拉丁语教学的苦与乐。为了拉近中国学生和拉丁语的距离，我还编写了一本《中国学生简明拉丁语入门》，其中的内容多用中国学生比较熟悉的中国地理知识和中国历史资料。[3]另外，我还尝试根据17世纪西方传教士对儒家经典作的拉丁语译文编写了一部《孔子教拉丁语：基于〈伦语〉的拉丁语入门教程》，这也同样是一部语法教材，但其中分析的语句大多都来自《论语》，这样不仅能引导学生学习拉丁语语法、熟悉孔子的思想，还能反省古汉语的翻译问题。[4]

在这20多年里，我目睹了拉丁语在北京的发展，但10年在中国历史上不算是一个很长的时段，所以我很想知道拉丁语在近50年、近100年，甚至近500年的发展。写这段历史相对容易，因为

---

① 欧洲的文艺复兴者很早就提出这种要求，比如他们于1517年在荷兰莱顿（Leiden）创办了一所"三语学院"（Collegium trilingue），教授三种古代语言，即古希伯来语、古希腊语和拉丁语。

② 参见雷立柏《西方经典英汉提要：古希腊罗马经典100部》，世界图书出版公司，2010年，151页。

③ 参见雷立柏《中国学生简明拉丁语入门》，汕头大学出版社，2021年。

④ 参见雷立柏《孔子教拉丁语：基于〈伦语〉的拉丁语入门教程》，西北大学出版社，2025年。

资料不多。德国学者曼弗雷德·富尔曼（Manfred Fuhrmann）曾写过一部名为《拉丁语和欧洲》[1]的历史研究著作，情况当然完全不同。他只能从德国的角度来写，因为法国和英国的拉丁语传统也都是一片大海，难以“穷尽”。欧洲的大学教育从 13 到 19 世纪多以拉丁语为教学语言，所以欧洲的法学史、医学史、哲学史、宗教学史都以拉丁语文献为主，直到十八九世纪才开始更多地用本地语言。

我写《拉丁语在中国：另一种中西文化交流史》的目的，不是悼念哀叹拉丁语在华的失败，也不是为那些愿意使拉丁语征服中国的人歌功颂德。我写这部著作的目的，首先是让自己比较全面地了解这种伟大的语言在这个伟大的民族中的传播史和“接受史”（德国人所说的 Rezeptionsgeschichte）。第二，我希望更多中国人反思自己的语言（普通话，现代汉语）和拉丁语的内在关系[2]，这样可以发现学习拉丁语的魅力和古典学研究的必要。第三，我想改变部分中国人对拉丁字母的态度。毫无疑问，部分中国人反对拉丁字母的原因之一是他们没有学过英语或拉丁语，他们反对一种自己不认识的东西，正如拉丁语俗语所说：“Damnant quod non intellegunt（他们谴责他们自己不懂的事）。”[3]实际上，拉丁字母在中国的传播已经有 500 多年的历史，可以说它已经成为中国文化的一部分，也早已成为每一个中国人每天看到的、用到的沟通工具（汉字输入法

---

① Manfred Fuhrmann, *Latein und Europa. Geschichte des gelehrten terrichts in Deutschland von Karl dem Grossen bis Wilhelm II.*, Koeln, 2001.

② 参见雷立柏《中西跨文化常用语词典》，即将出版。

③ 参见雷立柏《拉丁成语辞典：拉丁－英－汉语并列》，宗教文化出版社，2006 年，86 页。

几乎都用 ABC 和拼音）。

我希望更多中国人热烈地拥抱拉丁语，或至少认同拉丁语。“认同”意味着首先得“认识”这种语言的来龙去脉，才可以“赞同”中国小孩子和大学生学习它。“认识”是“支持”的前提，正如法律格言所说：“Nihil est volitum quod non est praecognitum（人们需要先认识某一个东西，然后才可以正式要它。不被认识的东西也不能被追求）。”[①]

本人希望，拉丁语成为中西文化交流的有效桥梁，成为一条让更多人走的“大道”，不再停留在“小语种”的角落里。

祝君阅读愉快！

雷立柏（Leopold Leeb）

中国人民大学文学院

2014 年 10 月

① 参见雷立柏《拉－英－德－汉法律格言辞典（包括罗马法和教会法的格言）》，宗教文化出版社，2008 年，149 页。

拉丁语在中国的大事年表

公元前36年：一群罗马军定居甘肃金昌地区。

公元635年：景教传教士阿罗本来长安（西安），开始翻译“大秦”（罗马帝国）的文献。

1305年：意大利传教士孟高维诺神父在北京教一批幼童拉丁语和希腊语。

1591年：利玛窦神父开始用拉丁语译《四书》，将世界地名译成汉语（《坤舆万国全图》）。

1594年：范礼安神父在澳门建立修道院，欢迎中国和日本学生学习拉丁语。

1605年：北京南堂的图书馆成立，即中国最著名的拉丁语图书馆。

1624年：一些荷兰传教士在台湾编写最早的拉汉字典。

1626年：金尼阁在杭州出版《西儒耳目资》，首次系统地为汉字加上拼音。

1627年：在嘉定会议上，耶稣会传教士和中国信徒谈论翻译问题。

1638年：罗文藻首次去菲律宾学习拉丁语。

1645年：最早赴欧洲的中国留学生、耶稣会会士郑玛诺和罗历山神父一起从澳门出发。

1655 年：利类思在北京翻译了许多拉丁语文献，包括《神学大全》。

1659 年：教宗亚历山大七世允许不懂拉丁语的中国圣职人员朗诵弥撒的拉丁语经文。

1681 年：中国耶稣会会士沈福宗在罗马、巴黎等地用拉丁语和欧洲学者、贵族人士交谈。

1682 年：奥地利人恩理格编写了一部《汉拉大字典》。

1694 年：意大利方济会传教士叶宗贤神父完成了他的汉拉词典《汉字西译》。

1707 年：白日升神父——《新约》的译者——去世。

1710 年：18 世纪最著名的中国拉丁语作家李安德到泰国留学。

1723 年：马国贤带四位中国学生到意大利学习，1732 年在那不勒斯创立他的拉丁语学院。

1728 年：法国耶稣会传教士马若瑟用拉丁语写成《汉语教程》。

1750 年：五名中国耶稣会会士去巴黎，在耶稣会学院受（拉丁语）教育。

1780 年：法国传教士韩梅尔在云南省昆明市石林县的龙溪村创办了一所拉丁语学院。

1784 年：北京主教汤士选在澳门重新创立圣若瑟修道院。

1793 年：掌握拉丁语的中国司铎李自标担任英国马嘎尔尼使团觐见乾隆皇帝的译员。

1803 年：四川会议用拉丁语规定教务。

1813 年：19 世纪初在华最有影响的拉丁语学者江沙维神父来到澳门。

1828 年：薛玛窦神父将北京北堂图书馆部分书籍迁到崇礼西湾子。

1844 年：上海、西湾子、南昌、南阳等地建立修道院，培养中国司铎。

1848 年：上海徐汇公学创立，这是第一所提供多种外语教育的学府，包括拉丁语教育。

1860 年：中国 19 世纪最有名的拉丁语学者黄伯禄毕业，晋升司铎。

1874 年：中国司铎汪朝恩按拉丁拼音编排《康熙字典》书名《五音集字》。

1883 年：法国苦修会在河北杨家坪山区建立隐修院，举行最完美的拉丁语礼仪和祈祷。

1886 年：传教士艾约瑟出版《希腊志略》《罗马志略》。

1895 年：大量新词开始从日本流入中国，大多与拉丁语有关系。

1899 年：中国 20 世纪最有影响的拉丁语教材编者谢大任诞生。

1902 年：蔡元培和梁启超在上海向马相伯学习拉丁语。

1906 年：贝迪荣神父的《辣丁中华字典》在上海问世。

1911 年：孙中山在华推动“共和国”的理念。

1919 年：五四运动和白话文运动意味着拉丁语思想观念被引入。

1921 年：德国传教士苗德秀的《拉丁中华哲学辞典》在山东兖州出版。

1924 年：上海的全国主教会议支持拉丁语教育。

1928 年：天主教《公教教育丛刊》问世；国民政府大学院（教育部）公布“国语罗马字拼音法式”。

1933 年：北京公教大学（台湾辅仁大学）提供拉丁语课程。

1940 年：中国天主教有 190 所小修院和 36 所大修院，共 6000 名学生。

1946 年：山东人田耕莘主教成为亚洲第一名枢机主教，他用拉丁语和外界沟通。

1949 年：新中国成立。一些天主教修道院搬迁至国外或关闭。

1950 年：毛主席决定放弃“以罗马字代替汉字”的方案并支持用简体字的方案。

1956 年：中国开始出版《马克思恩格斯全集》的中文译本，其拉丁语概念潜移默化地影响着无数中国人。

1957 年：20 世纪最大的汉拉字典——彭加德神父的《中华拉丁大辞典》——在香港出版。

1965 年：中国司铎吴金瑞的《拉丁汉文辞典》在台湾出版，仍然用文言文。

1960—1970 年：中国各地的许多教堂、教会图书馆和拉丁语文献被烧毁。

1982 年：天主教上海佘山修道院重新开课，学生学习拉丁语。此后北京等地的修道院重新建设。

1984 年：东北师范大学世界古典文明史研究所在长春创立。

1988 年：商务印书馆出版谢大任主编的《拉丁语汉语词典》。

1993 年：中国大部分地区的天主教弥撒礼仪已从拉丁语转到汉语。

2002 年：中国学者刘小枫着手主编古典学方面的研究丛书。

2009 年：20 世纪美国最著名的拉丁语教程的汉译本《韦洛克拉丁语教程》在北京出版。

2010 年：北京外国语大学创立拉丁语言文化中心。

2011 年：北京大学西方古典学中心创立。

2016 年：北京外国语大学决定开设拉丁语专业。

导论：拉丁语的传播史

和世界其他地区一样，19 世纪以来许多亚洲国家使用拉丁字母，比如印度、印度尼西亚、菲律宾、越南，等等。16 世纪以来，欧洲许多新的东西传到亚洲，比如土豆、西红柿、欧几里得的几何学、世界地图和拉丁字母。在澳门活动的耶稣会传教士于 16 世纪 90 年代成立了亚洲第一所大学，即“圣保禄学院”，而占领菲律宾的西班牙人于 1610 年在马尼拉（Manila）建立一所大学，即“圣托马斯大学”。一直到 19 世纪，这些学府的教学语言主要是拉丁语（还有葡萄牙语和西班牙语）。原先使用汉字的地区，比如中国、越南、日本、韩国，除汉字以外还采纳一些比较简单的文字体系。法国传教士罗历山（Alexandre de Rhodes，1593—1660）[①] 用拉丁字母写下越南语并编写双语词典，他的书写方式在 19 世纪传播至各地，在 20 世纪初成为越南的改革者和爱国主义者所采纳的文字，这样成为越南的官方文字体系，可以说拉丁字母在越南的影响非常大。

在那些曾受儒家传统影响的国度（主要是中国、日本、韩国、越南），中国字（汉字）长期影响了那些民族的语言、思想和文化

① 关于罗历山的资料，参见雷立柏《中国基督宗教史辞典》，宗教文化出版社，2013 年，304 页。

传统，所以在部分文人眼中，汉字是一种永不可丢失的文化遗产。日本人和朝鲜人在中世纪和近代发明了自己的文字，而越南人接受拉丁文字是一种“例外”现象，只能在特殊的历史和政治条件下发生。作为一种奇特的文化传播现象，罗历山的工作可以算是非常成功的。值得注意的是，后来还有很多其他的传教士出于宗教情怀和传教热忱为许多亚洲民族（少数民族）发明一种 ABC 字母，并且经常用拉丁字母写下本地语言的发音，甚至对汉语方言也这样做过。比如厦门方言的《圣经》译本分汉字译本和罗马字译本，罗马字《新约》全译本刊行于 1856 年，译者都是新教传教士，即罗啻（Elihu Doty）、卫三畏（Samuel Wells Williams）等。①

中国小孩在小学普遍使用拉丁语的 ABC 学习汉字的发音，不过在小学二三年级就禁止小孩继续使用 ABC 并鼓励他们完全用汉字写文章。同时，大部分中国人在手机或电脑上打字时仍然依赖他们小时候学的拼音，很少有人使用五笔字型输入法，即一种根据汉字形状输入每一字的输入法。

从总体来看，拉丁字母在亚洲的传播相当广泛，当然，使用拉丁字母不等于会阅读拉丁语文献或懂得拉丁语文学史。从这个角度来看，拉丁语在亚洲的传播很失败，因为除日本外，可能没有任何亚洲国家有一个名副其实的“西方古典学协会”。日本的西洋古典学会（Classical Society of Japan）成立于 1950 年，但早在 1893 年，德国人柯伯尔（Raphael Koeber，1848—1923）就开始在东京帝国

① 参见张庆熊主编《基督教大辞典》，上海辞书出版社，2010 年，695 页。

大学教古希腊哲学和神话学，他的教学吸引了很多日本文人，包括木村鹰太郎（Kimura Takataro，1870—1931）。在1903—1911年间，木村已经翻译并出版了《柏拉图全集》！木村同样也提出一个扣人心弦的理论：古希腊的神话和日本的神话故事有很多“不谋而合”的地方，这又吸引了很多日本学者关注欧洲的古代传统。因此，很多日本大学在20世纪30年代已经有希腊语教师和拉丁语教师，日本语学界中的古典学研究得到了稳定的发展。日本的“古典学之父”是一位在俄罗斯受教育的德国人——柯伯尔博士，他从1893年到1914年在东京帝国大学教书，使很多具有影响力的日本知识分子对古典学感兴趣。1900年以来，日本学者翻译古希腊的文献，学习和教授古典语言，编写教材，并在日本传播关于拉丁语的知识。在21世纪初的日本，比较大的大学都有拉丁语教师。“西洋古典学会”举办的学术讨论会每年在不同的大学举行。日本人和“拉丁”还有特殊的关系，因为很多日本人会移民到拉丁美洲。

中国的情况和日本不同。中国人引入和传播外国文化的过程比较慢，其中一个因素是传统的文化优越感。从汉代以来，汉族文化，即“华夏传统”在部分人的心目中始终远远超过边缘地区或海外那些“夷狄”的文化水平，参见《论语》中的名言“夷狄之有君，不如诸夏之亡”。很多华夏的文人只认为他们自己享受很高的文化水平，同时他们无法很尊敬地对待“低下”的外国文明。这种“居高临下”的态度在古代欧洲也有，但在程度上比较微弱。比如，古罗马人很尊敬希腊语和希腊文化，长期进行翻译，而基督徒学者又尊敬古希伯来语的《旧约》，愿意研究和尊敬它。欧洲中世纪的部分文人开始学习阿拉伯语，并在文艺复兴时期对其他民族的语言和文化更有兴趣、敬畏感和好奇心。虽然如此，但在中国历史上还曾经发生过几次“学习外语的运动”。从公元400年以来，一些中国僧人赴印度取经时曾做过翻译工作，引介了很多外来词。中国伊斯兰教经堂教育的创始人胡登洲（1522—1597）曾试图教回族人民阿拉伯语和波斯语，这样能提高回族人民的知识水平。然而，唐、宋、明和清代的学者恐怕没有一个人编写过一部梵语教程或阿拉伯语汉语词典。

18世纪之前，拉丁语是欧洲学术传统最主要的载体，如果要理解西方学术传统就必须学习这门语言。和胡登洲一样，来华的传教士也愿意让中国信徒更全面、更深入地了解自己的信仰，所以他们可能也有传播拉丁语的愿望。比较阿拉伯语和拉丁语在华的传播史是一个非常有意思的研究项目。值得注意的是，对回族人民来说，阿拉伯语特别重要，《古兰经》是用阿拉伯语写的，清真寺的礼仪也以阿拉伯语进行。对天主教徒来说，拉丁语在礼仪和学术方面很重要，但《圣经》是用古希伯来语和古希腊语写的，而从16世纪以来，越来越多的神学著作是用法文、英文、德文写的，而不是用拉丁文写的。因此，来华的外国人会有这样的困惑：应该教中国修道生拉丁语（这已经很不容易），但除此之外还应该教他们另一些西方语言，比如葡萄牙语或法语，这样才可以更全面地和西方文化传统进行交流。很多来华的西方传教士都掌握三四门欧洲语言，比如利玛窦（Matteo Ricci，1552—1610）曾在印度教古希腊语和拉丁语，他的母语是意大利语，而他肯定也会一点葡萄牙语。文艺复兴时代的学者强调“多语教育”，所以他们意识到拉丁语并不是唯一值得学习的古代语言。利玛窦没有推动“拉丁语经堂教育”，也许与这种“多语性”有关系。

阿拉伯语的传入在现代汉语中留下了什么外来语的痕迹呢？拉丁语对现代汉语的形成有什么影响呢？大多数每天使用现代汉语的华人没有意识到，许多概念和术语是从拉丁语来的，比如前句中的“影响”来自中世纪拉丁语 influenca（流入、影响力、影响），而“现代”来自拉丁语的副词 modo（刚刚）和形容词 modernus（近期的，不久前的）[①]。从这个角度来看，拉丁语的潜在影响远远超过阿拉伯语对现代汉语的影响。

中国和拉丁语的相遇是两个“巨人”的相遇，即世界上最强大的民族和世界上最有影响力的语言的相遇。虽然拉丁语在中国被称为小语种（和波兰语、印尼语一样学的人少），但这种语言已经潜移默化地改变了无数中国人的思想和表达方式，从“几何学”“语法”“现代化”“国际法”“共和国”等词语来分析，许多拉丁语概念成为现代汉语的基础与核心的关键词。无论用英语 modern、汉语“摩登”或“现代”来写，无论参考法国人、英国人或德国人对“现代化”的种种论述和定义，这个词的词根仍然是拉丁语的 modo（刚刚，不久前），古代晚期（5 世纪）的罗马人第一次使用这个词时说他们生活在一个“现近的时代”（modernum saeculum）。拉丁语的词根是 60% 到 70% 的英语单词的基础，而“现

① 参见雷立柏《中西跨文化常用语词典》，即将出版。

代的”中国人又非常渴望学习英语，要与世界思想“接轨”，这样他们都会受拉丁语的影响。

对21世纪的中国人来说，应该学习拉丁语不只有一两个理由，而至少有10个重要的理由：为了更好地掌握英语，为了解现代汉语学术术语的来源，为了掌握修辞学，为了明白中西文化的交流史，为了掌握哲学、法学、历史文献等。[①]实际上，通过英语的传播，拉丁语的词根和拉丁语的思想观念在中国获得广泛的传播，但对拉丁语文学本身少有深入的理解，而关于拉丁语在中国的传播过程，据我所知只有一篇权威性的文章，即方豪先生在1969年修订的《拉丁文传入中国考》（只有38页）[②]。

---

① 参见雷立柏《为什么中国学生应该学习拉丁语？十个论点》，载韦洛克《韦洛克拉丁语教程》，世界图书出版公司，2011年。

② 参见方豪《方豪六十自定稿》，台湾学生书局，1969年，1—38页（《拉丁文传入中国考》最早在1942年发表，后来经过三次修订）。

第一章：元朝之前的文化交流

一、甘肃骊靬和古罗马的兵团（legio）

甘肃省金昌市永昌县有一个被称为“骊靬”的村子，据说这个地方的部分居民是一个罗马兵团的后裔，但是这种说法在20世纪才有，并且是一位英国历史学家在20世纪50年代首先提出来的。当地的部分居民说自己是罗马人的后裔，但在100年以前他们都没有这种自我意识。根据古罗马的记载，罗马执政官克拉苏（Crassus）的兵团败于今伊朗东北地区，被帕提亚（Parthia）人斩首，其中145名罗马军人成为帕提亚人的俘虏，后来流落各地，也许成为雇佣兵，也曾参加与汉朝的战争，17年后成为汉人的俘虏并定居在甘肃骊靬。

中国的古籍中也有一些相关的记载，比如《汉书·陈汤传》记载陈汤在公元前36年讨伐郅支的战争中发现一支奇特的军队，军队以步兵一百多人组成“夹门鱼鳞阵”，这个“鱼鳞阵”可能指罗马人称为乌龟阵（testudo）的战术，即士兵用盾在头上和周围形成一个保护层。

另外，《后汉书》记载：“汉初设骊靬”，而部分学者认为，

“骊靬”（发音：lí qián）就是来自拉丁语的兵团（legio）。实际上，英语 legion 的发音更接近“骊靬”，因为拉丁语的发音应该是“雷格欧”。

虽然在甘肃省金昌市骊靬村生活着一些黄眼睛、高鼻子、卷头发的人，但这不一定证明他们是罗马人的后裔，因为在甘肃有很多少数民族，而在中世纪的漫长岁月里也曾有很多波斯人、叙利亚人、中亚人走过丝绸之路。另外，最大的遗憾是古罗马军团没有留下任何比较有参考价值的文物，没有什么写有拉丁字的石碑，没有什么具有罗马风格的凯旋门或其他的古老建筑物，所以骊靬有“罗马人的后裔”可能是真的，但在中国的历史书上没有留下什么痕迹，就和孟高维诺（Giovanni da Montecorvino）和马可·波罗（Marco

图 1：甘肃省金昌市立的雕像中有“古罗马士兵”的像

Polo）一样：他们有很大的象征意义，但实际上的影响不大，故中国的历史书没有记录他们的故事。

2006年2月4日，作者在甘肃旅游时经过金昌，亲眼看到路边立的“罗马人像”，在那里碰巧也认识了宋国荣先生，他是永昌人，并多年以来研究“甘肃的罗马人”的问题。他送给我他2005年出版的论文集《骊靬探丛》[①]，其中介绍古书中相关的文献记载以及现代人的研究。

二、“大秦”“拂林”和“佛郎”

由于丝绸之路，中国很早就与欧洲有贸易关系，中国的丝绸送到罗马帝国，西方的产品送来中国。虽然如此，但从外来语来看没有很多明显来自拉丁语的汉语词语。中国人对罗马帝国的称呼主要是“大秦”和“拂林”（或“拂懔”“拂菻”）。另一方面，古罗马的文献中也仅仅只有“丝绸”（ser）和“丝绸人”（Seres），没有出现Qin、Han或Tang这样的单词。

根据张星烺的《中西交通史料汇编》[②]，东罗马帝国在公元627年和742年间先后七次出使中国，比如《旧唐书》这样记载公元627年使团的到来：“拂菻王波多力遣使献赤玻璃、绿金精等物。太宗降玺书答慰，赐以绫绮焉。”

① 参见宋国荣、顾善忠、程硕主编《骊靬探丛》，陕西旅游出版社，2005年。

② 参见张星烺《中西交通史科汇编》（卷一），中华书局，2003年，202页。

如果中国古书中的“拂林”来自法兰克人（Franks），则可以说这个日耳曼部落的名称和拉丁语的 francus（自由的，坦白的）有关系，亦与德语 frei（自由的）和 frech（无羁绊的）有关，参见英语的 frank（坦白）。苏其康在其《西域史地译名》中这样写道：

Farang 波斯语，地中海东岸欧洲人之称，新疆之突厥语转为 Firang，即法兰西语之 Franks，为日耳曼人的一支族，公元 253 年左右占有罗马帝国的省份，包括今天的荷兰、法国（当年的高卢 Gaul）等沿着莱茵河的地域，《岛夷志略》曰佛朗，《西使记》及《元史·郭侃传》作富浪。《顺帝本纪》作佛郎。又考《西域记》有拂懔国，《往五天竺传》有大拂临国、小拂临国，《经行记》《隋书》新旧唐书均有拂菻国，似皆出于波斯语之 Farang，以名东罗马帝国及西亚地中海沿岸诸地。①

三、“酪”和 lac（奶）的关系

在史有为先生的《外来词：异文化的使者》一书中有关于“酪”一词的分析：“酪，被认为是汉语固有的词，汉代所造，最初是指一种酒，用牛、马乳汁均可制成，以后才专指乳浆、乳酪。公元前 91 年汉李陵《答苏武书》中有‘膻肉酪浆，以充饥渴’。瑞典汉

① 参见苏其康《西域史地译名》，台湾中山大学出版社，2003 年，37 页。西方学者 Leslie 也认为“拂临”指“东罗马帝国”，参见 D. Leslie, J. Gardiner, *The Roman Empire in Chinese Sources*, Roma：Bardi, 1996：282（“There is no doubt that Fu-lin is the Byzantine Empire, based on Constantinople”）。

学家高本汉以为此‘酪’即来自阿拉伯语 'arak 的更早形式 rak，但也有其他学者表示不同意见。‘酪’上古音为 *lak，与 rak（突厥语作 raqi）相当。因此，酪来自古代阿拉伯语之 rak 并非不可能，但阿刺吉则是另一时代的外来词，与酪无直接关系。”[①]

如果说“酪”是外来语，指“乳酪”，而古代发音是 lak，这就完全符合拉丁语的 lac（牛奶，奶），和希腊语 gala、galaktos 也有关系。如果说“酪”可能来自古阿拉伯语，那么说它来自拉丁语 lac（牛奶）也并非不可能，因为两个词的发音和意义很符合。

也许汉语的“萝卜”和拉丁语 rapum（萝卜）有关系。“萝卜”一词大约在七八世纪进入藏语，音译为 la-bug。[②]《汉语大词典》没有说明“萝卜”一词的来源。[③]

四、修辞学的桥梁

除了一些地名、植物名称或菜名以外，可能还存在一些很古老的桥梁。拉丁语的表达方式和古汉语的表达方式虽然没有很明显受对方的影响，但很多比喻和隐喻是不谋而合的，比如“性”一字包括一个“生”，而拉丁语的 natura（本性、性质、自然）也和 nascor、natus sum（生育、诞生）有关系。“天生的”东西就是本性！因此，意大利人殷铎泽（Prospero Intorcetta，1625—1696）将《中庸》

① 参见史有为《外来词：异文化的使者》，上海辞书出版社，2004 年，127 页。

② 同上书，10 页。

③ 参见罗竹风编《汉语大词典》，上海辞书出版社，2012 年，688 页。

第一句话“天命之谓性”译成 Quod a caelo inditum est dicitur natura rationalis（上天所赋予的东西被称作理性的本性）。

令人感到惊讶的是汉字的“瞳”似乎是一个“小孩子”（童）在眼中，而拉丁语的 pupilla 也是一样：pupula（或 pupilla）是“小女孩”，参见英语的 pupil（指“眼珠”或“小学生”）。实际上，古希伯来语、希腊语和阿拉伯语都和汉语一样：“眼珠”和“小孩子”是一个词。也许可以这样解释这种奇特的现象：当我们看一个人的眼睛时，我们在他（她）的瞳仁中看到一个“小的人”，就是我们自己！

也许我们可以用这个现象来说明拉丁语和古汉语在修辞学上的关系：你中有我，我中有你。愿意寻找桥梁的人总会找到很多相通的地方，从象声词［比如“布谷鸟”是拉丁语的 cuculus（谷谷鸟）］到象形字。汉语“口”和“目”是拉丁语的“os”（嘴）和“oculus”（眼睛），都和圆形的 O 和 U 有关系，而且发音也都是“欧”和“乌”（参见“口”的拼音 kou 和“目”的拼音 mu）。

这里提到的例子很有限，实际上可以从很多修辞学现象比较拉丁语和汉语，比如自然界、天体的象征意义、水、火、风、植物、动物的感情意义、人的身体、年龄、疾病、生与死、家庭成员、社会生活，等等，那些不谋而合、不约而同的地方很多。下面提供一些例子，都来自雷立柏《拉丁语桥》①。

汉语“火”与“光”的写法有些相似之处，这就和拉丁语的

① 参见雷立柏《拉丁语桥：拉丁语－英语－汉语修辞学词典》，中国书籍出版社，2012 年。

incendium（火灾）、incendo（点燃）和 candeo（发光）及 candela（蜡烛）一样，“燃烧”和“发光”有同一个词根：cend = cand。

“火”的象征意义在拉丁语和汉语中很相似：incendium irae（怒火）；incendium cupiditatum（欲火）。然而，拉丁语中的“火”也有积极的意义，比如 fervor（心火，激情）和 cor ardens（燃烧的心[①]）。现代汉语“热爱祖国”中的“热爱”是积极的意思，这就意味着，现代汉语的“热爱”因受拉丁语修辞学的影响而产生。

拉丁语的 incendo aliquem（煽动某人）也可以有积极的意思，比如 incendo aliquem studio sapientiae（使某人对哲学有热烈的兴趣）。拉丁语的 inflammatio animi（心灵的热火）很接近汉语“头脑发热”的意思，可以指“激情”或“灵感”，但也意味着“不冷静”或“失控”。

“光明的”“明白的”“坦白的”这些词都有关系，而在拉丁语中是 candidus（光明的、明亮的、坦白的），参见英语的 candid（坦诚的）和北京人的“说白了”。

“光明”也指“理解”，比如参见汉语的“照亮”“启蒙”与拉丁语的 illuminatio。古犹太人也用“光明”来表达“了解”：Praeceptum Domini lucidum, illuminans oculos（上主的命令是光明的，能烛照眼睛）[②]。这种“光”都是“心灵之光”，即中世纪哲学家强调的 lumen intellectus 或 lumen mentis（理智之光）。

无论是汉语的“明显”或拉丁语的 lucidus，都可以将“光明的”

---

① 参见路加（Loukas）《新约·路加福音》，24:32。
② 参见《诗篇》（*Psalms*），18：9。

的意思转为“容易懂的”“容易明白的”意思。

明代的文人朱国祯在其《涌幢小品·僧道之妖》中说：“若从归德之言，星星之火，勺水可灭。”与此不同，《新约·雅各伯书》（Jac 3:5）中有这样的话：Ecce quantus ignis quam magnam silvam incendit!（小小的火能燃着广大的树林），而这句话指舌头和话语：“舌头也像是火”，而且作者认为这把“火”应该加以控制，不可让它自由燃烧。

“一个小小的火花”或“星星”成了“微小”的代名词，汉语的“一星半点”等于拉丁语的 scintilla（火花），比如 scintilla spei（一点点希望）。

五、《大秦景教流行中国碑》的拉丁语译文

西方文献中的“Xi' an Monument”（西安石碑）指《大秦景教流行中国碑》，这个碑立于 781 年，它记载了唐朝景教的信仰和一些历史事件。这一石碑在西方成为最为学者所知的中国石碑，而其中起关键作用的是碑文的拉丁语译文。

从内容来看，西安石碑的碑文可能受拉丁语概念的影响，比如“三一妙身”（后来译成 trium personarum unica perfectissima substantia）可能受拉丁神学“三位一体”（trinitas）和“位格”（persona）等术语的影响，而这些单词都来自北非神学家德尔图良（Tertullianus，160—230）。东方的希腊神学家也谈论神的性体（ousia）和三个位格（hypostaseis），但拉丁语神学家先有“三一”（trinitas）

这样的新词，所以可以说“三一妙身”直接或间接受了拉丁语思想的影响。

图 2：《大秦景教流行中国碑》的顶端铭文

17 世纪来华的耶稣会译者不仅将部分儒家经典译成拉丁语，他们还注意到唐朝景教传统，其中最著名的是 1625 年在西安出土的《大秦景教流行中国碑》。葡萄牙传教士阳玛诺（Emmanuel Diaz，1574—1659）——一位杰出的传教士和翻译家——将《大秦景教流行中国碑》的碑文译成拉丁语，而阿塔纳修斯 · 基歇尔（Athanasius Kircher）在他的《中国图说》（*China Illustrata*，1667，22—28 页）中向欧洲读者介绍了碑文的拉丁语译文。

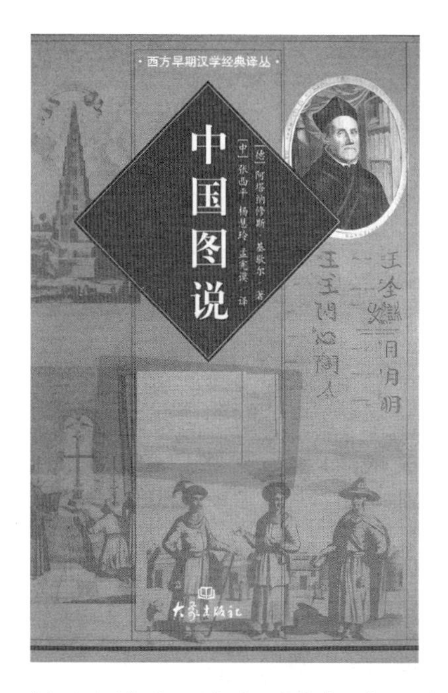

图 3：《中国图说》的汉译本（2010 年在北京问世）封面

因为《中国图说》是整个 17 世纪关于中国的最著名的著作之一，所以景教的石碑成为欧洲人最熟悉的中国石碑，一直到今天还是这样。300 年以来已经有无数的神学家、汉学家或历史学家谈论过这上面的碑文[①]，所以《大秦景教流行中国碑》在中国虽然没有特别大的名气，但它是欧洲学人最清楚知道的、最深入研究的中国石碑。

值得注意的是，在基歇尔的译文中，每一个拉丁语单词都带一个号码，这样可以指出哪个拉丁语词符合哪个汉字，译文也尽可能

① 比如北京大学教授徐龙飞的博士论文 *Die nestorianische Stele in Xi'an*，Bonn：Borengässer, 2004。

保留原文的词序。[1] 在这里我加上拉丁语译文的英语翻译，这样可以协助读者分析拉丁语的译文，现代汉语的翻译和注释均来自翁绍军的《汉语景教文典诠释》[2]。全部碑文共 1900 多字，29 行，这里只分析前面几行。

［原文］：大秦景教流行中国碑颂并序

［现代汉语］：东罗马帝国叙利亚教会来中华的序文和颂词

［拉丁语］：De magna Cyn (Judaea videlicet) clarissimae Legis promulgatae in Cium kue (id est, Sinarum Imperio) Monumentum.

［英语］：The monument of the most bright law from great Cyn (that is, Judea) which has been preached in Cium kue (that is, the Chinese Empire).

注："景教"译为 clarissima lex（最光明的法律）；"犹太教"和《旧约》都被译成 vetus lex（古代的宗教，古教，古经），所以 lex 在这里不仅是"法律"，也有"传统""宗教"的意思。参见下文"旧法"（指犹太教）。拉丁语的 promulgo, -are（传播）翻译为"流行"。Cium kue 等于今天的"Zhong guo"（中国）。

［原文］：大秦寺僧景净述

［现代汉语］：（西安）景教教堂教士景净（碑文的作者）

① 参见阿塔纳修斯·基歇尔《中国图说》，张西平等译，大象出版社，2010 年，30—100 页。

② 参见翁绍军校勘并注释《汉语景教文典诠释》，生活·读书·新知三联书店，1996 年，41—83 页。

［拉丁语］：Ta Cyn (id est, Judaeae) Ecclesiae Sacerdos, Kim Cym, retulit.

［英语］：Recorded by Kim Cym (Jing Jing), a priest of the hurch of Ta Cyn (Da Qin, that is, Judea).

注："寺"译为 Ecclesiae（教堂），"僧"译为 Sacerdos，大写可表示尊敬。Kim Cym 等于"Jing Jing"；retulit："他记载了"。

［原文］：粤若常然真寂，先先而无元，

［现代汉语］：曰若永恒平静，万有之先而无起源，

［拉丁语］：Principium fuit semper idem, verum, quietum, primorum primum, et sine origine,

［英语］：The beginning was always the same, true, quiet, the first of the first things and without origin,

注：拉丁语的译文保持词序，每一个字都有翻译（11 个汉字等于 11 个拉丁语词）。"粤若"译为 principium fuit 可能模仿《约翰福音》的开始。"常然"译为 semper idem 指"不改变"；primorum primum（在先前的东西中最先的）保留原来的形式，但将"先"理解为名词（中性表示抽象的意义）。

［原文］：窅然灵虚，后后而妙有。

［现代汉语］：渺然澄明超凡，万有之后深奥无终。

［拉丁语］：necessario idem, intelligens et spirituale, postremorum postremum et excellentissimum existens,

［英语］：necessarily the same, intelligent and spiritual, the last of the last things, and most excellent existing.

注：现代汉语给第一个字（发音：yao）的解释是“渺然”，而拉丁语的译文是 necessario（必然的），“然”译为 idem，与上文同；“灵”译为 intelligens，而利类思（Buglio）也将 intellectivum principium 译为“灵魂”。“虚”译为 spirituale，而利类思曾将 spiratio 译为“嘘也者”，见《超性学要》（S.Th. 1,1,20）。

［原文］：总玄枢而造化，妙众圣以元尊者，

［现代汉语］：主管奥秘而创造一切，超过一切圣王，给予圆满和尊严，

［拉丁语］：ordinavit caelorum polos, et fecit ex nihilo excellentissime; perfecti omnium Sanctorum, pro origine adorant, quem

［英语］：He ordered the poles of the heavens and he made from nothing most excellently the perfect of all his holy ones, whom they worship on account of the origin;

注：“造化”译为 fecit ex nihilo excellentissime，即强调，这符合正统的“creatio ex nihilo”的教义，但原文并没有精确地表达这一点。“众圣”译为 omnium Sanctorum，在基督教传统中指圣徒，但在原文下文中“圣”都指“皇上”。

［原文］：其唯　我三一妙身无元真主阿罗诃欤。

［现代汉语］：他是我们三位一体中的第一位，是无始无终

的神（Elohim / Alaha）。

［拉丁语］：ille solus personarum trium unica perfectissima substantia non habens principium, veritas Dominus Holooy.

［英语］：he alone is a unity of three persons, the one most perfect substance, not having any beginning, the truth, God Holooy.

注：景教的“三一”是“妙身、应身、证身”。“我”译为 personarum，“妙身”译为 perfectissima substantia，而 substantia 是哲学的关键词。“元”译为 principium，而“真”译为名词 veritas/truth（真理），没有与“主”联接。中国伊斯兰教多用“真主”一词。“阿罗诃”拼写为 Holooy，即希伯来语的 Elohay、Elohim，叙利亚语的 Aloho 和 Alaha，参见阿拉伯语的 Allah（安拉）。

［原文］：判十字以定四方，

［现代汉语］：他划定十字标志来规定四个方向，

［拉丁语］：Statuit Crucem per pacificare quatuor partes Mundi,

［英语］：He established the Cross for pacifying the four parts of the world.

注：“十字”提供几何学家的坐标中心点。“定”译为 pacificare（带来和平、使平安）。

［原文］：鼓元风而生二气。

［现代汉语］：激励圣灵并产生阴阳二气。

［拉丁语］：commovit originis spiritum et produxit duas mutationum causas (Sinice dicuntur ym et yam, hoc est, materia et forma)

［英语］：He moved the spirit of origin and brought forth the two causes of changes (the Chinese call these ym and yam, that is material and form).

注："鼓"译为 commovit（鼓动），"元风"译为 spiritus originis（开端的精神），"元气"被解释为"质料因和形式因"。

［原文］：暗空易而天地开，

［现代汉语］：黑暗移动而天地分开；

［拉丁语］：obscurum vacuum mutavit, et caelum, terram aperuit,

［英语］：He changed the dark abyss, and the sky and earth He revealed.

注：关于"开"，请参见《旧约·创世记》Gen 1 中几次出现的希伯来语词 jabdel［区分、分开（希腊语 diechorisen，拉丁语 divisit）］。

［原文］：日月运而昼夜作。

［现代汉语］：日月运行而昼夜运作。

［拉丁语］：Solem, Lunam circum volvit et diem, noctem fecit.

［英语］：The sun and moon revolved, and He made day and night.

注："昼夜作"的拉丁语译文是"他作了白天和黑夜"，而现代汉语翻译将"作"理解为不及物动词（即："运行""转动"）。

［原文］：匠成万物，然立初人。

［现代汉语］：造成一切，此后创造第一个人。

［拉丁语］：Artifex operatus universas res idem erigere voluit hominem,

［英语］：Like a craftsman He worked all things, and He wanted to raise up a human being.

注：“匠成”中的“匠”在拉丁语中被译为名词 artifex（工匠、技术人员、艺术家）。

［原文］：别赐良和，令镇化海。

［现代汉语］：另外赐给灵性（良知？），命令他镇守造化的众生之海。

［拉丁语］：ornato donavit amabilissimam pacifice unionis subordinationem (id est, justitiam originalem) praecipiebat quietem fluctibus maris,

［英语］：Elegantly He gave most loving subordination of a peaceful union (that is, the original justice). He ordered quiet to the waves of the sea;

注：“良和”译为 amabilissima subordinatio pacifice unionis（最可爱的、和平的结合的顺从），又将它解释为 justitiam originalem（原本的正义，即乐园中的美好状态）。在教父文献中，“海”多指不稳定或危险因素，参见奥古斯丁（Augustinus）的《忏悔录》（*Confessiones*）第 11 卷。

［原文］：浑元之性，虚而不盈。

［现代汉语］：原始本性是虚心而不自满。

［拉丁语］：integra originis natura vacua humilisque et non plena

superbaque,

［英语］：the whole nature of the origin was empty and very humble, and not full and proud,

注："浑"译为 integra(词根是 tangere，即：未接触的、未伤害的、完好的)，指堕落之前的人性。

［原文］：素荡之心，本无希嗜。

［现代汉语］：纯朴洁净的心本来没有过分的欲望和嗜好。

［拉丁语］：sequi appetitum fluctuationem corde, de se, neque levissime desiderabat.

［英语］：neither did he even lightly desire to follow the fluctuation of appetites by the heart, from himself.

注："素"译为 sequi（顺从、跟随），"荡"译为 appetitum fluctuationem(渴望、潮流)；汉语翻译将"素荡"理解为"纯朴洁净"。"希"译为 levissime（非常轻微），可能将"希"理解为"稀"。

以上是《大秦景教流行中国碑》碑文的拉丁语翻译，将汉语的碑文介绍给西方的读者。然而，反过来看，碑文介绍的是外来的思想，所以也可以认为它是西语译成汉语的文献。因此可以说，该碑文介绍了一些与拉丁语思想传统有关系的概念，比如"浑元之性"可以解释为拉丁语 integra originis natura（原始的、没有受污染的性质），即人类堕落之前的本性。所以虽然碑文是汉字写的，但其中可能会发现一些外来的概念，甚至是与拉丁语有关系的观念。

第二章：元朝

一、元代的拉丁语石碑：最早的拉丁语文物

在中国被发现最古老的拉丁语文物大概是元朝的拉丁语石碑。1952年一些工人在江苏省扬州市老城墙的南门附近发现两块石碑，关于这两块石碑已经有很多研究，比如耿鉴庭的《扬州城根里的元代拉丁文墓碑》[①]，夏鼐的《扬州拉丁文墓碑和广州威尼斯银币》[②]，在此之前，西方人已经发表过相关的文章，参见罗列奥（F. Rouleau）的文章[③]。

德国人彭廷尔（F. X. Peintinger）曾从教会艺术的角度去分析其中一块石碑的书法风格和绘画。[④]1344年设立该碑的人是一名意大利商人，这是他儿子安托尼乌斯（Antonius）的墓碑。拉丁语碑

---

① 参见《考古》，1963年，第8期，449—451页。

② 参见《考古》，1979年，第6期，532—537页。

③ F. Rouleau, "The Yangchow Latin Tombstone as a Landmark of Medieval Christianity in China", in: *Harvard Journal of Asiatic Studies*, no. 17（1954）: 346–365.

④ F. X. Peintinger, "Fund eines christlichen Grabsteins in Yangzhou (1344)", in: *Chinablätter*, no.18（1991）: 65–72；F. X. Peintinger, "In nomine Domini, ein christlicher Grabstein in Yangzhou, 1344", in: *The Chinese Face of Jesus Christ*, vol. 1, 285–292.

文共六行：

+ IN NOMINE DNI AMEN

HIC IACET ANTONIUS FILI’

QoNDAM DNI DOMINICI DE

YLIONIS QUI MIGRAVIT

ANNO DNI MCCCXXXXIIII

DE MENSE NOVEMBRIS +

［译文］：以主之名。阿们。

在此安眠安托尼乌斯，

已故多米尼库斯伊利欧尼斯先生的儿子，

他去世于

主年 1344 年

11 月。

图 4：在扬州出土的拉丁语碑文，注意其优美的排布

二、北京第一位拉丁语老师：孟高维诺

第一个来北京教拉丁语的西方人是意大利方济各会传教士若望·孟高维诺（Giovanni de Montecorvino, 1247—1328）。孟高维诺是意大利萨莱诺（Salerno）人，曾任医生、法官，后入方济各会（OFM，即 Ordo Fratrum Minorum“小弟兄会”）在波斯地区传教，由尼古拉斯四世（Nicolaus IV）教宗派到东方联络忽必烈汗（Khublai Khan），1289 年与道明会会士尼古撒斯（Nicolas de Pistorio）和威尼斯商人彼特洛（Pietro de Lucalongo）一起穿过波斯到达印度，在马德拉斯（Madras）附近生活了一年多，1293 年到泉州，1294 年到达汗八里（Cambaluc，即北京）觐见元成宗，获准在北京传教，前后建设三座教堂，在北京传教 34 年。1294—1298 年他在汪古族（Onguts）中传教，而他们的酋长阔里吉思（George）加入天主教。孟高维诺曾受到聂斯托里派（景教）人士的反对。到 1305 年为约 6000 名蒙古人施洗，而后孟将《新约》和《旧约·诗篇》译成蒙古语（汪古族语，一种突厥语）。1307 年，罗马教廷特设汗八里总主教区并于 1308 年委任他为北京总主教，统辖契丹（华北地区）和蛮子（华南地区）。1307 年有

图 5：孟高维诺的画像

几位方济各会传教士到东方，孟将他们派到泉州、杭州、扬州等地开展传教工作，但在 1368 年后好像没有人来接管孟主教在北京的工作。他在 1305 年 1 月 8 日致罗马教廷的信中说，他陆续收养了 40 名当地儿童，年龄在 7—11 岁之间，并组织了儿童唱诗班，每周轮流在教堂服务，教他们拉丁文字母和宗教礼仪。

这里是孟高维诺于 1305 年 1 月 8 日在北京写的拉丁语书信的原文：

Unam ecclesiam aedificavi in civitate Cambaliech... quam ante sex annos complevi, ubi etiam feci campanile, et ibi tres campanas posui. Baptizavi etiam ibidem ut existimo, usque hodie, circa sex milia personarum, et nisi fuissent... infamationes, baptizassem ultra triginta millia, et sum frequenter in baptizando. Item emi successive 150 pueros filios paganorum aetatis infra septem et undecim annorum, qui nullam adhuc cognoscebant legem, et baptizavi eos, informavi eos literis Latinis et Graecis ritu nostro, et scripsi pro eis psalteria et alia opportuna, et dominus Imperator delectatur multum in cantu eorum. Campanas ad omnes horas pulso, et cum conventu infantium et lactantium divinum officium facio... Didici competenter linguam et litteram Tartaricam... et jam transtuli in linguam illam et literam totum novum testamentum; et psalterium, quae feci scribi in pulcherrima litera eorum, et scribo et lego et praedico in patenti manifesto in testimonium legis Christi. Et tractavi cum praedicto Rege Georgio, si vixisset, totum officium Latinum transferre, et eo vivente in ecclesia sua celebrandam missam secundum ritum Latinum, in litera et lingua illa legens tam verba canonis, quam praefationis...

［译文］：我已在京城汗八里建设了一座教堂，这是在六年前竣工的。我又建设了一座钟楼，在里面设置了三口钟。再者，根据我的计算，迄今为止，我在那里已为大约6000人施行了洗礼。如果没有造谣中伤，我可能已为30000余人施行了洗礼，我是在不断地施行洗礼的。我已经逐渐获得了150名男童，他们都是异教徒的儿子，年龄在7岁至11岁之间。他们原先不懂得什么是宗教，而我给他们施行洗礼，并且依我们的传统教他们拉丁语和古希腊语，我也为他们写了诗篇集和其他有用的书，而我们的皇帝非常喜欢他们的歌声。我每个小时敲钟，并且和那些小孩子一起举行每天的日课祈祷。……我已通晓鞑靼语言文字……现在已将部分《新约》和《诗篇集》译成那种语言，并已叫人用美丽的字体缮写出来。我通过写信、朗读和宣讲为基督信仰公开做证。上述阔里吉思王生前，我曾同他计划过，把拉丁文祈祷词全部翻译出来，而在他生前，我在他的教堂里经常按照拉丁仪式用他们自己的语言诵读弥撒经文和祈祷文。①

在孟高维诺的第二封遗信中有这样的文字：

① 参见顾卫民编《中国天主教编年史》，上海书店出版社，2003年，25—27页；关于学习拉丁语的孩子的人数有两种文献，一种说40个，另一种说150个，见Pascal d'Elia, *Catholic Native Episcopacy in China: Being an Outline of the Formation and Growth of the Chinese Catholic Clergy 1300—1926* Shanghai, Tusewei Printing Press，1927年，17页，注（1）。

论贤王阔里吉思，那地区的王，属聂思脱里派，是印度大王号称若望长老的后裔。我到此第一年，即和我结纳，并由我劝化重归天主真教，接受了小品……阔里吉思王生时，我曾和他合译《日课经》的全部拉丁文，以便在他所辖全境歌诵，赞美天主。王生时，在他自己的圣堂，按拉丁礼，但以方言和当地文字举行弥撒……[①]

这里可以反省另一个问题：元代有没有汉化的拉丁语人名？比如“阔里吉思”是 Georgius 的译名，而方豪提到《元史》中的“按竺迩”是 Andreas 的译名，“黑梓”是 Hosea 的译名，“月鲁”（亦作“伊噜”）是 Julius 的译名。[②] 当然，人名的译名也有很多不确定因素：“Georgius 今译作乔治，或译作佐治，民初亦有译为角儿只的；《元史》卷一三五有‘口儿吉’其人，或亦为异译；阔里吉思则是另一种异译。”[③]

三、西方旅游家的拉丁语报告

元代有比较多的商人和传教士来华并写下他们在中国的观察和经历，其中最有名的是马可·波罗，但在他之前已经有别人来华并写出比他更可靠的报告，下面简单罗列一下。

意大利人 Giovanni dal Piano del Carpini（1182—1252，拉丁语称 Ioannes de Plano Carpini），中文名字是“柏郎嘉宾”，是一名方

① 参见方豪《中国天主教史人物传》，宗教文化出版社，2007 年，38 页。
② 同上书，35 页。
③ 同上书，38 页。

济各会会士。他于1245年奉教宗英诺森（Innocent）之命率领一个很小的使团去和林（今属外蒙古），于1246年7月22日到达和林并将教宗的信送呈蒙古国大汗贵由，1247年秋返回欧洲。他的拉丁语著作《蒙古人的历史》（*Ystoria Mongalorum quos nos Tartaros appellamus*）算是最早的关于蒙古人的详细报告。

比利时人William Rubruck（1215—约1257，荷兰语称Willem van Rubroek），中文名字是“鲁布鲁克”“罗伯鲁”，方济各会会士。他于1253—1255年到蒙古国地区和林，著有《东方游记》（*Itinerarium ad Partes Orientales*），其中不仅描述蒙古人，而且也记录了关于中国“契丹人”（Cathai）的事。他写道：“那些契丹人比较矮……他们在各种技艺中是最好的工匠，而他们的医生很懂得药草的功效，并且能非常准确地按脉诊断各种疾病（Isti Cathai sunt parvi homines... isti sunt optimi artifices in omni arte, et valde cognoscunt medici eorum vires herbarum et de pulsu optime iudicant.）。”①

意人利人Odoric de Pordenone（1280—1331，拉丁语称Odoricus de Porte Naonis）的中文名字是“和德理”，他少年时加入方济各会，约1314年启程东来，经波斯、印度、锡兰、爪哇、婆罗州、占婆，在广州登陆，然后到泉州、福州、金华、杭州、南京、扬州，沿运河北上抵北京见80岁的孟高维诺，协助他在北京传教三年，后经亚美尼亚、波斯回到意大利，于1331年1月在乌迪内（Udine）去世。他曾写《报告》描述教会的情况，其《报告》（*Relatio*）第

① 参见雷立柏编《拉丁语入门教程Ⅱ：文献篇》，北京联合出版公司，2014年，189页。

一次提到“拉萨”等地名。他于1755年被列入真福品。1880年有一位中国神父，名为郭栋臣，在意大利那不勒斯圣家书院求学，曾把《和德理游记》译成汉语——《真福和德理传》，由武昌崇正书院刊行，书中还有注释。[①] 这算是最早由中国人译成汉语的拉丁语著作之一。

在所有写过关于中国的报告或游记的人中，马可·波罗算最广泛被知道的人。他于1271年来华，留在元廷17年，曾任忽必烈汗大臣被派往华南等地区。他曾任扬州总督，后回国，于1298年在意大利口述《游记》一书，其中提到某些地区（比如甘肃甘州）的教会和教堂。马可·波罗的《游记》有很多语言的版本，也有拉丁语版本。

马可·波罗这样描述“天城”（Quinsay）杭州：

In civitate hac Quinsay multae et pulcherrimae domus sunt. Sunt etiam per vicos eius parvae lapidae turres pro communi usu contractae, ut, quando fortuitus ignis accenditur, possint convicini res suas ad praefatas turres, ne comburantur, deferre; quia enim in civitate domus lignae multae sunt, saepe in civitate ignis accenditur.

［译文］：天城这座城市有很多非常壮观的楼房。而且，在各城区有一些小的共用的石塔。如果偶然发生火灾，居住在附近的人可以把自己的珍贵物品搬到那些石塔里，以免火烧。因为在城中的很多楼房是木制的，所以在城内经常发生火灾。[②]

---

① 参见方豪《中国天主教史人物传》，宗教文化出版社，2007年，23页。

② 参见雷立柏编《拉丁语入门教程Ⅱ：文献篇》，北京联合出版公司，2014年，193页。

第三章：明末清初的外国学者

一、早期的介绍者：罗明坚、利玛窦

两位最早来华的意大利耶稣会会士是罗明坚（Michele Ruggieri）和利玛窦。他们根据当时的耶稣会传教理想开始认真学习汉语并进行双向翻译，即从外文译成汉语，又将汉语文献译成外文（拉丁语、意大利语或其他语言）。

意大利传教士 Ruggieri 的汉语名字是“罗明坚”，他出生于 1543 年，是那不勒斯人，1572 年入耶稣会，1579 年到澳门并开始学习汉语。1582 年他同巴方济（Pasio）到广东肇庆，住在天宁寺，不久被驱回澳门；1583 年他再次到肇庆，与利玛窦一起传教、建堂；1585 年他曾到杭州、绍兴，后到广西桂林传教；1588 年他从澳门海路返回欧洲，到罗马等地报告中国的情况。他于 1607 年在意大利去世。其著作《天主圣教实录》是最早的汉语教理书。

然而，很少有人知道罗明坚也是第一位将儒家经典译成拉丁语的人，他曾翻译过《四书》。下面介绍他对《大学》开端的拉丁语翻译，而为了帮助读者理解拉丁语译文，我将拉丁语译成英语，并加一些注解，这样读者可以分析每一个拉丁语动词的语法形式。资料的来源是张西平的《西方汉学的奠基人——罗明坚》[①]。

［原文］：大学之道

［拉丁语］：Humanae institutionis ratio

［英语］：The plan for a human education

注：译文的拉丁语单词是 humanus, -a, -um ［形］人的、属人类的、符合人情的；institutio, -onis, f. 教育、制度；ratio, -onis, f. 思考、想法、计划、理由、理性。欧洲的耶稣会在 17、18 世纪创办了很多学院，而耶稣会会士用 ratio studiorum 一词来形容他们的教育计划和课程的安排，即当时很盛行的亚里士多德哲学、托马斯主义的神学理论和自然科学，等等。意大利传教士殷铎泽后来将“大学”译为 Magnorum virorum sciendi institutum（大人物的知识教育），其中的 institutum, -i, n. 与 institutio 是同义词。[②]

在早期的传教士中，最有名的算是利玛窦（Matteo Ricci，1552—1610），他出生在意大利的马切拉塔（Macerata），曾在罗马耶稣会院接受教育，于 1578 年到印度果阿（Goa），曾在那里教授古希腊语。1580 年他被祝圣为天主教的司铎，1582 年到达澳门，1583 年与罗明坚到广东的肇庆，在天宁寺一旁建立小堂和住所，这是耶稣会会士在内地的第一个住院。1584 年他印行《山海

① 参见张西平《传教士汉学研究》，大象出版社，2005 年，3—28 页，尤其是 18—19 页。

② 参见本书附录一。

舆地全图》，使中国学人首次接触到五大洲的观念。1590年他移居到韶州（今广东省韶关市）。他采取范礼安的“适应方法”来学习汉语并适应当地风俗。他结交官员瞿太素等人，研究《四书》，并于1591年开始翻译这些经典。1593年他受士大夫的影响，将自己的僧服改成儒袍，多与士大夫接触。1595年他在南京，1596—1598年在南昌与儒士权贵交游，编写《交友论》《西国记法》。他终于在1601年1月能进入北京，皇帝允许他在北京自由居住并给予月俸。利玛窦曾与徐光启、李之藻一起翻译《几何原本》《测量法义》等书。由于当时的文化环境，利氏强调基督信仰与儒家的共同点，尽可能使外来的宗教“适应”本地人的习俗，所以选择“间接传教”的方式，多介绍文化与科学知识，基本上没有直接翻译圣书。他著有《天主实义》《西国记法》《交友论》《畸人十规》《万国舆图》《坤舆万国全图》等，据说第一本汉语西语字典（《葡汉字典》）是他与罗明坚合编的。他还写了《利玛窦中国札记》（*De Christiana Expeditione apud Sinas*）和其他拉丁语、意大利语、葡萄牙语、汉语著作。利氏于1610年5月11日在北京逝世，安葬在北京栅栏墓地。

图6：利玛窦和在北京栅栏墓地保存的他的墓碑

从拉丁语传播的角度来看，利玛窦有一定的贡献，因为他首次在中国出版了几行拉丁字母，载于《程氏墨苑》（1605）；但从另一个角度来看，他为拉丁语在华的传播也创造了很大的障碍。首先，他的观点是用中国本有的概念表达基督信徒，比如用“天”“上帝”和“天主”指基督宗教传统中的 Deus 或 Elohim：“西士曰：子欲先询所谓始制作天地万物而时主宰之者。予谓天下莫著明乎是也。人谁不仰目观天？观天之际，谁不默自叹曰：‘斯其中必有主之者哉！’夫即天主——吾西国所称‘陡斯’是也。”[1]

这种做法后来引起很大的争论，而他的接班人龙华民（Niccolo Longobardi,1559—1654）认为应该用“陡斯”一词表达“神”的概念。如果当时保留“陡斯”的写法，很多中国学者可能会问：这个外来词是根据哪种语言写的？如果他们听到这是拉丁语单词的音译，他们可能会对拉丁语有一点兴趣。然而，如果用来自古汉语传统中的字词，中国人就不会去探索外国单词的意思。后来的译者也都面对同样的问题，比如著名耶稣会传教士艾儒略（Giulio Aleni，1582—1649）使用的新词“厄第加”（ethica，即伦理学）、“斐录所斐亚”（philosophia，即哲学）和“陡录日亚”（theologia，即神学）相当于另一个耶稣会会士即利类思（Luigi Buglio，1606—1682）的“克己学”“性学”和“超性学”。根据当时的历史背景来说，使用中国儒家传统已有的概念是比较“小心”和“胆小”的做法，而用外来词则需要一定的勇气，因为从朱元璋以来，明朝比较“排外”，

① 参见利玛窦著，梅谦立注《天主实义今注》，商务印书馆，2014 年，80 页（《天主实义》第 28 条）。

而且那时候的中国人可能不太愿意学习外语。让中国读者面对“厄第加”和“陡录日亚”意味着劝勉他们多学习这些单词的外语词源。耶稣会的长上都希望有更多年轻人去澳门学习拉丁语的神学，但利玛窦等人反对这种观点，他们可能认为当时的中国人无法学习外语或学习外语会广泛地引起人们的反感。

利玛窦错过了宣传拉丁语的最好机会：他绘制世界地图时没有加上原来的ABC，只把一切地名译成汉语，从此以后汉语中有“欧逻巴”（Europa）、“大西洋”（Occidentalis Oceanus）、“以西把你亚”（Espana = Spain）、“拂郎察”（France）、“波亦米亚”（Bohemia）、“罗马泥亚”（Romania）、“入尔马尼亚”（Germania）、“意大里亚”（Italia）和“罗马”（Roma，当时译作“逻马”）。在“逻马”旁边还写道：“此方教化王不娶，尊行天主之教，在逻马国，欧逻巴诸国皆宗之。”即教皇居住在这个地方，他不娶妻子，

图7：利玛窦《坤舆万国全图》的一部分：西班牙（“以西把你亚”）

遵守天主教，他在罗马国，而欧洲的一切国度都尊敬他。

为什么利玛窦没有想到要保留一些 ABC 呢？他为什么想（和秦始皇一样）彻底“统一文字”，一个 ABC 都没有保留？16 世纪在欧洲绘制的世界地图都用三四种不同的书法字体，而耶稣会会士一直很自豪地学习很多语言和文字。为什么利玛窦在世界地图上放弃了拉丁语的 ABC 呢？其中一个后果是：中国的研究人员没有认出来他的译文。比如爱尔兰当时被称作 Hibernia，所以在《坤舆万国全图》（1602）上写作“喜百泥亚”，而中国的学者觉得这是一个错误（“似误”）[1]，因为 Irlandia（爱尔兰）应该译成“意尔兰地亚”。如果利氏当时保留原来的 Hibernia，21 世纪的中国学者也不会对他产生“似误”的疑问。可能利氏当时意识到，中国学者不太愿意接受什么新的文字，但他同时也知道，西方的 ABC 是一个非常重要的沟通工具，那么他为什么没有足够的勇气去介绍 ABC，肯定 ABC 的重要性呢？据说他编写了一本双语字典（《葡汉字典》），但他为什么不愿意编绘一幅双语的世界地图呢？

也许利氏的中国朋友们（徐光启等人）劝他在译著中少用或不用 ABC；也许他自己觉得汉字很好看或好用；也许他非常小心，不愿意强调“外国人的特色”；或者他胆小，想避免不必要的麻烦和冲突；或者他认为纯汉语的地图有更大的影响力。我们无法知道具体的情况。然而，从拉丁语传播的角度来看，利氏的“适应政策”是一个很大的障碍，根本不会让中国人觉得自己应该去学习外国文

---

① 参见黄时鉴等《利玛窦世界地图研究》，上海古籍出版社，2004 年，202 页。

字，应该学习外语，应该出国留学，应该更全面地了解世界文化。这样，具有如此大影响力的利玛窦也成了巨大的阻力。因为后来的中国人，尤其是那些有“闭关锁国”思想的人（康熙、乾隆等皇帝）用他的态度当作一种权威性的标准。其他的来华传教修会（道明会、遣使会、巴黎外方传教会）后来强调培养孩子的外语能力，培养修道生，但利氏更多的是和社会上层的成年人交谈，而这些中年人或老年人已经无法学习外语，他们的“中国思想”（儒家）根深蒂固，他们的文化自信态度非常牢固。也许利玛窦在晚年也意识到自己路线的局限性，所以他要求龙华民当他的继承人，虽然他知道龙氏的观点与自己的观点有所不同。

二、金尼阁的《西儒耳目资》和汉字拼音

曾经把利玛窦的笔记以 *De Christiana expeditione apud Sinas*（《利玛窦中国札记》）为书名于 1615 年在德国出版的耶稣会神父和学者是金尼阁（Nicholas Trigault，1577—1628）。他出生于法国和比利时边界地区的杜埃（Douai），于 1594 年入耶稣会，1607 年由葡萄牙里斯本（Lisboa）到印度果阿，1609 年到澳门，1610 年到南京，曾在杭州、开封、西安、北京等地传教。1612 年他奉会长龙华民之命，由海路返回欧洲，1614 年到罗马向教宗保禄五世（Paulus V）汇报中国教务，1618 年率领 22 名传教士再次赴华，其中有汤若望（Adam Schall）、罗历山、邓玉函（Terrentius）等人，又携来教宗赠书 7000 多部。1621 年起到南昌、韶州、杭州，1623

年到开封、西安，1627 年回杭州。他参加了嘉定会议，和其他传教士讨论了翻译宗教术语的问题(使用“陡斯”“天主”或“上帝”？)。因为他无法为自己的观点辩护，他受到很大的打击并于 1628 年在杭州自杀。然而，他在中西文化交流史上也有很大的贡献。他的汉语著作包括《推历年瞻礼法》《宗徒祷文》《况义》《西儒耳目资》（三卷）等。

在中国的拼音史上，《西儒耳目资》有特别重要的地位。利氏的《西字奇迹》（1605）已经使用了一种很规律的拼音系统，并且标出了每个字的声调。金氏也利用这种类似的拼音，他的第一部著作是按发音排编汉字的字典，共包括 14000 个汉字，后来成为教会人名、地名拼音的标准。在汉字拼音的问题上，学者一直到今天都在参考《西儒耳目资》，且当时的中国学人，比如王徵（1571—1644）也很重视这部巨著。

1627 年 12 月在嘉定的耶稣会会馆举行的会议大概也第一次显示出耶稣会传教士之间的巨大矛盾：部分人（和利玛窦一样）认为可以利用中国传统的词（如“上帝”）来表达基督信仰，但另一些会士［比如龙华民和来自日本的陆若翰（Rodriguez）］强烈反对这种做法。[①] 他们认为应该多使用外语的转写方式，比如把 Deus 写成“陡斯”，把 Santo Spirito 译成“三多斯比利多”。两派的人都不愿意让步，而这两派的人都有他们的理由。利玛窦派认为，中国的

---

① 关于嘉定会议上耶稣会士之间的冲突，见 Liam M. Brockey, “From Coimbra to Beijing, via Madurai: Andre Palmeiro S.J. (1569—1635) in Maritime Asia”, in S. Deiwiks et al. ed., *Europe Meets China–China Meets Europe*, Sankt Augustin: Monumenta Serica, 2014 年，103—130 页，尤其是 122 页。

基督信仰应该尽可能摆脱掉一切外来因素，使中国人感觉到基督信仰是很亲切的，和儒家传统没有根本的差异。这种做法被认为是比较“安全的”，因为耶稣会的传教士都知道，1597年以来的日本教难主要是因为日本的当权者感觉到海外的大国会威胁日本国，所以他们要消除一切外来的影响。也许利玛窦派的人一直担心，如果传教士强调基督信仰中的“外国因素”，中国教会也会和日本教会一样受到很大的压力，甚至被彻底消灭。然而，另一派的人觉得，一个“中国化的基督信仰”已经不是基督信仰，而只是儒学的一个分支。因此，他们要求用更多“外来词”来确保基督信仰的正统性。

在那次会议上，徐光启和其他的中国信徒可能也第一次体会到，拉丁语的思想界比他们想象得更复杂、更广阔。

三、拉汉译者：阳玛诺、艾儒略、利类思

和利玛窦一样，其他耶稣会会士多少都有一些译著，因为他们愿意介绍西方科学知识，与上层社会进行对话。其中有三位译者的成就特别突出，即阳玛诺、艾儒略和利类思。

葡萄牙人阳玛诺是另一位耶稣会会士李玛诺（Emmanuel Diaz sen.，1559—1639）的弟弟。阳玛诺在印度果阿学习，1601年抵达澳门，在澳门教神学6年之久，1611年到广东韶州传教，先后曾在许多地区开教。他于1616年被驱逐，后于1621年到北京，1623年任耶稣会中国省会长。他于1634年到南昌，1638年到福州，后在很多地方传教，1659年在杭州去世，他前后在中国生活了近60年。

他的著作非常多，包括《圣经直解》（1636，最早期的圣经翻译著作之一）、《天主圣教十诫直诠》《代疑论》《景教流行中国碑颂正诠》《天学举要》《天问略》等。

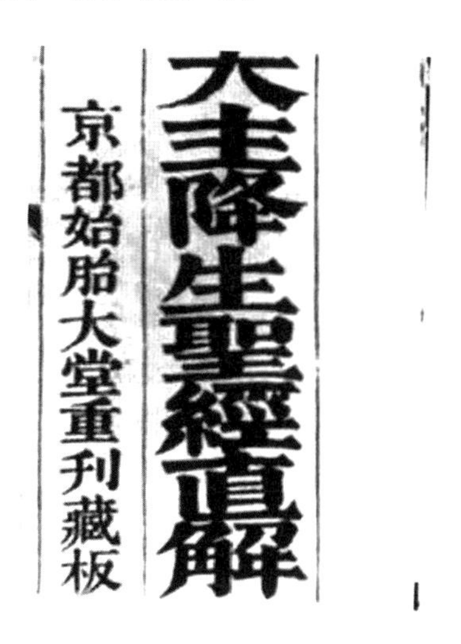

图 8：《圣经直解》重印本的封面

意大利人 Julius Aleni（意大利语：Giulio Aleni）的中文名字是艾儒略（字思及）。他于 1600 年加入耶稣会，1610 年到澳门，任教数年；1613 年起在江苏、陕西、山西和浙江等地传教，曾奉命专程去河南开封访求犹太教经典，曾到北京、上海、扬州（在此给一名官员施洗，后与他一同到陕西），后在山西；1619 年到杭州传教，曾去常熟，在几周内为 220 名人士施洗；1625 年因任阁臣的叶向高（1559—1627）的邀请和保护而进入福州，在福建成就很大，被视为赴闽开教第一人，有“西来孔子”之称，又被称为“福建的使徒”，影响深远。他于 1638 年被驱逐到澳门，后于 1639 年回福州，1641年起任在华耶稣会会长，1649年逝世于延山。他有许多汉语神学著作，如《万物真原》《天主降生言行纪略》《天主降生出像解》《天主降生引义》《圣像经解》《圣体要理》《四字经》《性学粗述》等。在其《职方外纪》（1623）和《西学凡》（1623）中，艾氏描述西方大学教育制度并试图翻译很多新的概念。艾氏和利类思是最重要的早期翻译者。艾儒略与福建士大夫有关系，曾影响了李九功、李九标等人的思想。

艾儒略兼用音译和意译的方式来描述西方的学科，比如将拉丁语的 rhetorica 译为“文科”或“勒铎理加”，将 philosophia 译为“理科”或“斐录所费亚”，将 logica 译为“明辩之道”或“落日加”，将 physica 译为“察性理之道”或“费西加”，将 mathematica 译为“几何之学”或“马得马第加”，将 medicina 译为“医科”或“默第济纳”，将 leges 译为“法科”或“勒义斯”，将 theologia 译为“道科”或“陡录日加”。[①]

很遗憾，这些学科在中国没能获得很好的发展，因为没有得到系统的发展，其中的术语也很晚才定型，比如“逻辑学”早期的译名是“落日加”“明辩之道”“明理学”“辩学”“名学”“论理学”，等等，在20世纪中叶才定为“逻辑学”。虽然李之藻和他的儿子李次霦同葡萄牙人傅泛际（Furtado）一起翻译逻辑学著作《名理探》（1631），但在清朝时期“名理之学”并没有成为一种广泛被学习的学科，也没有进入中国的教育体制。

---

① N. Standaert ed., *Handbook of Christianity* (*vol. 1*), Leiden: Brill, 2001: 606.

图 9：艾儒略《天主降生出像解》（1637）其中一页

利类思（Ludovico Buglio，意大利语：Luigi Buglio）是意大利西西里人，他于1622年入耶稣会修道院，1637年来华，在江南和四川传教，1644年被张献忠拘押，清军入四川后被解往北京，后在北京留居肃亲王豪格府当差，1655年建立北京东堂，1682年10月12日在北京去世，墓在车公庄栅栏。他在华45年之久，曾与安文思（Magalhaes）神父一起在北京翻译教会书籍。他们将 *Missale Romanum*（《弥撒经典》，1670）、*Breviarium Romanum*（《司铎课典》，1674）、*Manuale Rituum*（《圣事礼典》，1675）、托马斯（Thomas Aquinas）的 *Summa Theologica*（《超性学要》，1654）等重要书籍译成汉语。利类思也曾写《不得已辩》来反驳杨光先的《不得已》。

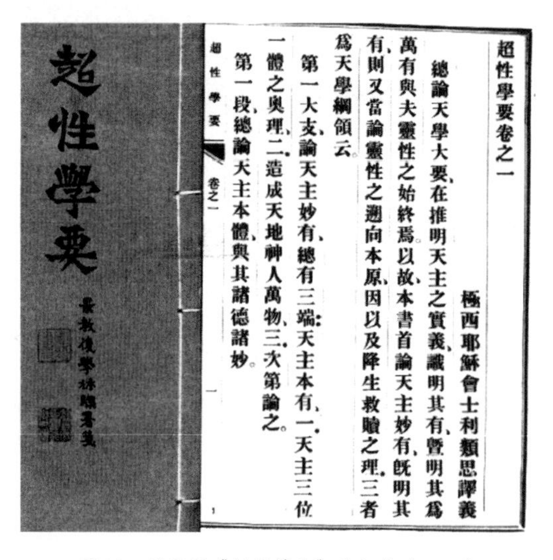
超性學要

超性學要卷之一

極西耶穌會士利類思譯義

總論天學大要、在推明天主之實義、識明其有、暨明其爲萬有與夫靈性之始終焉。以故、本書首論天主妙有、既明其有、則又當論靈性之遡向本原、因以及降生救贖之理。三者爲天學綱領云。

第一大支、論天主妙有、總有三端：天主本有、一、天主三位一體之奧理、二、造成天地神人萬物、三、次第論之。

第一段、總論天主本體、與其諸德諸妙。

超性學要 卷之一 1

图10：利类思《超性学要》重印本（1920）

利类思的神学翻译意味着，他已经使用了一种很完备的哲学术语体系，比如将 lex humana 译为“人法”，将 lex divina 译为“天法”，将 lex naturae 译为“性法”等。这方面已经有专门的研究著作。[①]

四、汉拉译者：殷铎泽、柏应理

从罗明坚和利玛窦以来，耶稣会的传教士试图将儒家经典译成拉丁语，在这方面最有成就的人物可能是意大利人殷铎泽和比利时人柏应理（Philippe Couplet, 1623—1692）。

殷铎泽是意大利西西里岛人，他于 1642 年入耶稣会初学，1654 年晋铎，1657 年启程前往中国。1659 年，他与卫匡国（Martini）神父和其他 15 名耶稣会传教士一同来华，先后在建昌镇（隶属江西省抚州市南城县）传教。在 1665 年爆发的教难中，他被押往北京并被流放到广州，他在广州被软禁一年多，1668 年到达澳门，1669 年到罗马，1674 年返回中国，1676—1684 年任巡视员，1686—1689 年任耶稣会中国副省会长，1690 年又受到禁教的压力。1692 年 8 月 2 日，中国最豪华的教堂（杭州教堂）遭受火灾。殷铎泽于 1696 年 9 月 3 日在杭州去世，著有《汉语语法》（拉丁语）等书。他将《大学》译成拉丁语（*Sapientia Sinica*, 1662），并将《中庸》也译成拉丁语（*Sinarum scientia politico-moralis*），后于 1667 年在广州出版。

① 参见雷立柏《清初汉语神学术语辞典》，《汉语神学术语辞典：拉丁－英－汉语并列》，宗教文化出版社，2007 年，215—419 页。

著名的学者柏应理是比利时马林（Malines）人。他于1641年入耶稣会，1658年与南怀仁（Verbiest）、鲁日满（de Rougemont）等人一同来华。他曾到过江西、福建、湖广等地区，于1664年禁教时被软禁于广州，1671年获释后返回江南。1681年他回罗马报告传教事务，并带去上海信徒的礼物及传教士编译的书籍，共400多册，都被藏入梵蒂冈图书馆。柏应理于1687年在巴黎出版《中国哲学家孔夫子》（*Confucius Sinarum Philosophus*）一书，其中包括《大学》《中庸》和《论语》的拉丁译文（与殷铎译等人合译）。柏应理于1692年由海路返华，但不幸在途中去世。他的中文著作包括《天主圣教百问答》《四末真论》等书。

柏应理于1687年在欧洲出版的《中国哲学家孔夫子》是第一部在西方发行的、比较有影响的关于中国古代经典的著作，内容是很长的导论，译文包括《大学》《中庸》和《论语》的前半部。《中国哲学家孔夫子》是几位耶稣会传教士合译的，经过了很长的编辑过程，其中最重要的译者大概是殷铎泽、恩理格（Herdtricht，1624—1684，奥地利人）、郭纳爵（da Costa，1599—1666，葡萄牙人）和柏应理。美国汉学家孟德卫（Mungello）认为，一部分的翻译是在广州进行的，因为上列的传教士于1665年都被押送到广州。①

法国耶稣会会士卫方济（Francois Noel，1651—1729）于1711年在布拉格（Prague）出版《中国经典六部》（*Sinensis Imperii Libri Classici Six*），其中重新翻译了前面提到的三部经典，再加上

① Mungello, *Curious Land, Jesuit Accommodation and the Origins of Sinology*, Honolulu，1985.

《孟子》和《孝经》，还有朱熹的《小学》。值得注意的是，1773年（耶稣会解散）之前，所有中国经典的西文译著都出自耶稣会会士之手，他们很重视中国的传统思想和经典。[①]

让我们看看《中国哲学家孔夫子》中的一些例句：

“死生有命，富贵在天”译为：Mors et vita habent inviolabilem quandam a caelo legem. Opes item et honores in arbitrio sunt et potestate caeli; atque adeo neque haec neque illa arbitrii sunt nostri。

“君子求诸己，小人求诸人”译为：Sapiens causam peccati dataeque offensionis exquirit ab se: stultus exquirit ab aliis。

“志于道”译为：Mens defigenda est in rationis dictamine, sive in eo quod ratio a nobis exigit。

“人能弘道，非道弘人”译为：Homo potest illustrem reddere et magnificare normam rationis; non autem citra conatum arbitriumque hominis norma rationis per se valet magnificare hominem。

“君子喻于义，小人喻于利”译为：Proborum tota mens et cogitatio occupatur una virtute, improbi contra suis intenti commodis。

“性相近也，习相远也”译为：Homines natura et rationis lumine inter se mutuo proxime conjuncti, studiis saepe moribusque inter se longissime distant。

“非礼勿视，非礼勿听，非礼勿言，非礼勿动”译为：Contra

① N. Standaert ed., *Handbook of Christianity in China*, Leiden: Brill, 2001: 895.

rationem ne quid cernito, ne quid audito, ne quid effatur, ne motum suscipito。

“苟志于仁矣，无恶也”译为：Si quis serio firmiterque applicet animum ad virtutem, is nihil quod turpe sit aut contrarium rationi committet。

“君子和而不同，小人同而不和”译为：Vir probus ac sapiens, quantum fas et ratio sinit, concordat cum omnibus, sic tamen ut non sit unum quid et idem cum promiscua hominum turba; contra improbus et insipiens delectu nullo unum quid idemque se facit cum omnibus; et tamen cum nemine concordat, quatenus fas et ratio praescribit。

这几个例子说明，耶稣会的译者非常喜欢“ratio”（理性）一词，竟把“道”译为 norma rationis，把“性”译为 lumen rationis，将“非礼”译为 contra rationem，而“恶”也是 contrarium rationi 的事。看来耶稣会会士多以拉丁语的“ratio”对应中国古代经典。这样，孔子也成了一位很有理性的“哲学家”（philosophus）。无论如何，柏应理的译著在中西文化交流上起了很大的作用，应该得到中国学者的高度重视。

五、朝廷里的拉丁语译员：徐日升

葡萄牙人徐日升（Thomas Pereira，1645—1708）于 1663 年入耶稣会，1666 年到印度果阿学习，1672 年抵澳门。他于 1673 年由南怀仁神父介绍到北京，协助修历，任宫廷音乐教师（曾为康熙的音乐老师），曾推荐洪若翰（Fontaney）、张诚（Gerbillon）、白晋（Bouvet）等人入京进宫供职，1689 年与张诚（Gerbillon）以译员身份随清臣索额图参加签订中俄《尼布楚条约》，任清廷代表团拉丁文翻译。他于1706年任中国耶稣会副会长，1708年在北京去世，著有《律吕正义》等。

康熙皇帝很重用徐日升。《熙朝定案》有这样的记载："康熙二十七年三月十三日，理藩院奉旨：朕看所用西洋人真实而诚悫可信。罗刹着徐日升去，会喇第诺文字，其文妥当。汝等也行移文，往说罗刹。"[①]《圣祖实录》记："康熙二十八年十二月丙子，遣大臣与俄罗斯议定边界，立石以垂久远，勒满汉字，及俄罗斯、拉梯诺、蒙吉（古之误）字于上。"[②]

初期时，外国传教士承担拉丁语翻译工作，而《大清会典》内阁规定外藩各部应该用的文字："西洋诸国用拉体诺字，遇有陈奏事件及表文，皆译出具奏……拉体诺字传西洋堂人译写。"[③] 虽然朝廷的人士意识到，"西洋诸国"都使用拉丁字，但他们并没有开始广泛推动学习"拉体诺字"或西语。

很可能徐日升曾经当过康熙的拉丁语老师："圣祖礼重西士，于西洋科学，皆略闻一二，浅尝辄止，于拉丁文亦然。四十四年（1705）大学士等以鄂罗斯贸易使赍原文及译文进呈。帝谕大学士等曰：'此

① 参见方豪《拉丁文传入中国考》，《方豪六十自定稿》，台湾学生书局，1969 年，18 页。

② 同上。

③ 同上书，19 页。

乃喇提诺、托多乌祖克、鄂罗斯三种文也。外国之文，亦有三十六字母者，亦有三十字、五十字母者，朕交喇嘛详考视之。’”①

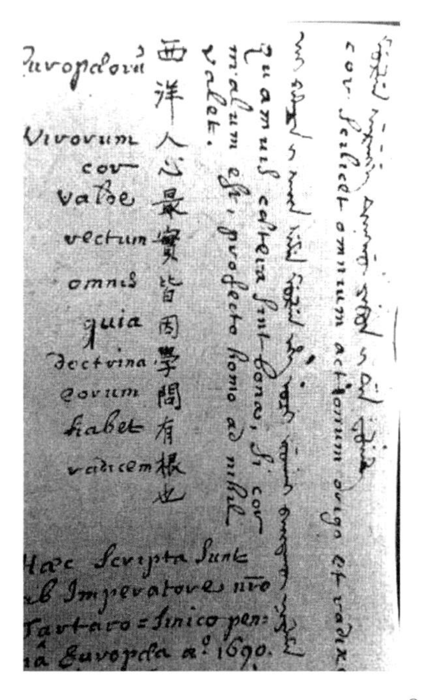

图 11：在罗马保存的康熙的汉语、满语笔迹②

康熙皇帝自己的拉丁语能力达到了什么水平呢？他能不能读懂一些简单的句子或自己写一些拉丁语呢？根据比利时耶稣会士安多（Antoine Thomas，1644—1709）的说法，康熙曾写过拉丁语的话。他回欧洲时带回一张纸，据称，康熙皇帝在纸上用“欧洲的笔”

① 参见方豪《拉丁文传入中国考》,《方豪六十自定稿》, 台湾学生书局, 1969 年, 5 页。

② 图片来自德国汉学家嵇穆（Martin Gimm），我在此向他表示感谢。

（penna Europaea）写了几句话，是用汉语和满文写的（传教士们在满文和汉文的旁边加上了拉丁语的译文）。纸上的拉丁语句子是“Virorum Europaeorum cor valde rectum omnis quia doctrina eorum habet radicem”，这句话可能不是皇帝亲笔写的。这张纸写成于1690年，至今保存在罗马。

六、有关中国的拉丁语文献

早期的耶稣会传教士曾写过很多关于中国的报告，其中多半是用拉丁文写的，还有很多以其他罗曼语系语言（法语、西班牙语、葡萄牙语、意大利语）写的资料。在拉丁语文献中，比较出名的著作是：金尼阁（Nicolas Trigault），《基督教远征中国史》（*De Christiana Expeditione apud Sinas*，汉译本称《利玛窦中国札记》，即为利玛窦日记的翻译），奥格斯堡（Augsburg），1615年；卫匡国（Martino Martini），《鞑靼战争史》（*De Bello Tartarico Historia*），安特卫普（Antwerp），1654年；卫匡国，《中国新地图集》（*Novus Atlas Sinensis*），阿姆斯特丹（Amsterdam），1654年；卜弥格（Michael Boym），《中国植物志》（*Flora Sinensis*），维也纳（Vienna），1656年；汤若望（Adam Schall），《历史记录》（*Historica narratio*），维也纳（Vienna），1665年；基歇尔（Athanasius Kircher），《中国图说》（*China Illustrata*），阿姆斯特丹（Amsterdam），1667年。

在语言学方面很重要的著作是马若瑟（Joseph Premare）的《汉

语札记》（*Notitia Linguae Sinicae*），该著作于1728年在广州成书，但手稿于1831年才由一些新教学者在马六甲（Malacca）出版。马若瑟的著作约5万字，因为这部关于汉字语法的著作，马若瑟被认为是18世纪最优秀的汉语语法专家。[①]

关于方济各会的历史应该参考如下的拉丁语文献：万嘉德编著的《13、14世纪方济各会会士的游记和报告》（Anastasius van den Wyngaert, ed., *Itinera et Relationes Fratrum Minorum Saeculi XIII et XIV*），佛罗伦萨（Firenze），1929年；以及同一个编者在1933年（《15、16世纪的报告和书信》）、1936年（《17世纪的报告和书信》）、1942年（《17、18世纪的报告和书信》）出版的书；另外还有《1672—1681年间入华西班牙籍方济各会会士的报告和书信》（Georges Mensaert, ed., *Relationes et Epistolas Fratrum Minorum Hispanorum in Sinis qui a. 1672–1681 Missionem ingressi sunt*），罗马（Roma），1965年；关于山西教会史的重要著作也是用拉丁文写的，见Joannes Ricci, *Vicariatus Taiyuanfu*, Typographia Congregationis Missionis，北京，1929年。

如果想了解耶稣会和其他修会在中国早期活动的历史，必须研究原始资料，这就涉及大量拉丁语著作。因此，中国历史学家不应该忽略对拉丁语的研究。一个鲜为人知的例子是1924年在上海召

---

① 参见Vande Walle,"Western Missionaries' Contributions to Chinese Linguistics in the Seventeenth Century"（《17世纪的西方传教士对汉语语言学的贡献》），《基督宗教与近代中国》，社会科学文献出版社，2011年，310—350页。

开的主教会议上，其文献都是用拉丁文写的，1961 年在台湾出版。[①] 然而，在今天研究中国天主教史的汉语著作中，几乎没有人提到那次会议中作出的重要决定，因为会议文献没有汉译本。

金尼阁出版的《札记》（*De Christiana Expeditione*, 1615）描述了耶稣会在明末时期如何来华，但第一章（Liber Primus）先用 100 多页的篇幅来描述了中国的地理、风俗和文化。第三章简单介绍了中国农业和矿业资源，第四章（Caput Quartum，De artibus apud Sinas Mechanicis）描述了华人的机械，其中有利玛窦观察中国工匠生产方式的一些细节：

Cum & publica omnium fama, experientiaque teste, constet, hanc gentem in paucis esse industriam, facile ex superiori capite colligitur, artes omnes illiberales apud eam reperiri, cum materia nulla desit, merces quoque ipsa ingenia pelliciat, quae duo, artes solent in summo collocare, de iis hoc capite nonnulla attingam, in quibus a nostris opificibus discrepare videntur.

［译文］：根据众人的公开表现以及具体的经验可以说，这个民族在某些比较少的地方很勤奋，但根据上一章可以明白，一切低级的技术他们都有，因为他们不缺少任何资料，而且工资也吸引了那些有才华的人。其中他们经常强调两种技术，要在这一章多介绍一些，而在这些技术方面，他们与我们的工匠看来有所

① Episcopatus Sinae, *Primum Concilium Sinense, Anno 1924*, Taipei: Kwangchi, 1961.

不同。

Ac inprimis ex eo, quod Sinae in quotidiano sumptu fere parcius vivunt, evenit, ut opifices, opera sua non ad artis perfectionem, sed ad emptorum accommodent voluntatem, ideo ea non adeo elaborant, ut precio moderentur. Inde fit ut operum suorum adulterant bonitatem, externa quadam venustate contenti; quod ipsum etiam libentius faciunt, cum Magistratuum rebus insudant. Nam & precium ab iis exsolvitur saepe pro arbitratu, non pro merito, & inviti ad opera evocantur.

[译文]：首先，因为华人每天的开支比较节俭，他们的工匠也不会让自己的作品符合完美的技术而使它符合购买者的愿望。所以，他们不会做出非常精致的作品，这样工匠们无法控制价格。因此，工匠们经常降低自己产品的质量，他们满足于外在的华丽。当他们要为官员们效劳，完成官方的事业时，他们更会这样做，因为官员们经常很随意地给工钱，而不是根据工人的贡献给的，而且工人们不情愿地（inviti）被要求做这些项目。

In architectura sunt omnino nostris inferioris, non minus in aedificiorum splendore, quam annorum perpetuitate: qua in re dubium est, utri alios superent. Sinae quippe, in extruendas aedes, humanae vitae brevitate metiuntur, sibi enim, non aliis aedificant. Nostri vero, pro innata libidine adspirant aeternitatem. Hinc fit ut neque animo concipere, neque sibi persuadere possint, aedium nostrarum sive publicarum sive privatarum splendorem. & si quando audiunt, moles nostras plura saepe ferre saecula, imo nonnullas annos mille, alias bis mille durare, obstupescunt. Cuius durationis causam rogati, eam referimus in alta solidaque fundamenta, quorum profunditas reliquam molem superstructam sustinere possit. Sinae contra vel nihil effodiunt, sed solum in concusso solo lapides pergrandes locant, vel si quae fodiunt, vix aliquot cubitos solent penetrare…

［译文］：在建筑方面，华人根本达不到我们的建筑水平，无论是在楼房的辉煌方面或在年代久远方面。但也许中国和欧洲的建筑还是比其他民族的高级。华人在建设楼房时用人生的长短为标准，因为他们为自己盖楼，而不是为别人。我们的人则根据一种天赋的渴望而追求永恒。因此，华人无法想象，也不能理解我们的公共或私人楼房的辉煌。如果他们听说我们的楼房中有很多已经有几百年，甚至一千或两千年的历史，他们会惊呆了吧。当他们问这种长久性的理由时，我们说是很深、很坚固的基础，而这些基础的深度才能承受上层建筑。相反，华人不挖一个基础，他们仅仅夯实土地，在那里放一些巨大的石头；如果他们挖基础，也只是几尺深的……

然而，利玛窦也强调，中国人和欧洲人在很多方面“奇妙地相似”：

In his paucis Sinae ab Europaeis discrepant, in aliis longe pluribus in tanto terrarum intervallo mire convenient, maxime in vescendi, sedendi, dormiendique ratione, in qua ipsi soli cum Europaeis, e tot aliis gentibus, nescio qua ratione, conspirarunt, nam & mensas, & sedilia, & lectos adhibent, quibus omnibus finitimi omnes & reliqui populi minime utuntur, sed in ipso solo storeis instrato sedent, vescuntur, ac dormiunt, quod sane notatu dignissimum videtur, & unde facile plurimarum rerum similitudo, quam ne longior sim omitto, colligetur.

［译文］：在这几个方面，华人与欧洲人有差异，但在更多的层面上，双方有奇妙的相似之处，尤其在吃饭、坐、卧和睡觉方面，在这些方面，在世界上如此多民族中只有华人和欧洲人非常相似，因为他们既用桌子和椅子，又用床，而其他的民族，无论是他们的邻居还是其他的，都很少使用这些，而是直接在地上铺草席，在那里坐、吃、睡。这一点也确实很值得关注，从此也可以很容易地发现许多其他东西的相似性，但这些我在此忽略，以免过于冗赘。

七、传教士的双语墓碑

1610 年 5 月 11 日，利玛窦去世，他的丧礼为期 4 天（15—18 日），事后庞迪我（Pantoja）神父写了一份由李之藻修改润色的奏疏，呈报给明朝万历皇帝。6 月 18 日，皇帝有令“赐西洋国故陪臣利玛窦空闲地亩埋葬”。1611 年 4 月 22 日，教会为利氏举行了隆重的祭奠仪式，由宣武门住所走向北京西郊的栅栏墓地，在那里埋葬利氏的身躯。[①]1654 年，顺治皇帝应汤若望神父的要求，将栅栏墓地西边的空地赐封给传教士，这就是今天汤若望被埋葬的地方。后来很多传教士被埋在那里，他们的墓碑都是汉拉双语写成的墓碑。

① 详细描述见高智瑜、马爱德（Malatesta）主编《虽逝犹存：栅栏——北京最古老的天主教墓地》，澳门特别行政区政府文化局和美国旧金山大学利玛窦研究所，2001 年（英语版 1995 年），20—21 页。

1900 年义和团毁坏了栅栏的墓园，1900 年后被复修。新的万圣堂修建在墓园的南边。原来由义和拳散落在墓园的 77 座墓碑被放置在教堂的内墙，而利玛窦、汤若望、南怀仁、龙华民、徐日升、索智能（Souza）六人的碑分两排竖立在墓园。

图 12：利玛窦在北京栅栏墓地的双语墓碑

利玛窦拉丁语碑文解释[①]：

---

① 关于利玛窦碑文的拉丁语部分参见雷立柏《简明拉丁语教程》，商务印书馆，2010 年，142 页。

D(eo) O(ptimo) M(aximo)

P(ater) MATTHAEUS RICCI(us), ITALUS MACERATENSIS, SOC(ietate) IESU PROFESS(us), IN QUA VIXIT ANNOS XLII, EXPENSIS XXVIII IN SACRA APUD SINAS EXPEDITIONE; UBI PRIM(us), CUM CHRI(stiana) FIDES TERTIO IAM INVEHERETUR, SOCIORUM DOMICILIA EREXIT. TANDEM DOCTRINAE ET VIRTUTIS FAMA CELEBER OBIIT PEKINI A(nno) C(hristi) MDCX. DIE XI. MAII, AET(atis) SUAE LIX.

［译文］：献给至善至大的神。

意大利人利玛窦神父，来自马切拉塔，曾发耶稣会的圣愿，在耶稣会内生活 42 年，其中 28 年献给神圣的中华传教工作。当基督信仰已经第三次传入中国时，他首次在中国为会士们建立了会院，最终以教导和品德成名，在北京去世于基督年 1610 年 5 月 11 日，年龄 59 岁。

1954 年，栅栏墓地变为北京市委党校，837 个墓地被挪往北京郊区的西北望，但那些墓碑没有被挪去。1966 年“文革”爆发，红卫兵要砸坏墓碑，但后来却把它们埋在地下，“让他们永远不能翻身”。1979 年万圣堂（马尾沟教堂）被拆毁，万圣堂的 77 块墓碑无人管理，散落在院子各处。北京市政府决定修复利氏等人的墓碑，在原利玛窦坟墓旁边修建了一个小墓园，那里安放着利氏、汤若望和南怀仁的碑（棺是空的）。1984 年又在这个小墓园东侧重建了一个比较大的墓园，其中保存了 60 块墓碑。63 块双语墓碑是北京最重要的拉丁语文物，这些墓碑使人们纪念着14名中国人、14名葡萄牙人、11名意大利人、8名来自德国和（当时）奥地利地区的人、9名法国人、3名捷克人、2名比利时人、2名瑞士人。①

下文有4位非常著名的耶稣会传教士的拉丁语碑文，即汤若望、南怀仁、利类思和郎世宁。括号中的字是我加上去的，因为碑文的写法经常省略一些字母，“？”表示碑文受损，无法清楚阅读。我在拉丁语碑文后加上了英语译文，因为英语较容易翻译地名和语法形式。

汤若望碑文：

P(ater) IOANNES ADAMUS SCHAL (=Schall), COLONIENSIS, SOCietate IESU PROFESSUS, VIXIT IN SOCIETATE AN(n)IS LVIII, EX QUIBUS XLVII (annos) INSUMPSIT IN OPUS EVANGELII IN REGNO SINE(n)SI. EVOCATUS (est) A REGE IN CURIA(n), COLLATIS STUDIIS CUM IACOBO RHO, EDITIS MULTIS LIBRIS, CORREXIT KAL(en)DARIU(m) SINENSE, QUOD CU(m) TOTIUS REGNI PLAUSU, UT EXCIPERETUR, EFFECIT. OBIIT PEKINI AN(no) SAL(utis) MDCLXVI DII XV AUG(usti) AET(atis) VERO LXXV.

［英语］：

Father Johannes Adam Schall, from Cologne, professed in the So-

① 参见《虽逝犹存：栅栏——北京最古老的天主教墓地》，22页；亦见梅谦立《北京教堂及历史导览——北京耶稣会足迹导游册》，北京上智编译馆，2007年，29页。

ciety of Jesus, in which he lived for 58 years, he spent 47 of these years in the work of the evangelization in the kingdom of China. Having been called to court by the Emperor, he did scientific research together with Jacobus Rho, and after publishing many books he corrected the Chinese calendar, which earned him the praise of the whole kingdom, so that the new calendar was accepted. He died in Beijing in the year of salvation 1666, on August 15th, aged 75.

南怀仁碑文：

P(ater) FERDINANDUS VERBIEST, BELGA, IV VOTA PROFESSUS, VIXIT IN SOC(ietate) JESU ANN(os) XLVII, IN SINENSI MISSIONE XXIX, NAT(us) ANN(is) LXVI (obiit?) PEKINI (XXVIII?) (Ja)NUAR(ii) (an)NI MDCLXXXVIII.

［英语］：

Father Ferdinand Verbiest, a Belgian, professed in the four vows, he lived in the Society of Jesus for 47 years, in the Chinese mission for 29 years. He died in Beijing at the age of 66, on January 28th (?) 1688.

利类思碑文：

P(ater) LUD(ovicus) BUGLIUS, NATIONE SICUL(us), PATRIA PANORM(us), F(rater) SOC(ietatis) I(esu) VOT(a) PROFESS(us). SINICA MISSIONE EXORATA, AN(n)OS VI ET XL EIDE(m) I(m)PE(n) DIT, CO(nstan?) TI UBIQUE LABORU(m) TURBINU(m)VE FORTU-

NA (…) AN(n)IS NA(m)QUE PROCELLA IN SUCHUEN(=Sichuan) SIMUL (a)C XP(ist)I NOME(n) EO PRIM(um) (in)VEXIT EIUS I(n) GRESSU(m) (E)XCEPIT. CAPTIV(us), SUBI(n)DE FAME, NUD(us) CARCERIB(us), VI(n)CULIS, VULN(eribus), VITAE DISCRIMINE EIDE(m) USQUEQUAQUE OBLUCTA(n)TIBUS IN DIFFICILI STADIO, SIBI NUSPIA(m) DISSIMILIS ET CURSU(m) I(m)PIGRE TENUIT. ET QUA INIERAT ALACRITATE EADE(m) ET CO(n)SUM(m) AVIT PEKINI. DIE VII ME(n)SIS OCT(obris) AN(n)I SAL(utis) 1682, AET(ate) 76, SOC(ietate) 60. DE RE CHRISTIANA ET LI(n)GUA ET CALAMO EDITISQUE IN LUCE LIBR(i)S OPTIME MERITUS. IPSIUS FUNUS E REGIO AERARIO CURARI JVSS(u)M (est), I(m)PERATOR KAMHI (=Kangxi), EPITAPHIO REGIA MANU ADORNATO, VIVE(n)TEM SILICET QUA(n)TI FACERE IN EIUS MORTE NO(n) OBSCUR(ar)E RESTA(n)TUBUS.

［英语］：

Father Lodovico Buglio, from Sicily, Palermo being his home, a confrere of the Society of Jesus, professed in the vows. Having asked to be sent to the China Mission, he spent there 46 years, sharing a fate of constant work in a turbulent era, for the upheavals in Sichuan made their inception just as the Name of Christ was brought there for the first time. He was captured and suffered successively hunger, cold, imprisonment, chains, wounds, danger of life, but could survive the adversities attacking him from all sides in this difficult fight, he always kept his identity and arduously held on to his course. He died in Beijing, with the same alacrity, with which he had begun his race, on October 7th, in the year of salvation 1682, aged 76, having lived in the Society for 60 years. He made great contributions to the cause of Christianity by his preaching and by the writings which he published. It was decreed that his funeral should be financed by the royal treasury, and Emperor Kangxi adorned the epitaph with his own hand, so as to revive him and to prevent this man from being forgotten by posterity.

郎世宁碑文：

F(rater) IOSEPHUS CASTIGLIONE, ITALUS, MEDIOLAN(ensis), COAD(iutor) FORMAT(us) SOC(ietatis) JESU, DE MANDATO IMPERATORIS PEKINI VENIT AN(no) DOMINI MDCCXV, UBI PICTORIA SUA ARTE, QUAM MAGNO EUROPAEI NOM(inis) HONORE PER AN(nos) XV IN AULA EXERCU(it), PRAECLARAM MISSIONI DEDIT OPERAM, RELIGIOSAE SIMUL PERFECTIONIS PRAECLARUS, ET IPSE CULTOR, PIE OBIJT DIE XVI JULIJ, ANNI DOMINI MDCCLXVI, AET(ate) LXXVIII, SOC(ietate) LIX CUM DIMIDIO.

［英语］：

Brother Giuseppe Castiglione, from Italy, Milano, trained as a lay brother of the Society of Jesus. He came to Beijing by order of the Emperor, in the year 1715, where he, by virtue of his painting skills, which he practiced in the imperial court for 15 years, thereby greatly advancing the reputation of the name “Europe”, made an outstanding achievement for the mission. He was also famous for being accomplished as a religious brother, and a teacher himself. He died faithfully on July 16th, in the year of the Lord 1766, aged 78, having lived in the Society for 59 and a half years.

北京栅栏墓地在1949年有830多座墓碑，其中有很多是20世纪在北京去世的外国司铎或修女。20世纪的天主教墓碑和17世纪的利玛窦的墓碑有什么不同呢？我们略看下面的碑，它属于德国汉学家和圣言会传教士鲍润生（Franz Xaver Biallas，1878—1936），即著名汉学杂志《华裔学志》（*Monumenta Serica*）的创始人。拉丁语碑文仍然使用繁杂的拉丁语数字：1878年写作“MDCCCLXXVIII”。

1700年，一些由法国国王派往中国的法国耶稣会会士开始建立北京北堂，这个教堂独立于葡萄牙保教权，不属于南堂的管辖范畴。法国籍的耶稣会会士也想建立一个独立于栅栏的墓园，所以他们于1732年在西边购买了被称为“正佛寺”的地皮，改名为“正福寺”。此后有46位法国传教士在那里埋葬，22名属耶稣会，其他属1785年来北京的遣使会。但1830年后没有人照顾正福寺墓园，直到1860年后它被正式归还给教会，得到修复。1900年义和团毁坏了该墓园，1907年它又被恢复，但不再埋葬任何人。1976年，正福寺的小教堂被拆，墓园被毁，但有40块墓碑在1990年被挪到

图 13：汉学家鲍润生的墓碑（图片来自国家图书馆）

五塔寺，在那里一直保存到今天。五塔寺的天主教墓碑也都是拉丁语和汉语写就的双语墓碑。①

其中一位比较有影响力的人物是遣使会主教田嘉璧（Delaplace，1820—1884），他的碑文如下：

HIC IACET LUDOVICUS GABRIEL DELAPLACE, GALLUS NATUS IN CIVITATE ANTISIODOR AN(no) MDCCCXX. IN CONG(regationem) S(anc)TI VINCENTII INGRESSUS EST AN(no) MDCCCXLII. DIRECTUS AD SINAS AN(no) MDCCCXLV, CREATUS EPISCOPUS COADJUTOR AN(no) MDCCCLII IN PROVINCIA HONAN, INDE TRANSIIT VIC(ariatum) AP(ostolicum) IN KIANGSY ET PAULO POST IN TCEKIANG, UNDE AN(no) MDCCCLXX PEKINUM VENIT IBIQUE POST MULTOS LABORES PIE DECESSIT DIE XXIV MAII AN(no) MDCCCLXXXIV R.I.P.

［汉语］：圣味增爵会主教田公之墓

公讳嘉璧，字类斯。泰西拂朗济亚国人。生于嘉庆二十四年。道光十八年入圣味增爵会。二十六年东来宣道，先传教于河南。咸丰二年升主教尊位，管理江西教务。越二载，移任浙江。同治九年调升北京主教。光绪十年四月晦日，安逝于北京本署救世堂。［北堂］五月初二日葬于京西正福寺。在会四十八年。居主教位三十二载。享寿六十有六。

① 参见明晓艳、魏扬波（Wiest）编《历史遗踪：正福寺天主教墓地》，文物出版社，2007年。

图 14：田嘉璧主教

值得注意的是，在双语的墓碑上读者会发现，汉语的碑文和拉丁语的碑文不完全一致，因为拉丁语碑文会写更多与宗教有关系的内容，而汉语的碑文不强调宗教背景或修会背景。

另一个古老的天主教墓园在杭州的大方井，明末“天儒”杨廷筠的儿子在那里为外国传教士安排了一个墓园。1676 年，殷铎泽神父扩建了这个墓园，而今天这个墓园仍然存在。意大利神父艾儒略的墓在福州附近的“十字山”，但原来的墓碑没有得到保存。原来在山东服务的耶稣会会士的墓在济南以西的陈家楼。一些方济各会会士埋在山东临清附近的一个墓园，伊大仁（Bernardino della Chiesa，1644—1721）神父的墓在那里被发现。另一些方济各会会士埋在广州以西的黄沙坑，因为他们从 1670 年到 1730 年在那里服务过。罗文藻主教和一些外国传教士埋在南京聚宝门外的“雨花台”，但这个墓园遭太平军毁坏，没有保存任何文物。徐光启的墓在徐家汇的公园里被恢复。

19 世纪以来，很多传教士团来中国，他们都有自己的一些墓园，其中的墓碑多是拉丁语写的或是拉汉双语的。比较著名的是陕西三原的通远坊，通远坊的教堂内保存着几位方济各会主教的双语墓碑，即方启升（F. Saraceni，1679—1742）、冯尚仁（A. Donato，1783—1848）、高一志（E. Chiais，1808—1888）、林奇爱（A. Pagnucci，1833—1901）、何理熙（O. Rizzi，1858—1905）、郭德礼（C. Coltelli，1865—1901 年）和戴夏德（F. Tessiatore，1892—1932）。

在此记录冯尚仁主教的碑文（括号中的字是我加上的）：

ILL(ustrissi)MUS AC R(everendissi)MUS FR(ater) ALPHONSUS M(aria) DE DONATO. ORTUS NEAPOLI MDCCCIV. INGRESSUS IN RELIGIONEM S(ancti) FRANCISCI DE OBS(ervantia stricta) PROVINCIE NEAPOLITANE MDCCCXX. AD SINAS ADVENIT MDCCCXXXIII. CONSECRATUS EP(iscop)US CARDICENSIS COADJUTOR ILL(ustrissi)MI AC R(everendissi)MI EP(iscopi) JOACHIM SALVETTI VIC(arii) AP(ostolici) XANSI ET XENSI MDCCCXXXV. IN DIVISIONE VICARIATUS XANSI E(t) XENSI PRIMUS VIC(arius) AP(ostolicus) ELECTUS (est) MDCCCXLIV. LABORIBUS ATTRITUS DIUTINOQUE MORBO CORREPTUS SUPREMUM DIEM EXPLEVIT XX MAI MDCCCXLVIII.

［译文］：非常著名且尊敬的弟兄阿勒风索·冯尚仁之墓。他于 1804 年出生在那不勒斯，1820 年加入那不勒斯严格方济各会团体，1833 年来华，1835 年被祝圣为卡尔迪卡主教和陕西、山西代牧艾若亚敬的副主教。当陕西和山西分为两个区时，他于 1844 年被提名为（陕西）第一位宗座代牧。因劳累和长期的疾病而衰弱的

他于1848年5月20日去世。

图15：陕西通远坊教堂内的拉丁语墓碑

一个比较著名的墓园是西湾子镇（河北省张家口市崇礼区）的墓地，被称作“圣地梁”。这个墓园在2010年后被整理，但其中大多的拉丁语－汉语碑不完整。这些碑属于中国神父和圣母圣心会、遣使会的传教士。①

耶稣会在献县的墓园原来在云台山，在张庄的东边五公里。原有的400座墓碑在1949年后被毁或成为某家工厂的地板。2000年后，得以保存的部分墓碑被安放在教会建立的新墓园。在这些墓碑中也有中国著名学者和耶稣会神父萧静山（1855—1924）的碑（没有完整保存）。萧神父曾是第一个独立根据拉丁语翻译《新约》的中国

① 参见当地天主教于2015年发行的内部资料：苏梭杰著《圣地梁——西湾子圣者安息之地》。

学者。

图 16：圣福若瑟

圣言会曾在山东济宁北角的戴家庄（亦称“岱庄”）有神父和修女的墓园，那里大约埋了 70 名神父、修士和 20 名德国修女，但 20 世纪 60 年代遭毁。然而，著名传教士和圣人圣福若瑟（Joseph Freinademetz，SVD，1852—1908）在戴家庄去世的纪念牌仍然保存在世，其拉丁语铭文如下：

Hoc in cubiculo Servus Dei P. Josephus infatigabilis Evangelii praeco verbo et opere clarus divinis mysteriis refectus animam Deo sancte reddidit, die 28 mensis Januarii anni salutis 08.

［译文］：在这个小屋子里，福音的不懈怠宣布者，在言、行上有杰出贡献的上主的仆人若瑟去世，他接受了圣事后把自己的灵魂虔诚地还给了上主，1908 年 1 月 28 日。

2010 年后，戴家庄的天主教墓园经过装修恢复，其中传教圣人圣福若瑟的墓碑被重新镌刻，其墓得以修复。圣言会的另一个墓园在甘肃省武威市附近的松树村，这是一个天主教村，松树村的墓园也保存了一些 19 世纪在甘肃传教的圣母圣心会会士的墓碑。

第四章：早期的中国拉丁语学者

今天有很多人谈论中西文化的交流和结合，但很少有人知道明末清初的文化交流和沟通。这种沟通是由传教士们推动和完成的，因为他们首先要自己学习本地语言，即汉语。然而，传教士们也都希望，中国的信徒，尤其是圣职人员学习外语，可以深入了解基督信仰和天主的圣言——《圣经》。这些来自欧洲的传教士，无论他们属于方济各会、耶稣会、道明会（多明我会）、遣使会，还是其他的会，都准备当外语教师，他们很愿意向中国人介绍西方语言，尤其是神学的通用语言拉丁语和《圣经》的语言，即古希腊语和古希伯来语。比如，利玛窦在来华之前就在印度果阿和科钦（Cochin）学习神学（1579—1582），同时也在那里的学院教希腊语和拉丁语，这样可以向本地的印度修道生介绍西方古典语言和文化。

耶稣会在印度果阿创办的修道院也会培养一些来自非洲东部和亚洲的青年，1556年该修道院有111名学生，其中5名来自中国。[①]这些传教员或修道生受的教育当然是拉丁语的教育，所以那5名来自中国的学生也许是第一批在中国以外学习拉丁语的华人。另外，

① 参见杨慧玲《19世纪汉英词典传统——马礼逊、卫三畏、翟理斯汉英词典的谱系研究》，商务印书馆，2012年，52页。

利玛窦很可能在果阿已经接触了中国人，甚至在那里已经开始教他们拉丁语或希腊语。

当然，利玛窦也很想在中国教授这些古典语言，但他到中国以后很快就发现中国文化是汉字的文化，而中国的学人对其他的文字体系没有强烈的兴趣，明朝的皇帝们尽可能排斥外来的文字，对新奇的东西都怀着反对或质疑的态度。因此，利玛窦根本不可能在北京当外语老师，他没有编写一本拉丁语教程或古希腊语教程，也没有花很多时间编写一部双语词典，而在日本的耶稣会传教士在16世纪90年代已经开始编写双语词典，包括拉丁语–日本语词典。

耶稣会和其他传教修会一样从一开始就注重本地圣职人员的培育，但在中国，这一点特别难，因为培养一位神父需要先让这个修道生阅读大量的神学文献，比如《圣经》《教理问答》《教会法典》及教会历史方面的书、礼仪书（弥撒本）等，而这些文献在十六七世纪大多都是拉丁语（或西班牙语、法语）写的，并没有汉译本。汉语的神学读物非常少，一直到20世纪末。因此需要从两方面着手：第一，翻译最重要的文献；第二，培养一些修道生的外语，尤其是拉丁语。然而，在内地很少有良好的学习外语的语言环境，应该把学生送到澳门学习，因为在澳门才有比较多的外国教师。内地的外语教学工作一直很难开展，所以在内地工作的外国传教士想通过翻译和出版工作介绍外来的神学思想（参见艾儒略和利类思的译著）。17世纪第一个去欧洲的中国人可能是郑维信（亦称Manuel de Siquiera，1633—1673），他出生在澳门，1645年和罗历山一起从澳门出发，1649年到达罗马。郑维信于1651年加入耶稣会，

1664 年在葡萄牙被祝圣司铎，1666 年返回中国，但 1673 年年仅 40 岁的他去世了。

中国人学习拉丁语的传统是在天主教的司铎们那里开始的，这个传统一代一代被保存，一直到今天，不断成长，不断深化，从罗文藻到吴历，再到李安德、薛玛窦、黄伯禄、马相伯、田耕莘、罗光、金鲁贤、李镜峰……一直到今天学习拉丁语的修道生。拉丁语是天主教的“大传统”。当然，自从伊拉斯谟（Erasmus，1466—1536）以来，欧洲的学者也很重视其他语言的培养，尤其是古希腊语和古希伯来语的教学。21 世纪中国的修道生和神父也应该多培养“小传统”，即古希腊语和古希伯来语，所谓“欲穷千里目，更上一层楼”（Qui volunt contemplari altiora ducant in altum）。

一、钟鸣仁、游文辉等人

最早掌握拉丁语的中国人应该是澳门的文人，即在澳门入耶稣会修道院的学生，其中比较出名的是钟鸣仁、游文辉和黄明沙。他们都出生在澳门，是澳门本地信教华人的子弟，受洗时取了葡萄牙语名（钟称 Sebastiao Fernandez，游称 Manoel Pereira，黄称 Francisco Martinez）。他们的生活方式比较像葡萄牙人，而因为他们都在澳门圣保禄学院求学，所以他们学过葡萄牙语和拉丁语。“这些懂得拉丁语的澳门基督徒华人子弟，恰恰是沟通欧洲耶稣会士和中国语言文化的中介。即使他们的书面汉语水平不高，但是对中国语言和文化并不陌生，而且在口语方面肯定有相当的基础，他们长期陪伴在利玛窦和后来的欧洲入华耶稣会会士身边，对传教士语言学习的作用不容忽略。”[①] 在拉丁语的发展史上，这些人自然比较重要。遗憾的是，关于他们的资料并不多，都来自利玛窦、阳玛诺等人的零碎记录。

钟鸣仁（亦写作“铭仁”）的外语名字是 Sebastiao Fernandez（或拉丁语 Sebastianus Fernandez），他于 1562 年生于澳门的富有家庭。因为他懂外语，曾任利玛窦的译员，1596 年因基督信仰在韶州受刑并被驱逐，后又在杭州入狱。他也曾在北京被禁锢。1591 年 1 月 1 日他和黄明沙（1568—1606）一起加入耶稣会，成为该修会最早的两位中国会员。钟鸣仁于 1622 年（或 1621 年）在杭州去世，墓也在杭州（大方井）。黄明沙于 1606 年在广州被控告受刑，同年去世。[②]

游文辉（葡萄牙语名 Manoel Pereira，拉丁语名 Emanuel Pereirus）是利玛窦最早的画像的创作者，于 1575 年在澳门出生，曾在澳门的耶稣会修道院天主之母（Madre de Deus）学习西文和拉丁语，1593 年被送到日本，在那里向耶稣会画家柯拉（Giovanni Cola，1560—1626）学习西方艺术。1598 年 6 月 25 日他和钟鸣仁一起陪同利玛窦和郭居静（Cattaneo）在一只小船上从江西南昌去南京。1598 年 11 月游还陪同利玛窦到北京。1600 年 6 月，游文辉、钟鸣仁和西班牙人庞迪我与利玛窦一同进入北京。那个时候

① 参见杨慧玲《19 世纪汉英词典传统》，商务印书馆，2012 年，53 页。
② 参见方豪《中国天主教史人物传》，宗教文化出版社，2007 年，65—66 页。

游文辉仍然只是耶稣会的望会生，1605 年 8 月 15 日他才加入耶稣会，而且以辅理修士的身份入会。1610 年，当利玛窦去世时，游在他的身边，1613 年他在广东的耶稣会会馆，1633 年在杭州去世。[①] 在初学之前，他还复习了他的拉丁语：他“1603 年在南京任传道员，等候入初修院，同时又学习了拉丁语”[②]。耶稣会的一个报告说 51 岁的游文辉“身体强壮，很健康”（robustus et bonae valetudinis），1633 年 11 月阳玛诺写游文辉于“1633 年去世，他曾为传教事业发挥了巨大作用，虽然他作为一名画家，才华并不突出”[③]。

另一种曾接触拉丁语的小群体是徐光启、李之藻、杨廷筠等中国人。他们没有机会去澳门长期学习拉丁语或其他外语，但他们听利玛窦等人的讲话，看他们翻译或编写的书籍，也学习一些新的思想观念，而这些观念多来自西方语言。比如徐光启在《灵言蠡勺》中说“亚尼玛”［即 anima（灵魂）］是“自立之体”，但在古汉语中没有“亚尼玛”，也没有“自立之体”的观念，这就是来自拉丁语的词。

因此，可以说徐光启和李之藻等人的著作在一定的程度上是西

① Cesar Guillen Nunez, “The Portrait of Matteo Ricci”, in: Macao Ricci Institute, *Portrait of a Jesuit: Matteo Ricci*, Macao: Jesuitas Publications, 2010: 87–89.

② 参见荣振华等《16—20 世纪入华天主教传教士列传》，耿昇译，广西师范大学出版社，2010 年，269 页。

③ Cesar Guillen Nunez, “The Portrait of Matteo Ricci”, in: Macao Ricci Institute, *Portrait of a Jesuit: Matteo Ricci*, Macao: Jesuitas Publications, 2010: 89.

化的，因为他们通过翻译工作已经进入了西方的语境。比如，李之藻意识到，西方传教士带来的书属于不同的“学科”，属于不同的知识领域，这就已经在西方的意义上使用了很多单词。1613 年李之藻写道：

伏见大西洋国归化陪臣庞迪我、龙华民、熊三拔、阳玛诺等诸人，慕义远来，读书谈道，俱以颖异之资，洞知历算之学，携有彼国书籍极多，久渐声教，晓习毕音，在京仕绅，多与讲论……其书非特历术，又有水法之书，不用算珠，举笔便成；又有测望之书，能测山岳江河远近高深，及七政之大小高下；有仪象之书，能极论天地之体，与其变化之理；有日轨之书，能立表于地，刻定二十四气之影线；能立表于墙面，随其三百六十向，皆能兼定节气，种种制造不同，皆与天合；有万国图志之书，能载各国风俗山川险夷远近；有医理之书，能论人身形体血脉之故，与其医治之方；有乐器之书，凡各钟琴笙管，皆另有一种机巧；有格物穷理之书，备论物理事理，用以开导初学；有几何原本之书，专穷方圆平直，以为制作工器本领……系有益世用者，渐次广译，其于鼓吹休明，观文成化，不无裨补（《请译西洋历法等书疏》）。[①]

从朱宗元（1616—1660）的文献中可以更具体地读出拉丁语的声音，他的《拯世略说》有这样的论述：

---

① 引自方豪《中国天主教史人物传》，宗教文化出版社，2007 年，84—85 页。

天主性情美好。万物不自有。恒受有于天主。天主则自有。而不受有于万物。万物不自存。恒赖存于天主。天主则自存。而不赖存于万物。不始而能始物。不终而能终物。不动而能动物。不变而能变物。其性情之尊贵，为无穷际之大……①

这里使用的“天主”（Deus）、“性情”（natura）、“美好”（bonus）、“万物”（creaturae）、“受”（recipit）、“自存”（ens a se）、“赖存”（ens ab alio）等都是纯粹的拉丁语概念，而朱宗元完全在西方意义上使用这些概念，他的论述虽然是汉字写的，但其中的内容是拉丁语的概念和天主教的思维。

也许可以这样说，徐光启、李之藻、朱宗元这些人虽然从来没有系统地学过拉丁语，但他们的思想深受拉丁语概念的影响和启发。

二、罗文藻

在17世纪中叶，道明会传教士在福建帮助一些中国人去菲律宾学习，其中最早的，也是最有名的人物是中国第一位主教罗文藻（亦称 Gregorio Lopez，1616—1691）。

① 参见朱宗元《拯世略说》，引自 D. Sachsenmaier, Die *Aufnahme europaeischer Inhalte in die chinesische Kultur durch Zhu Zongyuan (1616—1660)*, Nettetal: Monumenta Serica, 2001: 341。

图 17：19 世纪西方著作中的罗文藻画像

18 岁的罗文藻在福安（福建省）遇到方济各会传教士利安当（Antonio Caballero，1602—1669 年），听他讲道并在几个月后受洗（1634）。罗家人是佛教徒和农民，但他们也逐渐转向天主教。1637 年秋天，罗文藻陪同利安当和其他方济各会会士一起去北京，因为当时有教难，罗氏在 1637 年入狱 23 天。此后罗和利安当一起逃难，从一个城市到另一个城市，一直到澳门。1638 年初，罗和一些方济各会会士一起到马尼拉。在马尼拉他住在方济各会的会院，学习写 ABC 并且开始学习拉丁语[①]。1640 年 5 月他与利安当和黎玉范（Juan Baptista de Morales，1597—1664）一起到澳门，在澳

① Benno Biermann, *Die Anfänge der neueren Dominikanermission in China*, Berlin: Albertus Verlag, 1927: 91.

门陪同利安当四年之久，1645 年 5 月 20 日罗文藻又到马尼拉，在那里他被允许进入亚洲第一所大学，即圣托马斯大学（St. Thomas University），同时学习西班牙语、拉丁语和哲学。他的名字改成 Lopez（罗）。两年半后，罗氏被派到福建，协助那里的传教士，因为他们遭受着相当大的压力。刘方济（Capillas），第一位西班牙道明会殉道者在 1648 年 1 月 15 日被处死。从 1647 年到 1652 年，罗氏在福建各地传教。1650 年 1 月 1 日，黎玉范接受他为道明会会士，1651 年发初愿，1652 年再次到马尼拉，继续在圣托马斯大学学习哲学和神学，并于 1654 年 7 月 4 日被马尼拉的总主教祝圣为司铎。1655 年罗氏回到福建，在艰难的社会和政治条件下继续传教。由于杨光先等人的影响，北京的耶稣会会士（汤若望等）受到很大的压力，几乎所有的外国传教士在 1666 年均被押送到广州，在那里等待五年。当时罗文藻在福建是唯一能自由活动的司铎，他于 1665 年还去了菲律宾，获得支持，协助在广州、澳门的传教士，此后去福建、山东、河北，甚至探访东北吉林的教友们。他还在江西、湖南和四川各地给人领洗。由于他的不懈工作和热心服务，罗文藻在 1674 年被提名为主教，但在 1685 年 4 月 5 日才由广州的主教伊大仁祝圣为主教，其管理的领域包括江南与湖广，主教府在南京。

罗文藻的拉丁语应该是很好的，因为他每年用拉丁语写教区情况方面的报告，而且大约在 1690 年他修复了利安当神父的墓，墓碑上的铭文写道：

A. R. P. F. Antonio A S. Maria Ordinis Minorum,

ministro et praefecto vere apostolico,

Ab exilio Cantonensi ad coelestem patriam evocato

Anno M.D.C.LXIX decimo tertio Kalendas Iunii

Fr. Gregorius Lopex, Episcopus Basilitanus

Et Vicarius Apostolicus Nankim,

Patri suo spirituali, Restaurato Sepulcro,

Lapidem hunc gratitudinis monumentum erexit.

［译文］：为了纪念方济各会会士利安当，这位真正有宗徒精神的仆人和长上，他由广州的流放地蒙召去天上的家乡，1669 年 6 月 13 日。罗文藻司铎、巴西利塔努斯主教和南京的代牧为自己的神师修复坟墓并建立这块纪念碑，以表示感恩。

根据这个碑文可以知道，罗文藻自己立了这块碑。这份资料来自沙百里《中国基督徒史》的英语版[1]。耐人寻味的是，汉译本《中国基督徒史》（台湾光启 2005 年）虽然经过台湾学者古伟瀛和潘玉玲的校对和增订，但他们没有正确地翻译这一段。他们的译文依据是别人为罗文藻立的纪念碑，而他们也没有印拉丁语碑文，但在英语版这些都有。这个例子说明，中国学者对拉丁语文献不重视，也不太懂其内容。因为他们自己不懂，他们也不愿意别人理解它，所以在汉语的书中，无论是在大陆或台湾，在教会内或教会外，拉丁语文献、书名、人名的原文都广泛被忽略，造成了很多错误或不

① Jean Charbonnier, *Christians in China: A.D. 600–2000*, San Francisco: Ignatius Press, 2007.

清楚的情况。改进这种问题的唯一办法是让更多中国编辑学习拉丁语或至少有一部拉丁语汉语词典。

三、吴渔山

罗文藻在澳门还祝圣过三位中国司铎（1688），其中最有名的是吴渔山（1632—1718）——这位50岁才开始学习拉丁语的人。吴渔山的外语名字是Simon da Cunha或Simon Xaverius a Cunha，亦称作吴历、吴墨井。他是江苏常熟人，中国画家和文人，1675年接触教会信仰，与比利时耶稣会传教士鲁日满交往，1681年受洗并决定要随柏应理神父去欧洲。他先到澳门，1682年在澳门进入耶稣会初学院学习拉丁文、神学和哲学，50岁时开始学习神学，1688年8月1日由罗文藻在南京祝圣他为司铎，在上海、嘉定、苏州等地传教30年，1718年2月24日在上海去世，葬于上海南门外。

吴渔山的诗歌与画作很独特，著有《墨井书画集》和《墨井诗钞》（《墨井集》）。当然，吴神父的拉丁语不可能是非常好的，因为他50岁才开始学习，但下一代的李安德具有很好的拉丁语修养。

四、郑玛诺、沈福宗、樊守义

第一位比较好地掌握拉丁语的中国耶稣会会士大概是郑玛诺（1635—1673），其外文名字是Manuel Sequeira。

郑玛诺亦称“郑维信”，来自香山（今天称“中山市”），即澳门附近的城市。他是最早去欧洲留学的中国人之一。1645 年他和著名法国耶稣会会士罗历山一起到欧洲。他们的路程非常危险并且需要花 4 年的时间，他们经过印度、波斯、亚美尼亚、土耳其等地才到达罗马，年轻的郑玛诺在路上还学习了一些语言（比如亚美尼亚语）。1649 年他们终于到达罗马，郑玛诺进入耶稣会初学院。1653 年他在罗马学院（Collegium Romanum）学习，甚至在那里教了一段时间的书。1657 年他在罗马被祝圣为司铎，因此成了耶稣会最早的中国司铎。

图 18：郑玛诺在北京的墓碑

1666 年他从里斯本起航，但在印度被迫停留一年，1668 年才到澳门。因为 1665 年在北京发生“历狱”，当时所有外国传教士在广州被软禁。因为郑氏是中国人，他能去探访广州周围的信徒。

1671年年底他被允许和耶稣会神父恩理格和闵明我（Grimaldi）一起去北京，但在1672年秋天，他在路上生病了，因为大运河结冰，导致他的小船无法前行。他无法恢复健康，1673年1月到达北京时身体很弱，后于1673年5月26日在北京去世，年龄才38岁。他在栅栏的墓碑于2018年6月重新被发现。其碑文写道：

P(ater) MANVEL SEQVEIRA, NATIONE SINA, PATRIA MACAENSIS, ADOLESCENS ROMA PROFECTVS (est), IBIQVE INGRESS(us) SOC(ietatem) IESV, PRIMVS SINARV(m) EX EADEM SOC(ietate) SACERDOTIO DECORAT(us) EST. PHILOSOPHIAE AC THEOLOGIAE STVDIIS CV(m) LAVDE ABSOLVTIS, PRAEDICANDI EVA(n)GELII CAVSA REDIIT AD SVOS. OBIIT PEKINI AN(no) SAL(utis) MDCLXXIII DIE XXVI MAII. AET(atis) VERO XXXVIII.

郑玛诺是第一位比较著名的到过欧洲的中国留学生，他是一位具有象征性的人物。耶稣会的罗列奥神父曾写过关于他的研究，见其《耶稣会的第一位中国司铎：郑玛诺，1633—1673年》（“The First Chinese Priest of the Society of Jesus: Emmanuel de Siqueira, 1633—1673”，AHSI 28，1959，3—50）。[1]

另一位早期的耶稣会拉丁语专家是沈福宗（亦称Alfonso Chen, Michel，1658—1692），1681年他和柏应理一起去过欧洲。他曾

[1] 这篇文章认为，郑玛诺出生于1633年，但根据碑文，他的年龄为38岁，所以应该出生于1635年。

去过巴黎和伦敦，并和牛津大学的东方学家海德（Thomas Hyde，1636—1703）合作。1688 年沈福宗在葡萄牙加入耶稣会，不久后他被派回中国，但不幸于 1692 年在游途中[在莫桑比克（Mozambique）海岸]去世。沈福宗会说拉丁语，依靠这个语言能力，他能够和英国、法国学者和贵族进行有意义的对话。

图 19：西方人画的沈福宗

根据《16—20 世纪入华天主教传教士列传》的记载，在英国和法国都保存着关于沈福宗的画像，其中一幅画像下面写着："出生在南京景教徒双亲家庭中的中国人，在举行洗礼时被命名为弥格尔或弥额尔（Michel），而在举行坚振礼时又被命名为阿方所（Alphonse）。他于 1684 年（原文如此，也有人认为是 1681 年）与中国传教区的司铎、耶稣会会士柏应理一起来到欧洲。在经过法国时，他有幸（原文如此）拜谒法国国王陛下，并在法王面前以中国方式进餐。他在罗马吻了教皇陛下的脚。"他于 1687 年来到英国牛津大学。大约在 1686 年，他在葡萄牙的里斯本进入初学院，而当时关于他有这样的记载："在拉丁语方面，他有相当的修养。"在未被祝圣司铎之前，他已经启程（1691），但在回中国的路上于1692年9月2日逝世于莫桑比克附近。

第三个在康熙时代去过欧洲留学的著名耶稣会会士是樊守义（1682—1753）。他在意大利学习并写了第一篇关于欧洲的报告，即《身见录》。1707年他和艾逊爵（Provana）神父一起到意大利，1709年在罗马入耶稣会，10年后回国。他在北京去世，他的墓碑在北京栅栏保存至今。碑文是樊神父的简短传记：

P(ater) LUDOVIC(us) FAN, S(ocietatis) I(esu), COAD(iutor) FORM(atus), SINA, PROV(inciae) XANSI. INGR(essus) SOC(ietatem) ROMAE, MDCCIX, AD SINAS REVERS(us), EXACTIS XXXIII ANNIS IN MISSIONE ET XLIV IN SOCIET(ate), OPERARIUS INDEFESSUS AC RELIGIOSUS VIGILANS, OBIJT (=obiit) PEKINI DIE XXVIII FEBR(uarii), AETATIS SUAE LXXI.

[英译]：Father Louis Fan, of the Society of Jesus, trained as a religious priest, Chinese from Shanxi Province. He entered the Society in Rome, in the year 1709, and he returned to China. After having served 33 years in the mission and 44 years in the Society, this indefatigable worker and vigilant priest died in Beijing on the 28th of February, aged 71.

郑玛诺和沈福宗无法在学习后回国并在中国发挥他们的潜能，但樊守义与他们不同，他回国后还为教会服务了33年之久。

五、徐若翰和李安德

徐若翰和李安德都和巴黎外方传教会神父白日升（Jean Basset，1662—1707）有关系。关于徐若翰，我们知道的不多。他是浙江人，曾经结过婚，在考场上有过几次失败。他的妻子于1704年去世，所以他寻求一个新的开始，并在四川找到了基督信仰。他在1707年和白日升神父一起翻译《新约》。1707年，白神父去世，但他去世前推荐徐若翰去澳门，因此徐在澳门见到了铎罗（Charles de Tournon，1668—1710）主教并接受了进一步的教育。很可能他在澳门被祝圣司铎（神父）。1710年，徐神父回到四川并独立进行翻译。他曾把一本拉丁语的“耶稣传”译成汉语，并以《四史攸编耶稣基利斯督福音之合编》为书名发行。这算是一项很大的成就，因为这是一名中国文人第一次把拉丁语的书独立译成汉语。①

李安德（Andreas Li，1692—1774）是陕西汉中城固人，他生于教友家庭，8岁时跟随到陕西旅游的巴黎外方传教会会士白日升神父学习拉丁语，1706年随着白到广州，1708年李安德与梁弘仁（Martin de Baluere，1668—1715）和另外两个中国修道生到澳门，1709年由铎罗主教接受小品（tonsure），准备当天主教神父。1713

---

① 参见王硕丰《早期汉语〈圣经〉对勘研究》，社会科学文献出版社，2017年，89—91页；亦见F. Barriquand, “First Comprehensive Translation of the New Testament in Chinese: Fr. Jean Basset and the Scholar Xu”, in: *Verbum SVD* 49, 1（2008）。

年梁弘仁被迫离开澳门，和李安德等修道生偷偷去了四川，1717年由卜（Le Blanc）主教派遣他俩和另外6名中国修道生到暹罗（今泰国）大城府（Ayudhya）的修道院学习神学；1725年李安德晋铎，此后被视为巴黎外方传教会（MEP）[①]会士，1726年回国到广东，1726—1731年在福建传教，1731年到广州养病，1732年到四川，在禁教时期忠实管理教务，曾一度是全省唯一的神父；1764年被任命为四川代牧；1770年被驱逐；随后李安德在四川去世。他著有拉丁语写的《李安德日记》，其中报告了1747—1763年间教会的发展情况（只缺少1758年9月到1759年5月期间的记载）。《李安德日记》叙述了作者个人的生活、传教工作问题、作者的传教巡逻活动、他向MEP驻澳门办事处的报告、他的送信人员的报告、在各地的圣事统计、上传信部书与外国通信人士的书信底稿，还有四川代牧穆天尺（Jean Mullener，1673—1742）的传记。该“日记”记录了当时四川教会的礼仪和宗教生活以及教友人数，因此是中国天主教史的珍贵史料。

意大利历史学家德礼贤（d' Elia，1890—1963）曾这样评价李安德和他的著作：

This Chinese Priest was a very good Latin Scholar, and therefore had some objections against Natives being ordained without knowing Latin. Between 1746 and 1763, in a correct, easy, plain and often

① 关于“MEP”参见雷立柏《中国基督宗教史辞典》，宗教文化出版社，2013年，356—357页。

picturesque Latin, he wrote, day by day, a full and very interesting account of his works, dangers, difficulties and trials of all kind. This journal of 677 pages in 80 published in 1906 is a monumental work, showing to what a high degree of learning and culture a Chinese Priest could attain, during the XVIII century.①

［译文］：这位中国司铎是一个非常好的拉丁语学者，因此他比较反对那些不懂拉丁语的本地修士被祝圣司铎。在 1746 到 1763 年间，他用正确、流畅、简明和经常很生动的拉丁语辞藻一日一日地写出一种全面的并且非常有意思的报告，包括他的工作、外在的危险、困难和各式各样的挑战。这部长达 677 页（8 开本）的日记于 1906 年被出版，它算是一个里程碑，因为它表示了一个中国司铎在 18 世纪可以达到多高的知识水平和文化修养。

六、李自标

根据那不勒斯“圣家学院”的学生名单可以知道李自标的基本资料：他的圣名是 Jacobus Li，于 1760 年 5 月出生在甘肃武威，1773 年 10 月 18 日去到意大利，同年 11 月 14 日接受了圣衣（意味着他进入学院团体），1778 年 3 月 19 日宣发圣愿，1784 年 11 月 14 日被祝圣为司铎，1792 年 3 月 20 日回国，曾在甘肃和山西

① 参见 d' Elia 前引书，41 页。1906 年出版的书指 A. Launay MEP, *Journald'Andre Ly Pretre Chinois, Missionaire et Notaire Apostolique 1746—1763. Texte latin*（《李安德日记》），Paris。

传教，1828 年 2 月 17 日去世。[①]

雅各伯・李自标出生在武威（亦称“凉州”）的天主教家庭。[②]他的父亲是李方济（这是基督徒用的名字）。李自标长大的地区里有很多少数民族，包括蒙古族和藏族，所以说外语成为了一个重要的技巧。当时有一位来自山西的郭元性神父（1718—1778），他曾偷偷地在意大利留过学，1751 年回国，并于 1771 年组织了一些年轻修道生去澳门，准备从那里出发到意大利。1772 年有 8 名修道生在澳门登上了去往法国的船只，其中有三名来自甘肃，最年轻的就是李自标，当时他才 12 岁。他们的目的地是那不勒斯的“中国学院”（Collegium Sinicum），即马国贤（Matteo Ripa，1682—1745）于 1734 年为中国留学生建立的学院。

和那不勒斯的其他学生一样，李自标学习意大利语、拉丁语，大概也学习基础古希腊语和古希伯来语，这一点可以根据他们老师法提嘎提（Fatigati）当时用的教材而推定。[③]在这些中国留学生中，李自标是最年轻的，因此他学习外语比较容易，他向澳门及欧洲写的拉丁语书信都表明了他的语言能力很强，他能写出优雅且风趣的拉丁语。[④]在十多年的学习后，李自标于 1784 年在那不勒斯被祝

① Rivinius, *Das Collegium Sinicum zu Neapel und seine Umwandlung in ein Orientalisches Institut*, St. Augustin: Monumenta Serica, 2004:152–153.

② 关于李自标的一生，请见 Henrietta Harrison, *The Perils of Interpreting*, Princeton: Princeton University Press, 2021。尤其见下列章节：The Li Family in Liangzhou（17—25 页），Li Zibiao's Education in Naples（37—49 页），Li Zibiao as Interpreter and Mediator（100—113 页），Li Zibiao after the Embassy（141—152 页）和 Li Zibiao's Last Years in Hiding（223—232 页）。

③ 同上书，37—49 页。

④ 李自标的部分拉丁语书信被保存，但 Harrison 的研究并没有提供这方面的资料。

圣为司铎，但因为回国的旅费很贵，他无法马上出发。1789 年又有 6 名新学生来到那不勒斯的学院，李自标成为了他们的拉丁语老师。当时马嘎尔尼使团（Macartney Mission）的秘书斯坦顿（Lord Staunton）在欧洲各地寻找一个掌握汉语的译员，最终找到了年轻的司铎李自标。对李司铎来说，这就是回国的方便途径，因此他同意当译员。1792 年到 1793 年他陪同马嘎尔尼使团到北京，他在马嘎尔尼使团与乾隆皇帝会面的过程中起了很重要的作用，因为他穿着西式服装，所以没有被发现。实际上，他 1772 年悄悄离开中国，1792 年悄悄回国，这都是非法行为，如果被政府知道，李神父将会被视为外国间谍而被捕。但因为他是外国使团的一员，穿着西装并说外语，所以他被视为会说汉语的欧洲人。在北京的谈判结束后，李自标于 1794 年陪同英国人到澳门，但他没有回欧洲，他再次悄悄地从澳门进入内地，加入了一个来自中国西北的公教信徒的商人团体，经过湖北到山西。此后李自标司铎生活在山西南部的马厂村地区，这成为他余生的家乡。1804 年，有一次他曾偷偷地回到老家甘肃，但他发现自己的哥哥已经放弃了公教信仰，并重新肯定了原先的儒家传统。李自标神父一直到 1802 年都在给英国使臣马嘎尔尼（George Macartney，1737—1806）还有意大利和中国澳门的神父们写信。

1802 年，李自标（他把名字改成“乜神父”）和意大利方济各会的路类思（Landi，1749—1814）神父一起在祁县修建了一个小型修道院。这个修道院的修建资金来自一些山西公教商人，而李神父与这些商人维持着良好的关系。这家修道院曾有 20 位修道生，李自标教学生拉丁语，正如他在意大利也同样教过中国人拉丁语。毫无疑问，李自标是一名很受尊敬的中国司铎，艾若亚敬（Salvetti，1769—1843）主教曾经推荐他当代牧区的主教，但因为李神父身体健康始终欠佳，所以他没有被提名为主教。[1] 1816 年嘉庆皇帝颁布了一些严厉镇压基督徒的敕令，李神父被迫离开马厂。他在山西西部地区的一些偏僻和穷困的农村避难，就这样度过了教难时期。1820 年他才回到原来的地方（马厂）。1828 年李自标在马厂去世，也在那里安葬。

李自标和 1792 年的马嘎尔尼使团的密切关系值得被关注。1637 年英国人的船只首次在广州和中国商人建立贸易关系，清代时在几个中国港口推销西方的产品，但清政府在 1740 年限制贸易活动，只允许外国人在广州进行贸易。因此，广州的官员在相当大的程度上控制着外国人的贸易，但英国人希望突破这种垄断，他们想直接和中国的商人接触来扩张他们的市场，改进与中国的贸易条件。因此英国政府在 1891 年委派马嘎尔尼伯爵的使团和中国皇帝进行谈判，但表面上这个使团的目标只是祝贺乾隆皇帝。

马嘎尔尼面临最大的困难之一是翻译人员的问题，因为在当时的英国几乎没有懂中国官话的人。连在巴黎的两个传教团体的母院，即遣使会会院拉匝禄院（St. Lazare）和巴黎外方传教会会院都没有任何可以当译员的人士。在巴黎外方传教会的会院只有一名法国神父，他 20 年前从中国回来，但他仅记得几句汉语，而且他绝不愿

① Henrietta Harrison，*The Perils of Interpreting*，Princeton: Princeton University Press, 2021: 230.

意回到中国。[1] 最终一位意大利语老师告诉马嘎尔尼的秘书斯探顿（Sir Staunton，1731—1801），在意大利那不勒斯有马国贤建立的学院，其中有一些会拉丁语的学生。因此斯探顿去了那不勒斯的学院，在那里认识了那些学习神学、拉丁语及汉语的中国学生。这些中国学生一边学习西方文化，一边学习关于中国的历史和文化，而他们的老师也特别重视汉语教学。部分中国神父已经完成了他们的学习，正好准备回中国，他们都要先去澳门，通过澳门再进入内地。学院的院长马塞依（Francesco Massei，1713—1800）本来很担心中国神父如果当了译员，他们在神圣使命方面也许会受到不好的影响，但后来他允许两名学院毕业生参与马嘎尔尼的使团，他的条件是要求使团先在澳门登陆，然后再到广州。马塞依院长和斯探顿约定，两名中国神父要在路上向马嘎尔尼、斯探顿等人介绍中国的礼仪和风俗，同时也要教他们汉语，并翻译一些重要文献。

所选择的两名中国神父是李自标和柯宗孝（1758—1825），他们有杰出的翻译能力，可把汉语文献译成拉丁语和意大利语。[2] 斯探顿伯爵这样评论他们两个人："两个具有礼貌的中国人，他们品德好，态度坦诚，并且完全有能力在他们的母语和拉丁语或意大利语之间进行翻译，而大使 [马嘎尔尼] 掌握这些语言（two Chinese of amiable manners, and of virtuous and candid

---

① Rivinius，*Das Collegium Sinicum zu Neapel und seine Umwandlung in ein Orientailisches Institut*, St. Augustin: Monumenta Serica, 2004: 56.

② 唯一参见使团的德国人 Johann Christian Huettner（1766—1847）是斯探顿的家教，他将拉丁语译成英语。他写的关于使团的报告也是宝贵的史料，参见 Rivinius，前引书，57 页。

disposition as well as perfectly qualified to interpret between their native language and Latin or Italian, which the Embassador [Macartney] understood）。”[①]1792 年 3 月 20 日斯探顿和两名具有良好翻译能力的中国神父离开了那不勒斯的学院，他们先到罗马会见了安托内利（Antonelli）枢机主教，这位枢机又给驻北京的汤士选（Gouvea, 1751—1808）主教写信，请他尽可能支持英国大使。从罗马他们经过威尼斯（Venezia）、特伦托（Trento）、科隆（Cologne）、布鲁塞尔（Bruxelles）、欧斯特恩德（Ostende）。另外还有两名在那不勒斯受过教育的神父，即王英（1759—1843）和严宽仁（1757—1794）也去了英国，他们希望可以和使团一起去中国，这样可以减少去中国的昂贵路费。

马嘎尔尼使团于 1792 年 9 月 26 日从英国启程，他们的船只在 1793 年 6 月 20 日到澳门，在那里，三个中国司铎（王、严和柯）请求大使允许他们离开使团。柯神父没有经过官方的同意就出国，所以他担心如果被认出来将面临严厉的处罚。在澳门为三名神父负责的人是宗座传信部的代表——马基尼（Giambattista Marchini），他将柯神父派到北京，王神父派到山西，而严神父派到湖广。

当时穿着英国服装的李自标愿意继续为英国使团服务，尽管这是一个很冒险的使命。使者和其他使团成员非常信任李自标，而他的翻译能力也在各方面被承认。1793 年 9 月 14 日，使团在热河觐见乾隆皇帝，同年 10 月 3 日李自标神父通过那个排斥外国人的

---

① Fatica, “Gli alunni del Collegium Sinicum…” in: *Studi in onore di Lionello Lanciotti,* Napoli: Istituto Universitario Orientale, 1996: 530.

和珅向皇帝提交了一份申请，其中请求皇帝对中国基督徒采取宽容的态度。李自标在澳门给罗马的安托内利枢机写过信，其中说：“我在北京时，使团的人感到忧郁，没有希望，而我给皇帝提交了一份申请书，要他允许中国基督徒安详地奉行自己的宗教，并禁止任何不公平的迫害，因为信徒们的态度不包含任何违反道德规律的因素（Dum eramus in Pekin, perturbato statu legationis sine ulla spe, misi petitionem imperatori, ut sinat Christianos Sinenses tranquille suam religionem colere, nullam iniustam persecutionem pati, dum ipsi nil contra leges morales moliuntur）。”有学者认为，李自标写这个申请可能是受马嘎尔尼的影响，因为马氏曾向罗马的枢机安托内利承诺他要支持基督信仰。[①]

两天后（1793 年 10 月 5 日），乾隆用满语写了一个回应，这个满文的文献被当时领导北京教会的遣使会会士罗广祥（Nicholas Raux，1754—1801）和法国耶稣会会士贺清泰（Poirot，1735—1813）共同译成拉丁文。根据他们两个的译文，可知乾隆写过这些话：

Vos Angli retro saeculis sequebamini institutum verae religionis, nunc autem Legatus habet intentionem in Sinis propagandi religionem Anglicanam; religio, quam Sinenses colunt, ut antiquitus accepta, nec ullo modo mutanda, sicut nec imperator desiderat Europeos suam deserere religionem: ergo haec petitio non est rationabilis.

---

① Rivinius, *Das Collegium Sinicum zu Neapel und seine Umwandlung in ein Orientalisches Institut*, St. Augustin: Monumenta Serica, 2004: 60.

［译文］：你们英国人在过去几百年中信奉真正宗教的教导，但现在你们的使者愿意在中国传播安立甘会的宗教。中国人从古代一直到今天所遵守的宗教不可以在任何方面改变，正如皇帝也不希望欧洲人放弃自己的宗教：因此这种申请是不合理的。①

图 20：西方人画的马嘎尔尼和乾隆皇帝

几天后（1793 年 10 月 7 日），英国使团从北京出发，他们 12 月 18 日到达广州，1794 年 1 月 10 日再从广州启程，马嘎尔尼在 1794 年 9 月回到英国。期间李自标一直陪同他到澳门，之后李自标去了内地（山西、甘肃）传教。然而，他与马嘎尔尼维持书信来往一直到 1802 年。如果能找到英国使者和中国神父写给对方的拉丁语书信，那是多有意义的研究对象。在汉口教区的档案馆中还保留了李自标的拉丁语书信，而部分信件重印于林茂才（Joannes

① Rivinius, *Das Collegium Sinicum zu Neapel und seine Umwandlung in ein Orientalisches Institut*, St. Augustin: Monumenta Serica, 2004: 61.

Ricci，1875—1941）编的《太原教区或方济各会在山西和陕西的古老历史（1700—1928）》（*Vicariatus Taiyuanfu seu Brevis Historia Antiquae Franciscanae Missionis Shansi et Shensi* (1700—1928)）[①]。这些信件能证明李自标的拉丁语非常优美：

Epistola XV

Lu-ngan-fu, die 8 Julii 1802（山西潞安府，1802 年 7 月 2 日）

… Difficultatem progressus Religionis diminutam modo fecit lex noviter ab Imperatore (Kia-King) sancita, ne quispiam a Potestate vexetur causa Religionis vel falsae, modo imperiales non violent leges. Hinc christiani liberius quam antea sua colunt sacra, invidia paganorum maxima ex parte refraenata.

Seminarium quod extabat in urbe Pekino, auctoritate S. Cong. de P. F. (Propaganda Fide) nuper in hanc provinciam translatum est atque in Kieu-kia-tsun prope civitatem Kisien[②] felici collocatum est auspicio. Seminaristae nationales sunt sex, unus in sacris litteris sat eruditus, alter sacerdos mox futurus. Domum habent elegantem et commodam, aere christianorum extructam eorumque oblatione alitam. Huic solerti cura praesidet P. Aloysius[③] ex S. Francisci Familia atque moderator bonus: huic non desiderantur neque sedulitas studii neque ratio studendi, solummodo adminic-

① Ricci, *Vicariatus Taiyuanfu*, Pekini: Typographia Congregationis Missionis, 1929: 135–157.

② 指山西祁县附近的九家村。

③ 指 Antonio Luigi (Aloisius) Landi OFM 路类思 , 1749—1814 年。

ula quocirca libros necessarios utilesque tum ad linguam latinam tum ad alias scientias adipiscendas; secum afferant quaeso Sinas versus profecturi, non maiori illorum subsidio quam vestri meriti augmento...

Jacobus Ly

［译文］：……我们信仰进展的阻碍最近减少了，因为嘉庆皇帝宣布了一个新法律，不让任何人因或真或假的宗教问题受干扰，只要信徒不违背帝国的法律。从此基督徒们能比以前更自由地举行宗教仪式，而非基督徒的嫉恨在很大的程度上被控制住了。

依据传信部的决定，原先在北京的修道院最近很顺利地搬迁到了山西祁县附近的九汲村（或九家村）。本地的修道生有六位，一个已经学好了神学，另一个很快会成为司铎。他们生活在一个优美且舒服的楼房里，这个修道院是因当地信徒的奉献而建立的，而修道生们也在靠当地信徒的捐献。这个团体的指导者是方济各会会士路类思，他是一个好的指导者。他非常关注学生的学习热忱和教学问题，以及教学生拉丁语和其他学科的教材。我请求你们这些将要来中国的人，随身携带一些这样的书，一方面是为了帮助学生，另一方面是为了增加你们自己的贡献……

李雅各伯

Epistola XXI

Lu-ngan-fu, 9 Decembris 1819

... His annis ubique Sinarum saevit persecutio, sed non eadem crudelitate. In Provinciis Sutchoan (Sichuan) et Hu-quam (Huguang) duos vel tres Europaeos, tresque vel quatuor sinenses Sacerdotes jam martyrio functos esse, melius scitis quam ego; tamen in mea missione quae satis extensa est, Deo protegente maior est tranquillitas, ut nil impediat quominus possim omnia Sacris peragere loca, sicut antea; sed in hac Provincia multi christiani constantes in fide exilio damnati sunt: etiam hac circa decem proficiscuntur. Locus exilii est inter Tartaros olim independentes, nunc vero subiectos Imperatori Sinarum, religione Mahumetana, ad meridiem I-ly①, inter se distantes itinere fere unius mensis. Ibi numerantur nunc 200 christiani condemnati, divisi in tribus locis inter se dissitis per sex vel decem dies, in unum commorantes separati ab ethnicis, a servitute aut a quacumque molestia exempti, libero exercitio christianae religionis, vita multo commodiori quam si essent in patria. Ecce quod promotor S. Religionis facere non potuit, fecit persecutor…

Jacobus Ly②

［译文］：……中国这几年到处发生着可怕的教难，但不都是一样残酷的。你们比我更清楚地知道，在四川省和湖广有两三个欧洲司铎和三四个中国司铎被处死。但在我的广阔传教区内，上天会保护我们，仍然比较平静，我可以去各处，到处举行圣事，和以前一样。但在本省内也有很多基督徒为了他们的信仰而被判流放：大约有 10 个人被流放，并被发配到很远的地方。流放的地方是原先

① 指新疆伊宁。

② Ricci, *Vicariatus Taiyuanfu*, Pekini: Typographia Congregationis Missionis, 129: 145、150–151.

独立于蒙古人而现在属于中国的地方。这些人是穆斯林，他们生活在伊犁的南边，离这里大约有一个月的路程。现在有 200 名被判刑的基督徒在那里，他们分居在三个地方，彼此之间的距离有 6 或 10 天的路程。他们生活在一起，和外邦人分开，他们也不用服奴役，也不受什么折磨，可以自由举行基督信仰的礼仪，生活比在老家还要舒服多了。因此可以说，推动神圣信仰的人没有做到的，信仰的受迫害者则做到了……

李雅各伯

这些书信来自一位受过多年拉丁语教育的中国人之手，当然也是一流的历史资料，研究中国天主教史的学人应该关注李自标的书信。

七、薛玛窦

薛玛窦是中国教会史上的重要人物，但他经常被忽略，因为关于他的资料不多。在《16—20 世纪入华天主教传教士列传》中，他被算作中国遣使会第 51 位会士，而在他的时代有几位中国司铎在北京修道院学习拉丁语，包括韩若瑟（北京人或固安人，1772—1844，他的拉丁语很好，所以曾任修院副院长）、申司铎（Cyrus Chen，山西潞安人，1769—1827）、邓保禄（Paul Teng，1771—1803）、宋保禄（Paul Song，河南开封人，1774—1854）、王若瑟（Joseph Wang，北京人，1777—1814，能讲很流利的拉丁语）、何依纳爵（Ignace

Ho，北京人，1781—1844）、沈方济（Franciscus Chen，1780—1825）、郑安多（Antonius Tcheng，1778—1835）、康若望（Joannes Kang，1764—1814）等。[①]

薛玛窦比较突出，因为他成为教会的长上并在最艰难的时期决定将北京主教府迁移到西湾子（河北崇礼）。《16—20世纪入华天主教传教士列传》有这样的记录："薛玛窦于1780年生于山西省，于1805年3月8日在北京被接收进入修院，于1807年3月9日在那里发愿，并于1809年晋铎。1819年，被驱逐出北京的南弥德（Lamiot CM，1767—1831）先生指定为在北京的法国传教区的长上。1827年，当关闭北堂时，他与一众人等退至南堂，并于1829年出发赴宣化府，再从那里到蒙古国的西湾子。1848年，他奉命负责宣化府，并在这一职位上任职长达10年。薛司铎于1860年11月29日在孟家坟去世，其墓地在宣化府的东部。"[②]

薛神父的老师当时是罗广祥神父和吉德明（Jean-Joseph Ghislain，1751—1812）神父，他们都是遣使会司铎。尤其吉德明特别重视本地圣职人员的培养，他本来是医生，也可以在钦天监工作，但是他更强调堂区的牧灵服务和中国神父的培养。薛神父管理北京的修道院，中国的韩神父曾当他的副院长，前后培养了15位神父和2位辅理修士。这所修道院应该比较小，但根据一些法文资

① 参见荣振华等《16—20世纪入华天主教传教士列传》，耿昇译，广西师范大学出版社，2010年，556—563页。

② 同上书，562页。

料，前后有200个修生进过这个修院，其中有18位被祝圣为司铎。[①]

美国历史学家这样叙述薛神父和韩神父的贡献："对北京的传教士来说，1826—1831这五年间肯定是最黑暗的时代。皇帝于1805年和1811年宣布的敕令仍然有效，这就导致北京的四座教堂中第三座教堂被关闭，这就是北堂，法国人的教堂。因为法籍的传教士已经离开了，两名很能干的中国会士在管理它：薛神父（他是长上）和韩神父。但是后来（1819）他们被迫逃难到南堂，与毕学源（Pires-Pereira，1763—1838）主教一起在那里避难。北堂的地产被占领，教堂被拆毁。一直到1828年，薛神父继续管理着那些原先属于法国人管理的教会团体，此后他被迫隐藏起来。当时他搬迁到西湾子，这是隶属内蒙古的小镇，今天属河北崇礼。这个地方成为北京教会的新基地。薛神父也继续培养着8名修道生，他们和他一起从北京搬到了西湾子。为了保证他们的培训，薛神父很明智地将北堂图书馆的多半书籍搬到了西湾子。1840年部分修道生从西湾子转到澳门，另一些暂时不动，因为他们要完成自己的学习，此后他们也要转到澳门。管理这个修道生团体大概为薛神父带来了很大的负担。薛神父的同伴是热爱学习的韩神父，他的法语及拉丁语非常好，他为学生们翻译了法国作者Busee的默想书，该书从17世纪以来在遣使会中被普遍使用。这一切都在一个不利的环境中完成，因为他们同时还要完成很多牧灵任务，并且面对长期的

① John Rybolt, *The Vincentians, A General History of the Congregation of the Mission*, vol. 3 (1789–1843), New York: New City Press, 2013: 662.

教难。"[①]

薛神父在1840年还决定要建立一所小修道院。他继续在自己的地方（西湾子）培养大修生，并将小修生派到小宣沟镇（小通沟），"在离西湾子120公里的西边"[②]。

遣使会的长上，尤其是南弥德，有计划地把中国的年轻会士派到欧洲受教育，所以1828年有四名中国修道生去到法国，1829年又有两位。他们的到来在巴黎引起轰动，因为那时很少有中国人去欧洲。法国人最佩服的是部分中国修生的拉丁语能力很强。然而，因为法国1830年发生的革命，这些学生在法国的培训计划落空，他们于1830年回到中国。[③]无论如何，他们在法国也推动了部分法国人的传教热忱。1831年被认为是遣使会历史上的转折点，因为从1831年以来，越来越多的法国传教士来华传教，比如孟振生（Joseph-Martial Mouly，1807—1868，1834年来华）、秦噶毕（Joseph Gabet，1808—1853，1835年来华）和董文学（Jean Gabriel Perboyre，1802—1840，1835年来华）。

---

① John Rybolt, *The Vincentians, A General History of the Congregation of the Mission,* vol. 3（1789-1843), New York: New City Press, 2013: 680.

② 同上书，688页。

③ 同上书，682—683页。

第五章：16—20世纪的拉丁语学校

一、学习语言问题

利玛窦和其他耶稣会传教士离开澳门进入内地，他们不仅学习汉语，也开始编写汉语的著作。他们很快就意识到汉语是一种很丰富的古老语言，有相当长的思想传统。因此，这些传教士相信，天主教的文献可以译成汉语，天主教的礼仪也可以用汉语举行（部分属于天主教大家庭的团体不用拉丁语举行礼仪，而用叙利亚语、科普特语或希腊语）。北京的部分耶稣会会士认为，只要努力翻译，就可以把一切宗教书籍和哲学书译成汉语，而中国人也会拥抱这种“汉语神学”（当时称“天学”）和“汉语教会”。因此，后来在北京服务的耶稣会传教士不愿意和澳门的会士合作，也没有派遣什么年轻人到澳门的修道院。北京的耶稣会会士更多的是与中年人接触，他们认为中年人因自己的地位和经验可以领导教会，所以也可以让他们当司铎，但中年人学习拉丁语的希望很渺茫。

罗马教宗保禄五世在1615年表明他支持中国人用汉语举行弥撒圣祭和其他圣事，但因为没有礼仪经本，这种想法还不能实现。在1650年前后，利类思翻译弥撒经本、礼仪册和天主教圣职人员诵读的日课（Breviarium），但那个时候中国没有主教可以祝圣中国的修道生。同时罗马教廷变得很谨慎，并收回原来的关于汉语礼仪方面的许可。因此，在北京培养司铎的计划完全失败了。从1590年到1680年间很少有中国耶稣会会士当司铎，愿意在修会内服务的人几乎只能成为辅理修士。

因为对中年的中国人来说，学习拉丁语很难，传教士们认为他们应该放低标准，所以他们向罗马教廷写信，请求教宗亚历山大七世（Alexander VII，1655—1667年在位）和后来的教宗们允许他们祝圣一些拉丁语不太好的中年人。作为一种例外现象，他们祝圣了一些只会念弥撒经文，但不懂拉丁文的人，条件是这些中国司铎当然需要知道他们所念的经文是什么意思，从而他们举行的圣事就有效。这样，部分中国修道生仍然用汉语学习神学，了解天主教的种种教理，也会朗诵拉丁语的经文，但不能一字一字地读懂拉丁文。这种情况当然不太令人感到满意，就好比一个不懂阿拉伯语的中国阿訇不太明白自己念的经文一样。然而，由于特殊需要，大多早期的中国司铎以罗马教廷的特权被祝圣，虽然他们的拉丁语不太好。①

中国早期最有名的拉丁语学者李安德曾经在他的《日记》中用优美的拉丁语强调中国司铎学习拉丁语的必要：

Praeter superbiam mortalibus innatam, qua extraneus quilibet

① Standaerd, ed., *Handbook of Christianity in China I*, Leiden: Brill, 2001: 463.

regionis ignarus, contemptui esse solet apud omnes nationes; Sinenses linguae Europaeae expertes, longam per experientiam, plusquam millies repetitam, norunt antiquiores Presbyteri Sinenses, quam contemptibiles ipsi coram Europaeis fuerint;

［译文］：无论在什么地方，一个不懂内部情况的外地人都会被蔑视，这是人类本性的骄傲。没有学过欧洲语言的中国人在欧洲人眼中也不会被重视，我们那些比较老的中国司铎也根据自己的长期经验深知这一点，他们一次又一次遇到这种情况。

quo pacto, quaeso, aliquis sacerdos Sinensis absque notitia linguae Latinae, suis e fontibus eruere posset fundamenta veritatis Christianae religionis, quae Sacris duntaxat in Scripturis, traditionibus tum apostolicis, tum ecclesiasticis, sanctorum Patrum voluminibus et Ecclesiae authoritate reperiuntur, maxime calamitosis hisce persequutionum in turbinibus in quibus solus saepe atque unicus frequenter, absente Episcopo et Vicario Apostolico, et longe a peritioribus sacerdotibus Europeaeis semotus plures per annos inter Christianos derelictus, quod tremendo suo in sacerdotali munere non hallucinetur, vix ac ne vix quidem mihi persuasum est.

［译文］：我问这样的问题：任何中国司铎如果不懂拉丁语，他怎么可能从其根源汲取基督宗教的基本真理——这些真理可以从《圣经》、宗徒传下来的种种传统、教会传统、教父著作和教廷文献中获得。尤其是在教难的灾难和混乱中，这个神父经常单独一个人，宗座的主教或教区长不在跟前，离那些较有经验的欧洲司铎很

远，多年被放在中国信徒中间，我几乎不能相信这样的司铎不会在自己伟大的司铎职责中遇到困惑和迷茫。

Si eruditissimi quique Europaei, et in theologia versatissimi Episcopi, et praeclarissimi Ecclesiae Antistites humanae infirmitatis ob fragilitatem nonnunquam in multis se errasse non diffitentur; quid sentiendum, oro, de Presbytero supra a me depicto?"①

［译文］：如果连一些非常渊博的、谙熟神学的欧洲主教，即非常著名的教会长上也因人心软弱和人的局限性偶尔承认他们会犯错误，那么，我想问，上面所描述的中国司铎，应该怎么看他呢？

［英译］：Besides that pride, native to men, by which any outsider what-soever, ignorant of the language of that country, is accustomed to be regarded with contempt among all peoples; the older Chinese Priests know by a long and oft repeated experience how much Chinese, deprived of the knowledge of any European language, are looked upon by Europeans.

How, I ask you, could a Chinese Priest, without a knowledge of the Latin tongue, draw the fundamentals of truth of the Christian Religion from their sources? These sources are only Sacred Scripture, Apostolic and Ecclesiastical traditions, the Writings of the Holy Fathers and the Decrees of the Church. I cannot persuade myself how such a Priest would not be hallucinated in the functions of his formidable Priestly office

① A. Launay, *Journal d'Andre Ly Pretre Chinois, Missionaire et Notaire Apostolique 1746–1763*, Texte latin，Paris, 1906: 518.

especially in one of those calamitious storms of persecutions, when he is often solitary and frequently alone, without any Bishop, far removed from more learned European Priests and left during many years among Christians.

If even the most scholarly Europeans, bishops most versed in Theology and the most eminent Prelates of the Church do not hesitate to acknowledge that, on account of the fragility of human infirmity, sometimes they have erred in many things, what, I beg you, should be thought concerning the Priest I have just described?①

因此，中国司铎必须学习拉丁语，正如伊斯兰教的阿訇必须学习阿拉伯语一样。然而，在中国建立学校和教育机构历来很困难，所以在1840年之前，拉丁语在华的传播很有限。

二、印度和中国澳门的学院

在1500年后，最早接触拉丁语的中国人可能是少数有机会去印度果阿上学的学生。耶稣会的会士于1542年首次到果阿。1556年在耶稣会创办的“圣信修院”中已经有111名来自亚洲和东非的青年学习神学，其中有5名来自中国。②然而，我们不知道这些人

① Pascal d' Elia, *Catholic Native Episcopacy in China, Being an Outline of the Formation and Growth of the Chinese Catholic Clergy 1300–1926*, Shanghai: Tusewei，1927: 45.

② 参见杨慧玲《19世纪汉英词典传统》，商务印书馆，2012年，52页。

的名字，他们可能是来自中国澳门或是东南亚地区的华侨。

1557—1560 年间，广州当局允许葡萄牙人留居在澳门半岛，1563 年已经有 900 名葡萄牙人住在澳门，1568 年已经有 5000 名天主教徒（包括当地人）①。耶稣会会士佩雷斯（Francisco Perez，1563 年来澳门）于 1565 年在澳门购买房屋，自任院长。住在院中的人多是耶稣会会士，他们等待前往日本的机会。这就是"澳门公学"（后称"圣保禄学院"）的开始。② 自 1571 年起，耶稣会的会馆中就有了一种小型的学校，当地的人可以在此学习识字、写字，还可以学习拉丁语。1594 年已经有 60 名学生在这里学习葡萄牙语、拉丁语、美术、伦理学和神学。1571 年创立的学校于 1594 年被提升为"大学学院"。③ 在 1594 年以前，耶稣会会士的学院称"天主之母"（Madre de Deus）学院，钟鸣仁、游文辉等人在那里受教育。④ 另外，葡萄牙人也在澳门印行一些拉丁语的著作，比如耶稣会会士散德（Duarte Sande，1547—1599）的《日本派往罗马教廷的使节》（*De Missione Legatorum Japonensium ad Romanam Curiam*）是 1590 年在澳门印的书。⑤

---

① R. Malek ed. *Macao: Herkunft ist Zukunft*，Nettetal: Steyler Verlag, 2000: 25.

② 参见高龙鞶（Aug. Colombel）《江南传教史》（*Histoire de la mission du Kiang-nan*），周士良译，上海光启书局有限公司，2008 年，263 页。

③ R. Malek ed. *Macao: Herkunft ist Zukunft*，Nettetal: Steyler Verlag, 2000: 29.

④ Cesar Guillen Nunez, "The Portrait of Matteo Ricci"，in: Macao Ricci Institute, *Portrait of a Jesuit: Matteo Ricci*, Macao: Jesuitas Publications, 2010: 88.

⑤ R. Malek ed. *Macao: Herkunft ist Zukunft*, Nettetal: Steyler Verlag, 2000: 31.

1568 年卡内罗（Carneiro）主教来到澳门，居住在耶稣会会院，不久后主教府建立。1576 年澳门教区正式成立。耶稣会会士范礼安（Alessandro Valignano，1537—1606）于 1578 年首次到澳门，要求外国传教士学习汉语，又准备建立一所修院培养澳门和日本的青年学习神学。“在澳门的葡萄牙籍耶稣会会士支持这种方案。他们想挑选一些有能力的青年，使他们学习拉丁语并在澳门完成他们的学习，就按照欧洲修道院中的培训也训练当地的人一样。然而，在北京服务的耶稣会会士强烈反对这种制度。在很长的时间内，这个教育机构结的成果很小，甚至可以说没有任何成果。”①

中国人系统学习拉丁语的传统是从天主教传入中国开始的。在 16 世纪末、17 世纪初来华的耶稣会和其他修会的传教士都面临同样的问题：如果日本人或中国人也要成为天主教司铎，他们要怎么样学习弥撒礼仪、神学、《圣经》知识、教会法等？如果不学习拉丁语，这一切学习和研究是不太可能的。因此，耶稣会会士范礼安于 1594 年在澳门创立了一所修道院，希望日本和中国的修道生都去那里学习神学。“范礼安并于二十二年（1594）立院于澳门，原名圣母院，后改名三巴公学，即圣保禄公学。日本修士亦来此习拉丁文。”② 这样，中国的修道生就可以接受一种“西式”的教育，因为澳门有相当多外国老师和外国书籍，超过内地任何其他地方的西学资料。

---

① N. Standaert ed., *Handbook of Christianity in China, vol. I*, Leiden: Brill, 2001: 462.

② 参见方豪《拉丁文传入中国考》,《方豪六十自定稿》, 台湾学生书局, 1969 年，10 页。

图 21：澳门“三巴”教堂的门楼；“三巴”（即圣保罗教堂）属于圣保禄学院

澳门的“三巴公学”［Colegio de São Paolo（圣保禄学院），亦称 St. Paul’ s College］也是中国最早的西式学府，其前身是 1572 年创立的“圣母学院”（College of Madre de Deus）。该学校教育葡萄牙人和中国人的孩子，1592 年就有 200 名学生。1594 年它升级为属于葡萄牙科英布拉大学（Universidade de Coimbra）的学院，因此成为亚洲最早的大学。1601 年大火烧毁了新建的楼房，但在耶稣会会士斯皮诺拉[Carlos Spinola，他来自意大利热那亚(Genua)，后来在日本殉道］的指导下，澳门人重新修建了这所学院。斯皮诺拉神父还设计了教堂的巨大门楼，全是石头刻的雕像，于 1637 年才完成。从 1597 年到 1645 年是学院的黄金时代，因为在 1645 年后，澳门与日本长崎没有了贸易关系。在 1602 年有 59 名耶稣会会士在学院工作，在 1642 年大概有 60 到 80 人生活在学院内。在葡萄牙当局镇压耶稣会时，学院也被关闭（1762）。在这 168 年间，三巴学院曾培养了 200 多名去中国和日本的耶稣会传教士，也培养了一些中国学生，其中最著名的可能是吴渔山（他于 17 世纪 80 年代在此学习）。学院有语文系、哲学系和神学系，也有音乐系、美术系和一所印刷厂，在那里印中国最早的拉丁语书籍和汉语的著作，罗明坚的《天主实录》于 1584 年在此问世。三巴学院教授的语言是拉丁语、葡萄牙语和汉语。在日本教会受镇压时（约 1596—1638），很多日本信徒和日本司铎来澳门在三巴学院避难。日本的艺术家也参与了修建三巴大教堂，并参与雕刻门楼的雕像。

1723 年，澳门"三巴公学"改名为"若瑟修院"，由耶稣会管理，但耶稣会会士于 1759 年被葡萄牙政府驱逐出境，教廷也于 1773 年在巨大的压力下正式解散耶稣会。到 1784 年，葡萄牙遣使会会士开始恢复澳门的"若瑟修院"，其间授拉丁语、汉语、哲学和神学课。因为葡萄牙政府也支持该修院，因此它发展得很好，成为全中国拉丁语水平最高的学府。虽然修院在 1845 年又停办了，但不久后再次恢复，并在 1890 年到 1910 年间平均每年祝圣了 4 位司铎。

三、中国台湾地区的早期学院

第二个在中国创办拉丁语学校的尝试是荷兰传教士在 1627 年后在台湾进行的。荷兰人于 1602 年创立了他们的荷兰东印度公司（Dutch East India Company，1602—1798），他们占领了今天的印尼雅加达（Batavia），并于 1622 年围攻澳门，但没能从葡萄牙人手中夺取澳门，所以转向台湾地区。荷兰人于 1624 年在台湾台南地区建立了一个小港口。在开始的时候，荷兰人的目标并不是传教，而是利用台湾的港口和中国大陆进行贸易。第一批传教士于 1627 年才到台湾，就是干治士（Georgius Candidius）和尤尼乌斯（Robertus Junius），他们在台湾传教 20 年之久，很快便开始学习本地人的语言，即西瑞亚（Siraya）部落的人以及华人的语言。他们想派遣一些当地的青年到荷兰，使他们在荷兰接受神学教育，但荷兰东印度公司没有同意，所以在 1637 年尤氏等人开始用本地语言和拉丁语教授基本神学的课。方豪写道："荷兰夫入台后第三年，始有教士前来传教（新教），并建立教堂。崇祯九年（1636）创办学校，收容土番（用旧名称）学生，教以拉丁字即罗马字记录番语，后人称为'红毛字'；同时亦将荷兰文之教会书籍译成罗马注音之番语教本。当时荷人推行教育之范围，分布于台南、新港、大目降、目加溜湾、萧垅、麻豆、大杰颠、大武垅、淡水、桃园等地，后两处似在驱逐西班牙人以后进行的。……崇祯十二年（1639），已有学生五百二十六人；四年后，则超过六百人，并有五十番人，已可充任教师。"①

在 1627—1661 年间大约有 30 名荷兰传教士到台湾服务，1647—1649 年间第二批传教士到台湾。他们用拉丁字母写出本地人的方言，并将《约翰福音》和《玛太福音》译成新港（Sinkan）

① 参见方豪《拉丁文传入中国考》,《方豪六十自定稿》，台湾学生书局，1969 年，7 页。

方言。[①]同时他们也用拉丁语教授神学知识。正如他们的名字（Candidius, Heurnius, Junius）暗示的那样，他们和他们的同乡伊拉斯谟一样很重视拉丁语。

早期推动荷兰新教派传教士到东南亚的人是赫尔尼俄斯(Justus Heurnius，1587—1651)。他在荷兰莱顿出生，曾获得医学学位，后在格罗宁根（Groningen）学习神学，1618年发表《向印度地区派传教士劝言》（*De legatione evangelica ad Indos capessenda admonitio*），1620年当牧师。他请荷兰东印度公司和阿姆斯特丹派遣他到海外传教。1624年他被派到雅加达，在那里组织荷兰的东印度教会。当时在印度尼西亚已经有很多华侨，而赫尔尼俄斯认为，应该用他们的语言去向他们宣布基督信仰，所以1628年他着手编写了一部荷兰语－拉丁语－汉语词汇表，即《汉语词典》（*Dictionarium Sinense*）。因为赫尔尼俄斯没有学过汉语，所以他完全依赖于一位来自澳门的"中国老师"，而这位中国人"懂拉丁语并且在澳门受过教育"[②]。另外，赫尔尼俄斯还把海德堡信纲（Heidelberg catechism）译成汉语。他于1632年后在东印度的马鲁古群岛（Molocces）传教，并建议在东印度建立一所学院，教导当

① N. Standaert ed., *Handbook of Christianity in China, vol. I*, Leiden: Brill, 2001: 377.

② Rint Sybesma, "A History of Chinese Linguistics in the Netherlands", in: Wilt Idema, ed., *Chinese Studies in the Netherlands*, Leiden: Brill, 2014: 127. 资料来自 Koos Kuiper, "The Earliest Monument of Dutch Sinological Studies. Justus Heurnius' s Manuscript Dutch-Chinese Dictionary and Chinese-Latin *Compendium Doctrinae Christianae* (Batavia 1628)", Quaerendo 35/1–2 (2005), 109—139页。方豪没有发现赫尔尼俄斯的身份，只写道："不列颠博物院藏有《德拉中字典》，Heurnius 著，内容未详"，见《拉丁文传入中国考》，32页。

地居民并培养他们自己的牧师。1639 年他回荷兰继续当牧师，并将《圣经》译成马来语。[①]

干治士（Georgius Candidius，1597—1647）出生在德国，1621 年以来他在荷兰莱顿学习。1623 年他坐船到马鲁古群岛当新教归正宗的传教士。后来雅加达的教会长老派他到台湾，因此他成为第一位来台湾的新教传教士（1627）。他离开荷兰人在台湾的城堡热兰遮城（Zeelandia）并居住在新港村的村民当中，因此他得以学习当地的语言。他认为应该送一些本地人去荷兰，让他们接受全面的神学教育。1639 年他回到荷兰，1643 年再到印尼当拉丁语学校的校长一直到临终（1647）。

罗伯图斯·尤尼乌斯（Robertus Junius，1606—1655）是荷兰人，1628 年从莱顿大学毕业，1629 年先到雅加达，同年再到台湾。他先在热兰遮城附近传教，后到新港地区。他算当地最成功的传教士，因为他能很好地学习当地语言，曾为 5500 个人施洗，也曾培养了 50 名小学老师。[②] 他也建议送学生到荷兰留学，但当局没有支持他的想法。他强调用本地话去教导台湾居民，但这种主张引起争论，他的接班人倒没有多强调本地话。尤尼乌斯在 1644 年回到荷兰。

第四位杰出的传教士是安托纽思·亨布鲁克（Antonius Hambroek，1605—1661），出生在鹿特丹，曾在莱顿学习，1622—

---

① H. Anderson, *Biographical Dictionary of Christian Missions*, New York: Macmillan, 1998: 293.

② 方豪说："1643 年已经有 600 名学生"，见《拉丁文传入中国考》，《方豪六十自定稿》，台湾学生书局，1969 年，7 页。

1647 年间在荷兰当牧师，后被派到东印度，1648 年在台南地区的麻豆定居，继续前人的工作并培养本地的人士，1657 年组织成立了一所师范学校，并“用拉丁语教育了很多成年人和小孩子”①。他还翻译了《约翰福音》和《马太福音》。

以上四名荷兰传教士都用拉丁字母写下了当地人的语言，这种做法一直维持到日本人的到来（1895）。另外，荷兰传教士认为，比较高级的神学教育只能用拉丁语进行，所以他们编写拉丁语词典并在台湾也教一些本地人学习拉丁语。他们认为要把印尼人或中国台湾同胞送到欧洲留学或在东亚建立一所神学院，并且神学教育的语言应该是拉丁语，因此他们适当地让他们的学生多学习拉丁语。也许他们还教一些人初级的希腊语，因为荷兰的古典学水平很高。②1517 年荷兰在伊拉斯谟的推动下建立了一所“三语学院”（Collegium trilingue），其中传授拉丁语、古希腊语和古希伯来语的知识。

四、北京的“西洋馆”

在 1689 年签订《尼布楚条约》后，康熙意识到拉丁语是西方的国际语言，所以他有意培养一些懂拉丁语的外交人士。康熙皇帝

---

① H. Anderson, *Biographical Dictionary of Christian Missions*, New York: Macmillan, 1998: 277.

② 方豪没有提到拉丁语教学，只是说荷兰传教士传播拉丁字母（“红毛字”），见《拉丁文传入中国考》，《方豪六十自定稿》，台湾学生书局，1969 年，7 页。

自己也学了一点拉丁语，认识拉丁字母。“自中俄交涉后，康熙帝即有志办学栽培专习拉丁文之人才，以备折冲之用，然其计划乃迟至雍正时，始获实现。读拉丁文者为满洲之青年，初附设于俄罗斯馆，旋即另设西洋馆……同在一馆内，俄童习满文，满童习拉丁文，甚盛事也……”[①]“拉丁文而外，清廷亦令满籍儿童攻习俄文，《会典》（《大清会典》）内阁载：‘俄罗斯馆专司翻译俄罗斯文字，选八旗官学生二十四人入馆肄业。’此二十四人是否专读俄文，抑或兼读拉丁文，则不得而知矣。”[②]

1729年雍正皇帝设立一所语言学校，称“西洋馆”，其目的是“收满汉青年子弟，命读拉丁文”[③]。学校的主持人是法国耶稣会会士巴多明（Domingo Parrenin，从1729年到1741年）和宋君荣（Antoine Gaubil，从1741年到1744年）。1744年西洋馆关闭，但有一定的历史意义，因为该学校第一次正式向中国人教授拉丁语。关于他们所用的教材或双语词典，我们没有任何可参考的资料。

一个看来很喜欢拉丁字母的贵族是康熙的第九个儿子胤禟（1683—1726），他曾用拉丁语转写满语。胤禟很可能是从耶稣会会士穆敬远（Joao Mourao，1681—1726）那里学会的拉丁语。

① 参见方豪《拉丁文传入中国考》，《方豪六十自定稿》，台湾学生书局，1969年，19页。

② 同上书，20页。

③ 同上书，21页。

五、天主教修院教育

中国内地的早期修院

中国内地最早的天主教大修道院是哪一个？方豪认为是方济各会在韶州的一所修院："康熙三十四年（1695）阳历十一月二日伊大仁主教（Bernardinus della Chiesa）自南京上传信部枢机主教书，谓五月间有二法国人抵此，前者（Gaspar Franciscus Guety[①], Giac. Lirot）华名译音为 Fang-chow，后者华名译音为 Hsu Fa-sheng。毕业于韶州大修院，并于一六九五年（康熙三十四年）晋铎。见中国方济各会志（Sinica Franciscana）第五册三三一页。此或为中国境内第一所正式大修院。学生在此传习拉丁文，亦无可疑，创立年代不详。"[②]

1711 年遣使会会士穆天尺想在湖南常德建立一所修院，但没有成功。1715 年他成为四川主教，在成都建立了一所小型修院，培养本地圣召。

1779 年或 1780 年，巴黎外方传教会的刘加略（Thomas-Ju-

---

① 法国人 Gaspar, MEP（约 1665— 1725），可能于 1689 年到东方。他原来是制造钟表的工匠，后来可能对神学有兴趣。他于 1695 年 6 月被祝圣司铎，曾在广东、福建和江西服务。1706 年他和颜当主教（Maigrot）一起从北京被驱逐，他们被押送到广州，后到澳门。此后他去了暹罗和印度的本地治里（pondicherry）。1725 年他在本地治里去世。

② 参见方豪《拉丁文传入中国考》，《方豪六十自定稿》，台湾学生书局，1969 年，10 页。

lien-Charles Hamel，1745—1812）、艾若望（Jean Gleyo，1734—1786）和梅慕雅（Jean-Martin Moye，1731—1793）在云南北部的龙溪创立了一所修院，三年后正式成立。四年后修院迁到四川宜宾落瀼沟，但 1814 年，它因嘉庆时期的教难而被取缔。1824 年神父们恢复了龙溪的修院。

很长时间一直有一些修生在北京学习拉丁语，但其修院成立得很晚。1785 年法国遣使会会士罗广祥和吉德明来北京接管耶稣会的事业，他们的修会很重视本地圣召的培养，在 1788 年北京教会大约有 15 名学习拉丁语的修道生。根据李自标 1802 年的信，北京修院的 6 名学生“最近”搬到山西祁县的九家村（或九汲村），在那里有方济各会会士教导他们。山西的主教吴若汉（Giovanni Battista Mandello，1746—1804）于 1795 年在祁县九家村创立了一所修道院，后来这所修院搬到文水附近的新立村，1840 年后迁到太原附近的洞儿沟。

1804 年，北京的外国会士和中国神父一起重新开办北京修院。1806 年禁教的政策放松一时，所以修院的人可以公开唱他们的圣歌。然而好景不长，1812 年的教难带给修院很大的压力，所以院长薛玛窦神父决定把大多数学生派到澳门继续学习，只留下 6 名学生。1827 年他们被迫放弃北堂，在北京宣武门的南堂避难，1829 年将修院迁到察哈尔（张家口地区）的西湾子。法国遣使会会士孟振生于 1835 年到达西湾子，开始建立教会。1840 年他被任命为蒙古代牧的首任主教，1844 年正式成立西湾子修道院。在 1860 年后，北京教产恢复，北京修道院再次成立。另外也有其他进行西式教育的机构，比如1893年圣母昆仲会（Petit Freres de Marie，亦称“圣母会”）在车公庄外的栅栏建立了他们的总院和一所学校。然而，1900年的义和拳运动完全毁灭了那个学院。

图22：味增爵会（遣使会）在北京栅栏创立的修道院

1903年遣使会在浙江嘉兴创办了一所很大的修道院用于培养来自全国的修道生，在那里前后教育了155位司铎。1904年遣使会开始恢复在北京栅栏的大修院，1909年文声大修院（St. Vincent Seminary）正式开学。北京的大修院接受那些来自华北地区的修生，1939年已有90名修道生。很多天主教的司铎和主教曾在文声修院受教育，包括周济世（1892—1975）、范学淹（1907—1992）、蒋陶然（1926—2010）、傅铁山（1931—2007）等。1954年北京文声大修院被迫关闭，因此北京最重要的拉丁语学府停止授课。但嘉兴和栅栏修院的楼房至今保存下来了。

1830年成都附近木坪的修院成立，由一位中国神父（陈巴多禄茂）和范世亨神父（Laurent Imbert，1796—1839）共同建立。①

① 参见方豪《拉丁文传入中国考》，《方豪六十自定稿》，台湾学生书局，1969年，11页。

然而，1858年前，在该修院学习的人只有11位。

1844年江西南昌三桥修院成立了（1863年迁到九江）。在1844年之前，江西和东南地区的圣召被派到澳门学习神学。

1845年法国遣使会主教石主教（Lavaserie，1813—1849）成立舟山修院，马上就有35人去学习拉丁语。1871年杭州的大修院成立，舟山修院成为小修院。

1852年，巴黎外方传教会会士胡缚理（Faurie，1824—1871）神父成立贵阳修院（也称“纳丁学堂”），但不久即被官员取缔，1860年被恢复，1864年已有44名修士。该修院5年后又被毁坏，之后再次重建。

1844年河南教区成立，法国遣使会会士安若望（Baldus，1811—1869）主教不久后在南阳建立修道院。

道明会的郭主教（Calvo，约1740—1812）于1781年任福建主教，他想在当地建立一所修道院，但因为禁教政策，只能把那些愿意当神父的人送到菲律宾的马尼拉。郭主教的接班人罗主教（Roch Carpena Diaz，1812—1849年任福建主教）曾于1813年在福建省福宁府福安县罗家巷总铎区的溪填成立修院，接收了12人学习拉丁语。然而为了避免教难，在1834年还是被迫迁到马尼拉。新时期的代牧是高弥各（Miguel Calderon，1803—1883），他在任期内（1849—1883）很顺利地创办了一所小修院和一所大修院。

1842年耶稣会到上海，他们先在浦东金家巷，后来因安全问题搬到青浦区张朴桥。1843年2月法国耶稣会会士李秀芳（Brueyre）在张朴桥创办一所修院，属江南教区（江苏、安徽），成立那年就有22名学生入院，其中包括黄伯禄。然而，因为当地信徒担心修院会带来不安的因素和受到政府的干扰，1843年7月将修院迁到横塘，1850年又迁至浦东张家楼。1853年，神学院在上海董家渡建立，但教授拉丁语的“小修院”仍在张家楼。1858年第一批修士（8人）晋铎。因为太平天国的扰乱，小修院被迫停办三年之久，1859年试图与徐汇公学合并，但第二年又独立创办，1867年小修院再次和公学合并。1877年大修院在徐家汇创办。从规模来看，耶稣会早期在上海培养的神父并不多：1854—1872年间有165名学生入修院，但只有16名司铎被祝圣；1874—1918年间有234名修生，其中有131名成为司铎。[①]

1848年耶稣会在徐家汇创立了圣依纳爵公学（Collegium Ignatianum），开始只收了12名男童并提供食宿，1850年正式建校，称“徐汇公学”。早期的校长是法国人南格禄（Claude Gotteland，1803—1856），1852年他报告说：“修士中有6人修读高级拉丁语，21人分四个班学习初级拉丁语，老师有4位。”1853年以来，意大利人晁德莅（Angelo Zottoli，1826—1902）任院长。1863年，耶稣会开办初学院，1862年有11名青年学生愿意加入耶稣会修道，其中包括马相伯、李问渔、沈礼门等人。当时公学大约有80名学生，1875年已有90名住宿生。徐汇公学是近代中国最早系统教授外语的学校之一，该校首先强调拉丁语，后来还设法语和英语等外语课，

① 参见方豪《拉丁文传入中国考》，《方豪六十自定稿》，台湾学生书局，1969年，13页。

毕业时要求学生会讲和读拉丁语和法语。[①] 马相伯从 14 岁起（1854 年起）就在这里任助教，“一面当学生，一面当老师”。1870 年马相伯获得神学博士学位并在 1872 年出任徐汇公学校长。

徐汇公学原先的制度为下院（小学 3 至 6 年级）、中院和上院，1911 年改制为高小 3 年和中学 4 年，1932 年改成 3 年初中和 3 年高中，后改名为“上海私立徐汇中学”，1953 年又改为“上海市徐汇中学”，此后就大概没有拉丁语课程了。

图 23：徐汇公学主楼（约 1880 年）

圣言会的安治泰（Johann Baptist Anzer，1851—1903）早于 1884 年就在山东阳谷地区的教友村坡里庄创办了一所小修院。在 1900 年前后，这所修院先迁济宁，后到兖州。因为圣言会的传教士多是德国人并且重视系统教育，因此他们在兖州的修院比较出

① 参见邹振环《马相伯与〈拉丁文通〉》，载于《复旦学报》2005 年第 6 期，112—113 页。

名，兖州圣保禄印书馆印的拉丁语教材后来还在全国被使用。方豪说："该院自光绪十二年至民国四十三年，产生枢机一人、主教二人、监牧一人、司铎约近百人。"[①]"枢机"指田耕莘枢机（1890—1967）。

几个通商港口开放后，越来越多的欧洲天主教传教团体（如巴黎外方传教会、遣使会、耶稣会、方济各会、圣母圣心会、圣言会等）在各地建立小型的修道院，但因为1900年之前各地的官员和民众对天主教有一定的敌意，这些修院只能是小型的，规模不大，楼房和图书馆也不大，比如在太原附近的洞儿沟（一个教友村）曾有小型的修院，但在1902年后，太原的主教凤朝瑞（Fiorentini OFM，1866—1941）建立了一所比较大的修道院，1935年迁到下庄称为"孟高维诺修院"。

根据方豪先生提供的资料，1940年中国有190所小修道院（亦称"备修院"），共5114名学生，都在认真学习拉丁语。大修院共有36所，学生870人。[②]由此可见，天主教在华推广拉丁语的活动在20世纪30年代达到高峰。

国外的修院

道明会会士罗文藻于1654年在菲律宾被祝圣司铎，耶稣会会士郑维信于1664年在葡萄牙被祝圣司铎。这就开启了一个新的历史阶段，因为从此以后越来越多的中国学生被派到国外学习拉丁语

① 参见方豪《拉丁文传入中国考》，《方豪六十自定稿》，台湾学生书局，1969年，13页。

② 同上。

和天主教神学。

最重要的两个海外修道院是1664年由巴黎外方传教会在暹罗建立的修道院和1732年由意大利人马国贤在意大利那不勒斯创办的学校。

巴黎外方传教会的传教士和主教们在1664年决定要在暹罗的犹地亚（Ayuthia）建立一所培养本地圣召的修道院，1669年已经有一批司铎在那里被祝圣，但其中没有中国人。1682年暹罗修院中的学生包括11名东京（越南北部）人、8名跤支支那（越南南部）人、3名来自菲律宾马尼拉的修士、1名孟加拉人、3名暹罗人、1名中国人。到了1718年，犹地亚修道院里有7名中国人，而该修道院最有名的学生——李安德——于1725年在那里晋升司铎。[①]

由于暹罗社会不稳定，当时有着39名修道生的修院于1770年迁到印度的本地治里。1805年，修院又搬迁到马六甲的槟榔岛（Pulo Penang）。从此以后，巴黎外方传教会的总修院都在槟榔岛，他们的规定是这样的：每一个由巴黎外方传教会管理的传教区（比如中国、东京、跤支支那、柬埔寨、暹罗）可以派12名学生到那里，而在教难时期可以派24名，但实际上19世纪末和20世纪初派到那里的中国人远远比这个数字大。

该修院培养中国司铎的人数是这样的：

1682年：1名；

1718年：7名；

---

① Pascal d' Elia, *Catholic Native Episcopacy in China: Being an Outline of the Chinese Catholic Clergy 1300–1926*, Shang hai: T' usewei Printing Press, 1927: 39–41.

1760 年：2 名；

1800 年：15 名；

1874 年：89 名；

1900 年：121 名；

1910 年：191 名；

1915 年：220 名；

1923 年：279 名；

1926 年：50 名。①

第二个早期的拉丁语学院是马国贤在意大利那不勒斯建立的。马国贤来自意大利的埃博利（Eboli），1710 年他来到澳门，不久后到北京成为宫廷画师。他觉得自己应该培养本地圣职人员（司铎），所以 1714 年他想在自己在热河的房子里教一些中国修道生学习神学，然而这所小型的修道院并没有成功。1719 年马国贤为印《皇舆全览图》制作铜版，1722 年在北京为传信部买房子。1723 年康熙皇帝去世，而马国贤获得离开皇宫的许可。因此，1723 年 11 月他带着 4 名少年（谷文耀、王雅敬、吴露爵、殷若望）赴欧洲学习。

图 24：马国贤神父

然而，建立一所学校并不容

① Pascal, d' Elia, *Catholic Native Episcopacy in China: Being an Outline of the Chinese Catholic Clergy 1300–1926*, Shang hai: T' usewei Printing Press, 1927: 40.

易。9年后（1732）马国贤在那不勒斯设立并管理中国司铎和东方传教士的培训学校（“中国学院”“圣家学院”，英语称 Chinese College of the Holy Family）。马国贤曾著有《马国贤神父留居北京宫廷为中国皇帝效劳13年回忆录》（*Memoirs of Fr. Ripa: During Thirteen Years' Residence at the Court of Peking in the Service of the Emperor of china*，英文版于1844年出版，中文版于2005年出版）。他的学院前后培养了100多名中国司铎，其中80人的资料可以在下列人名表中找到。[①]这些学生是第一批在意大利接受古典教育（拉丁语、传统哲学及宗教学）的中国人，意义重大。

那不勒斯圣家学院留学生略历统计表

	Nomen et cog-nomen **姓名**	Patria **祖籍**	Or-tus **出生**	Ad-ven-tus **来到**	Ordi-natio **晋铎**	Redi-tus **回国**	Missio **传教地**	Obi-tus **去世**	Sepulturae locus **坟墓地**
1	谷若翰	直隶顺天	1701	1714	1734	1734	四川直隶	1763	北京
2	殷若望	直隶固安	1705	1714	1734	1734	--	1735	湖北湘潭
3	黄巴桐	直隶固安	1712	1719	1741	1760	--	1776	--
4	吴露爵	江苏金山	1713	1720	1741	--	--	1763	罗马
5	Gabriel	菲律宾	1713	1736	--	--	--	1738	那不勒斯

① *Elenchus Alumnorum decreta et documenta quae spectant ad Collegium Sacrae Familiae Neapolis*, Shanghai: Túsewei printing press, 1917；Rivinius, *Das Collegium Sinicum zu Neapel und seine Umwandlung in ein Orientalisches Institut*, St. Augustin: Monumenta Serica, 2004: 150–153.

续表

	Nomen et cog-nomen 姓名	Patria 祖籍	Or-tus 出生	Ad-ven-tus 来到	Ordi-natio 晋铎	Redi-tus 回国	Missio 传教地	Obi-tus 去世	Sepulturae locus 坟墓地
6	赵多明	四川成都	1717	1738	1747	1751	湖广	1754	湖南常德
7	赵西满	湖北荆州	1722	1738	1747	1751	四川	1778	巴东溪沙河
8	李若瑟	广东顺德	1717	1739	1747	1755	陕西	1776	--
9	郭元性	陕西渭南	1718	1739	1747	1751	山陕甘	1778	--
10	蔡文安	福建龙溪	1720	1739	1747	1751	四川广东	1782	广东
11	刘必约	四川重庆	1718	1739	1747	1755	直隶山东	1786	山东
12	刘成仁	四川铜梁	1718	1739	1747	1755	陕西	1785	伊犁
13	张月旺	广东始兴	1712	1750	1759	1761	广东	1782	广东
14	肖安多	湖北松滋	1735	1754	1763	1764	--	1766	澳门
15	吴伯铎	广东广州	1738	1754	--	--	--	1763	那不勒斯
16	曾清贵	陕西临潼	1740	1754	1765	1767	陕广直隶	--	--
17	马功撒	广东香山	1740	1754	1766	1769	澳门陕西	1796	北京监狱中
18	黄金冠	广东惠来	1735	1756	仅祝圣辅祭	1761	--	--	--

续表

	Nomen et cog-nomen 姓名	Patria 祖籍	Or-tus 出生	Ad-ven-tus 来到	Ordi-natio 晋铎	Redi-tus 回国	Missio 传教地	Obi-tus 去世	Sepulturae locus 坟墓地
19	严雅谷	福建漳州	1736	1756	仅祝圣辅祭	--	--	1762	那不勒斯
20	戴德冠	广东惠来	1737	1756	1763	1764	直隶广东	1785	广东
21	刘嘉禄	陕西城固	1742	1756	1766	1771	陕西	1820	--
22	黄多玛	广东湖州	1741	1756	1766	1771	--	1772	加的斯
23	蔡若祥	福建龙溪	1739	1761	1767	1767	湖广陕	--	果阿
24	艾亚柯	湖北谷城	1741	1761	1765	1765	--	1765	加的斯
25	常纳巴	湖北襄阳	1741	1761	1767	1767	山西直隶	1797	--
26	王加乐	广东潮州	1739	1761	--	1766	--	--	--
27	郭儒旺	山西壶关	1743	1766	1775	1775	直隶山陕甘	1817	--
28	刘明莪	陕西临潼	1747	1766	1774	1774	山陕甘	1828	--
29	郭雅歌	山西壶关	1747	1766	1775	1775	山西	1779	--
30	章儒瑟	广东潮州	1742	1770	1774	1774	广东	1778	--
31	王儒翰	陕西渭南	1748	1770	--	--	--	1771	那不勒斯

续表

	Nomen et cog-nomen 姓名	Patria 祖籍	Or-tus 出生	Ad-ven-tus 来到	Ordi-natio 晋铎	Redi-tus 回国	Missio 传教地	Obi-tus 去世	Sepulturae locus 坟墓地
32	刘恺弟	湖南沅江	1752	1770	1775	1775	湖广	1785	--
33	殷玛丁	四川铜梁	1753	1770	--	--	--	1774	那不勒斯
34	王正礼	陕西周至	1754	1770	1781	1773	陕西	1819	--
35	徐格达	甘肃甘州	1748	1773	1782	1778	山西蒙古国	1801	伊犁
36	陈廷玉	甘肃甘州	1752	1773	1781	1783	甘肃山东	1829	--
37	李汝林	直隶涿州	1754	1773	1781	1783	广东湖广	1802	广东
38	范天成	直隶景州	1755	1773	1781	1783	陕甘山西山东	1828	--
39	柯宗孝	直隶	1758	1773	1784	1792	直隶山东	1825	--
40	贺明玉	四川巫山	1759	1773	1784	1785	湖广	1827	--
41	王英	陕西渭南	1759	1773	1785	1792	陕西	1843	陕西汉中
42	李自标	甘肃凉州	1760	1773	1784	1792	甘肃山西	1828	--
43	严宽仁	福建漳州	1757	1777	1784	1792	湖广	1794	湖北天门七屋台
44	韩芳济	山西	--	1785	--	--	--	1829	那不勒斯
45	张玛谷	广东始兴	1761	1789	1796	1802	--	1829	--

续表

	Nomen et cog-nomen 姓名	Patria 祖籍	Or-tus 出生	Ad-ven-tus 来到	Ordi-natio 晋铎	Redi-tus 回国	Missio 传教地	Obi-tus 去世	Sepulturae locus 坟墓地
46	裴如汉	山东济南	1770	1789	1798	--	--	1804	那不勒斯
47	朱万禾	山西祁县	1770	1789	1798	--	--	1812	那不勒斯
48	王保乐	山西太原	1770	1789	1798	1802	山西	1843	山西太原
49	潘如雪	直隶顺天	1773	1789	1806	--	--	1847	那不勒斯
50	戴勿略	广东惠来	1772	1789	1798	--	--	1832	那不勒斯
51	潘路加	广东乐昌	1772	1795	1806	1817	--	--	--
52	严甘霖	福建漳州	1774	1795	1806	1823	山西湖广	1832	湖北省城外洪山
53	锺理珍	广东广州	1783	1802	1822	1826	湖广香港	1851	香港圣地
54	汪振亭	广东广州	1784	1802	1822	1823	山陕湖北	1867	湖北省城外洪山
55	唐多尼	广东广州	1785	1802	1822	1823	湖广	1830	湖北天门七屋台
56	谢斯德	广东广州	1786	1802	--	--	--	1806	那不勒斯
57	余恒德	陕西城固	1795	1821	1830	1831	陕西高丽	1854	--
58	陈良	山西潞安	1805	1821	1830	1831	湖广山西	--	--

续表

	Nomen et cog-nomen 姓名	Patria 祖籍	Or-tus 出生	Ad-ven-tus 来到	Ordi-natio 晋铎	Redi-tus 回国	Missio 传教地	Obi-tus 去世	Sepulturae locus 坟墓地
59	张保禄	山西太原	1804	1821	1830	1831	蒙古山西湖广	1861	--
60	王多禄	山西潞安	1804	1821	--	--	--	1829	那不勒斯
61	郭约安	山西阳曲	1805	1824	1833	1834	陕甘湖山西	1884	阳曲圪料沟
62	王悌达	山西文水	1805	1824	1833	1834	山西	--	--
63	田广益	山西长治	1809	1828	1838	1839	湖广	1885	湖南衢州
64	任万有	山西太原	1810	1828	1838	1839	湖广	1852	湖北沔阳杨义湾
65	唐永贵	甘肃皋兰	1810	1828	1838	1839	湖广	1861	湖北谷城茶园沟
66	刘安得	山西太原	1811	1828	--	1831	--	--	--
67	张蕴华	甘肃凉州	--	1832	1846	1850	江南	1864	上海圣墓堂
68	闫玉亨	山西榆次	1811	1832	1846	1850	江南湖北	1871	湖北武昌洪山
69	沈静渔	湖北天门	1816	1834	--	1850	江南湖北	1881	湖北武昌洪山
70	罗振铨	湖南衢州	1820	1834	1849	1849	湖广	--	湖南
71	王乐瑟	山西太原	--	1840	1852	1852	--	--	--

续表

	Nomen et cog-nomen 姓名	Patria 祖籍	Or-tus 出生	Ad-ven-tus 来到	Ordi-natio 晋铎	Redi-tus 回国	Missio 传教地	Obi-tus 去世	Sepulturae locus 坟墓地
72	罗振剑	湖南衢州	1823	1840	1852	1852	湖广	--	湖南
73	张天义	湖北谷城	1826	1843	1853	1853	金山湖北	1895	湖北老河口
74	唐逢泰	江苏奉贤	1832	1849	1858	1858	湖北鄂东	1893	湖北天门岳口
75	张懋德	江苏华亭	1834	1849	1858	1858	--	--	--
76	陆乐默	江苏昆山	1827	1850	1858	1858	湖北鄂东	1876	湖北武昌洪山
77	黄廷彰	江苏海门	1835	1854	1864	1864	湖北江南	1879	上海圣墓堂
78	沈明达	江苏海门	1840	1854	1861	1861	--	--	--
79	韩长生	--	--	--	--	--	--	1854	新加坡
80	李毓如	江苏南汇	1837	1855	1858	1858	--	--	--

20世纪的小修道院

那些19世纪来华的传教士想在各地培养本地的神父，这就意味着需要教这些学生拉丁语，因为拉丁语是教会的礼仪语言，也是教学语言、教会法典的语言和一切来自罗马教廷文献的语言。因此，想要了解教会思想和种种规定的人必须学会拉丁语，就如同伊斯兰教的阿訇必须学习阿拉伯语才可以当一个名副其实的教士。

学习拉丁语一般需要比较长的时间，所以很多修会团体开始在各地建立一些“小修道院”（亦称“备修院”）和“大修道院”。学生于10到14岁期间进入小修院，在那里学习语文、数学、西文的ABC以及基本的拉丁语知识。在中国现代教育制度逐渐成形时（20世纪20年代、20世纪30年代），教会的人觉得小修道院的教育水平应该相当于中国的高中水平。小修院的毕业生可以申请入大修院，而在大修院的学生须先学习2年哲学，后学习3年神学，中间还有一两年的实习。学生从17、18岁进入大修院，大约学习6年，毕业后可以被祝圣为神父，因为教会法规定，24岁才可以被祝圣神父。

无论是上海的耶稣会或陕西的方济各会、四川的巴黎外方传教会或河北的遣使会，他们都在自己的传教区建立了很多小修院，并且在大城市（北京、上海、西安、太原等）还建立了大修道院。1933年全中国有916名大修院的学生，还有5295名男童在小修院接受拉丁语教育。[①] 1940年全中国有853名大修院的学生和3608名小修院的学生。[②]

如果想研究各地修道院的历史，需要写很长的文章，这里只根据德国圣言会创办修院的情况来介绍山东南部的情况。[③]

---

① Pasquale d'Elia, *The Catholic Missions in China*, Shanghai: Commercial Press, 1934: 73.

② 参见《中国公教1940年年鉴》，上海，1940年；亦见雷立柏编《中国基督宗教史辞典》，宗教文化出版社，2013年，363页。

③ 资料来自 Johannes Bettray SVD, “Die Priesterseminare der Steyler Missionsgesellschaft in China”（圣言会在华创办的修道院）, Zeitschrift fuer Missionswissenschaft, 1（1958）：32—38；2（1958）：125—134。

圣言会（拉丁语名称 Societas Verbi Divini，缩写 SVD）于 1875 年在荷兰成立，但成员大多是德国人。1882 年，最早的两位传教士安治泰和圣福若瑟来到山东，当时只有 150 名天主教徒在他们的核心基地坡里庄（属阳谷地区）。然而，两年后（1884 年 2 月 23 日），他们开办了一所修道院。又过了六年，安治泰主教已经祝圣了头一批中国司铎（赵永荣和夏文林神父）。到 1898 年 11 月已经有 11 名本地的司铎在山东南部服务。1925 年本地司铎已有 27 人，大修道院的学生 28 名。在 1882 年到 1950 年年间，这所修道院前后共培养了 110 名本地司铎。

同时，这所修道院也反映了当时的动荡和不安：1882 年在坡里庄创立的修院于 1896 年搬到济宁，1898 年迁到兖州，1900 年修道生迁去青岛，1901 年开始了一个比较稳定的时期，教师和修生们在兖州恢复教学，后来基本上都留在兖州，但因战争又于 1938 年迁到济宁岱家，1945 年再搬回兖州，1948 年到上海、香港，1949 年 9 月 15 日到菲律宾。小修院于 1949 年迁到济南，后被解散。

兖州大修院的房子在 1901—1902 年间修建，1925 年扩建。兖州小修院在 1931 年和 1932 年获得了一栋比较好的教学楼和住院。

除了山东以外，圣言会还在中国西北服务，1922 年接管甘肃北部地区（包括兰州、武威、张掖等地区）。1927 年圣言会计划建设一所小修院，他们于 1931 年实现了这个计划，在兰州开办了一所小修院，那里的学生先去兖州完成小修院的课程，然后再转入大修院学习哲学和神学。当时的德国主教濮登博（Buddenbrock）早在 1930 年就想在甘肃建立一所大修院，这个想法于 1940 年实现，当时开办的大修院也是整个西北地区的修道院，不仅仅是为兰州教区培养神父。兰州大修院在1940—1951年间培养了18名中国司铎，其中有后来的杨立柏主教和新疆的谢主教。而在1940年前已经有7名本地修道生在兖州被祝圣为司铎。

圣言会在1923年承担了河南南部信阳的传教工作，1926年成立了一所小修院，不久又搬迁到驻马店。驻马店于1933年成为独立的代牧区，信阳的小修院便从那里迁走了，但1939年又搬了回去。来自这所修院的第一位神父于1942年被祝圣。1948年该修院迁到汉口，1952年后停办。

1925年山东南部地区分为两大教区，即兖州和青岛。不久后，青岛的主教维昌禄（Georg Weig，1883—1941）提出创办小修院的计划，1929年他在高密开办了一所小修院，并将大修道生送到兖州大修院培养。另外，临沂也建立了一所备修院（6班），那里的毕业生后来去了高密，但1937年以后临沂地区始终处于不稳定状态，所以无法发展当地的小修院。1929—1946年间有180名学生在高密小修院学习，共有13名被祝圣司铎。1944年后，日本军、国民党和解放军占领了修院的房子，1946年秋天，修院迁到青岛。

1932年山东阳谷地区成为一个独立的代牧区，其主教田耕莘始终在推动修道生的培育，他还继续修办坡里庄的小修院。

1934年山东菏泽（原来称“曹州府”）成为独立的代牧区，而当地的传教士早在1931年就创办了一所备修院（小修院），毕业生后来都去兖州继续学习。因为解放军在当地的运动，这所小修院于1946年停办。来自菏泽的司铎相当多，大约有40位。

圣言会还在河南北部的新乡传教，1938—1941 年间开办了一所小修院，后来将学生送到兖州，使他们在开封大修院完成神学和哲学研究。

为了提高小修院的教学水平，宗座的代表蔡宁（Mario Zanin）主教于 1937 年准备在北京建立一所培养小修院教师的学校，即中国司铎书院（拉丁语名称：Collegium Sinicum）。这个教育机构于1938年10月16日正式开办，圣言会传教士管理。部分神父学习理科，部分学文科，进修时间为两至三年。1943 年以后，年轻司铎们会去听辅仁大学的课（在此之前，他们的课由辅仁大学的教师专门为他们设计）。中国司铎书院的影响相当大，1938—1949 年间共有 566 名中国司铎修习大学课程，其中有 67 名获得学位。为什么只有 11% 的司铎获得学位呢？主要原因是大多司铎没有高中毕业证书。虽然在上大学期间他们本来有机会考取高中毕业证，但很少有神父利用这个机会。

图 25：中国司铎书院的主楼（建立于 1940 年）

中国司铎书院的毕业生包括翻译家涂世华主教（1919—2016），他曾将一些拉丁教父著述和经院哲学著作译成汉语。

第二个在北京设计的新型教育机构是圣多默修道学院（Thomas Kolleg），于1947年开始，1949年3月停办。这所修院的理想是提供4年的哲学课，学生后期要回自己的教区学习神学，毕业后再来北京学神学。

小修道院的课程基本是让学生接受哲学和神学教育，同时也使修道生拥有与中国上层社会同等的教育水平。曾在华传教34年之久的比利时神父吕登岸（Rutten，1874—1950）强调了小修道院的重要性。[①]

中国本有的教育制度在1903年后逐渐消失，而教会的学校在很多地方是唯一的新式教育机构，所以小修院的教育制度可以自由安排。然而，20世纪20年代以来，中国的高中教育迅速发展，各地的学校愿意和西方的教育制度"接轨"，所以小修道院也必须参考或采纳中国初中和高中学校的课程表。20世纪30年代山东南部天主教的教育制度是这样的：教会在很多堂区会创办一个教堂学校来教孩子最基本的知识。这在很多农村是当时唯一的学校。山东的传教士在20世纪20年代末创立了所谓的"预备学校"（Praeparatorium），学制3年（后来改成4年），主要教小学的内容，每周有四次宗教课，最后一年教拉丁语ABC字母和发音。[②]预备

① J. Rutten, "Le programme des etudes dans les petits seminaires de Chine", in: *Collectanea Commissionis Synodalis*，1935: 630–637.

② Fuchs，"Quaedam proposita quoad Seminaria minora"，in: *Collectanea Commissionis Synodalis*，1939: 730–734.

学校的毕业生进入小修院后须在那里学习8年之久，前2年学习小学五六年级的内容，加上宗教和拉丁语，还有3年初中课程和3年高中课程。这样，天主教的教育制度就和社会上的“小学6年”“初中、高中6年”制度相同了。

小修院有英语课，但在个别地方，一周只教2个小时英语。[①]无论如何，宗教课和拉丁语课被视为最重要的课，大概一周6天都有拉丁语课。

在修院的外国教师（神父或修士）教宗教课、拉丁语、音乐，而中国教师教汉语、自然科学、地理、历史和体育，中国教师一般是平信徒。神父在1920年以后才较多在修院中任教。

罗马教廷在1867年和1906年发表的文献中说，小修道生应该在10—14岁间进入小修院，后来又说9岁的学生也可以接收。

关于住宿费的问题，传教士鼓励学生的父母提供一点补助，但因为很多孩子来自穷困的农村家庭，校长就不勉强家长付住宿费了。

从19世纪末至20世纪20年代，中国传统教育的影响还比较大，所以传教士们更强调语文（汉语和拉丁语）的修养，但后来随着社会教育制度的发展会较多注意自然科学。

山东的圣言会传教士在1931年开会决定小修院的课程将来要尽可能符合国立高中的教育制度，1934年他们在兖州小修院中就完成了这种教育改革。此后，圣言会的所有其他修院也采纳了新的模式。

---

① 参见韩神父的报告：G. Walter, *Gottes Kampf auf gelber Erde*, Schoeningh, 1938: 152。

1917年颁布的《教会法典》（*Codex iuris canonici*）第1364条要求小修院要重视宗教课、拉丁语、本地语言以及一切符合当地教育水平的课。另外，教廷的文献也强调自然科学、地理学和历史学培养。

负责宗教课教学的神父们说，在宗教课方面缺乏一些好的教科书和读物。兖州小修院的宗教课很多，每周4个小时。山东南部的外国神父认为，宗教课的内容应该符合欧洲的宗教课，因为中国的问题基本上和欧洲的问题一样。他们也没有特别说明或谈论中国佛教和民间宗教，因为他们当时（20世纪30年代）认为，这些中国的宗教传统已经没有什么影响力了。

在汉语方面，小修道院的教育基本上符合社会上的教育。比如，中国教育部在1928年规定小学生要用“白话”，所以小修院也强调白话，并且淡化文言文的内容。实际上，兖州小修院早在1920年就已经开始看白话的文章。圣方会的传教士也是白话运动的前驱，因为韩宁镐（Augustin Henninghaus，1862—1939）主教于1913年就创办了《公教白话报》，即中国最早使用白话的期刊之一。小修院先使用上海耶稣会编写的语言教科书，1934年后都用国立中学的课本。

人们非常重视拉丁语教学，所以德国传教士编写了很多拉丁语教材和工具书，尤其维昌禄和苗德秀（Theodor Mittler，1887—1956）的贡献很突出，他们编写了《拉丁ABC说明》（*ABC edarium*）、《拉丁语入门》（*Rudimenta*）、《拉丁语基础》（*Elementa*）、《句法》（*Syntax*）。方济各会会士舒乃伯（Schnusenberg，1887—1871）和苗德秀还出版了一本非常有用的《拉丁中华哲学辞典》(*Terminologia Philosophica Latino-Sinica*，兖州1921、1935年)，这部辞典用拉丁语来说明希腊语的单词，仔细地为很多哲学术语找汉语的翻译，还加上了医学术语的附录。小修院的拉丁语教育是这样的：每周有6到8个小时拉丁语课，如果坚持8年之久，那些修道生就应该可以用拉丁语写文章，上课时他们看的是西塞罗（Cicero）的演讲稿、日课中的赞美诗、《圣经》文献以及教父文献。除了拉丁语以外，山东的小修院还有德语课，但不多。1934年修院进行教育改革后，修生开始学习英语，不再学德语。

部分小修院还有自己的陈列室(比如兖州修院有石头陈列室)，也有一些自然科学教育要求的基本工具。1934年的改革规定，修道生每天应该有一个小时的体育课。同时他们还培养修道生的音乐素养，尤其是圣乐，他们会演出亨德尔(George Friedrich Handel)的《弥赛亚》（*The Messiah*）和海顿（Franz Joseph Haydn）的《创世纪》。

从总体来看，小修道院的教育和社会上的高中教育是一样的，只是加上了拉丁语和宗教课，而这两门课都比较难。从拉丁语教学的角度看，小修院培养了一批有非常扎实的拉丁语功底的中国人，所以他们后来学习哲学、神学或欧洲语言(尤其是法语、意大利语、西班牙语)都比较容易。

20世纪的大修道院

小修道院的毕业生有资格去大修院学习哲学（2年或2年半）和神学（4年）。兖州修道院使用的哲学教科书是德国人瑞因斯塔得勒（Reinstadler）的著作。考试既有口试又有笔试。在20世纪30年代后，“哲学史”一课经常由一名中国神父教授，山东修院也重视“中国哲学史”这门课，他们会请一位外面的老师教这门课。

另一些课程是《圣经》解释学、教父学、慕道学（catechetics，即教授教理书的知识）。在哲学学习阶段，每周有6个小时汉语（国文）课，每个月要求学生写两篇文章。由此可见，语言方面的培养得到重视。

在2年哲学学习后，学生会有一年实习期，有时候他们在一个比较大的堂区当老师，有时也到乡下参加至少半年的慕道班的工作。3年神学学习基本上符合欧洲大修院的学习内容，教科书也是一样的。修道生不再有汉语课，但每个月还是得写文章，再学习一点德语，并开始翻译一些书。兖州的修道生也会帮助编写《公教白话报》（1913—1944年间在兖州出版的报纸）。

兖州修道院神学学习阶段的具体课程安排是这样的：

信理学（Dogmatik）：3年，每周6小时；

护教学（Apologetik）：1年，每周6小时；

伦理神学（Moral）：4年，每周5—6小时；

《圣经》解释学（Exegese）：3年半，每周3小时；

灵修（Aszetik）：每周1小时；

教会史（Kirchengeschichte）：2年，每周3小时；

讲道学（Homiletik）：1学期理论，每周1个半小时；1学期实践，每周1个半小时；

礼仪学（Liturgik）：3个学期，每周3小时；

牧灵神学（Pastoral）：1年，每周2小时；

教会法（Jus canonicum）：3个学期，每周3小时；

圣歌（Gesang）：每周2小时；

汉语（Chinesisch）：每个月一篇文章。①

以上介绍的是关于山东兖州修院的情况。然而，1940年全国有36所大修院，比如在北京、太原、大同、献县、西安、武汉、沈阳等，在此无法一个个研究和介绍。

在20世纪40年代末，部分修道院决定要搬迁到国外，比如上海耶稣会修院和献县修院。上海耶稣会初学生②和读书修士，约50人，于1949年2月在王昌祉神父（1899—1966）和山宗泰（Beaucé）神父的领导下搭船到菲律宾。徐家汇总修院的18名修士于1949年4月在蔡忠贤神父（1905—1980）的指导下坐船到香港，进入华南总修院。③

1950年后，中国的大小修道院都被关闭，部分学生回家，外国传教士也都出国。因此，在中国学习拉丁语的人自然少了很多。然而，1982年10月第一所天主教修道院重新开课，即上海佘山的修院。1983年有人开始筹备北京的“全国神哲学院”，不久后开始招生，教师都是一些老神父，他们还记得在1950年前所学的拉

---

① Bettray, “Ausbildung der Gross-Seminaristen in den China-Missionen der Gesellschaft des Göttlichen Wortes”, Zeitschrift für Missionswissenschaft und Religionswissenschaft, 2（1958）: 308–312.

② 耶稣会和其他的天主教修会都为那些愿意加入修会的青年安排一种一年或两年的学习过程，通常在一个独立的“初学院”，这样使这些“初学生”（novices）逐渐习惯于修会中的生活和纪律。耶稣会的初学长达两年。

③ 参见阮仁泽等主编《上海宗教史》，上海人民出版社，1992年，754页。

丁语，所以他们很快编写出一些拉丁语的教材，比如《拉丁词学》和《拉丁句学》，后者分为三册，共 470 页，1985 年 12 月由中国天主教神哲学院油印（发行量可能只有 100 本）。另外，1906 年在上海出版的《辣丁中华字典》加印，1965 年在台湾出版的《拉丁汉文辞典》于 20 世纪 80 年代也被翻印，一直到 2005 年还可以在北京柳荫街的小书屋见到它。

其他地区的修道院也恢复了原来的教学活动，其中包括拉丁语教学。最早恢复教学工作的天主教修道院是上海佘山的神哲学院（1982 年 10 月）。1986 年新的教学楼和住房竣工。学生来自上海市和六个省：江苏、浙江、安徽、山东、福建、江西，1987 年就有 127 名修道生。推动这所修道院开办的主教是张家树（1893—1988）和金鲁贤（1916—2013）。金主教曾在上海和欧洲受过良好的教育，据说他除了拉丁语和古希腊语以外还掌握法语、德语、英语、意大利语等语言。金主教曾任该修道院院长，但他可能没有很多时间自己任教。2000 年，修院图书馆中的书共 2 万多册，其中“多数是外文的，主要是英语的”①。

2000 年前后，中国最大的、学生最多的天主教修道院是河北省石家庄的修道院，1984 年 12 月重开，1989 年搬迁到石家庄以北的柏棠，这是正定苦修会（隐修会）的原址。1997 年神学院新楼竣工。②

山西太原教区的山西总修院于 1985 年 3 月 28 日在太原市东社

① 参见沙百里《中国天主教指南》，新加坡中华公教联络社，2000 年，452 页。

② 同上书，61 页。

乡圪了沟创办，2000年搬迁到新修的孟高维诺神哲学院。[①] 20世纪八九十年代在这所修道院任教的老神父包括郭继汾和宗立静，两位都有很深厚的拉丁语修养，而宗神父曾在1949年前在罗马留学，对他来说，意大利语、法语等欧洲语言很容易掌握。[②]

沈阳市的天主教神学院于1983年开学，到1984年已经有60名修道生了。[③]

西安的神哲学院在1985年9月正式开始上课，1995年搬迁到西安市鱼化寨老烟庄。2000年的神学讲师中有李笃安（1927—2006）主教，他不是拉丁语老师，但他的拉丁语非常优美，甚至外国学者也很佩服他拉丁语修养的高妙，因为他经常用拉丁语写一些申请书送到国外。西安的修道院也培养甘肃、宁夏等西北地区的修道生。

四川的西南神学院于1984年在成都开学，1996年重新在成都附近的郫县开学，其学生来自四川、云南和贵州，人数不超过65人。

天主教的中南神学院在武汉市武昌花园山，1983年10月18日重新开课，学生来自湖北、湖南、河南、广东、广西、海南。

山东省的圣神备修院于1988年在济南开办，1998年有46名学生。这所备修院可能没有开拉丁语的课，虽然教师包括一些老神父，而当时中国老神父的拉丁语水平都很高，比如郭富德神父

① 参见沙百里《中国天主教指南》，新加坡中华公教联络社，2000年，146页。

② 资料来源：作者和山西省的雒神父（雒神父曾是郭神父和宗神父的学生）的谈话（2014年2月）。

③ 参见沙百里《中国天主教指南》，新加坡中华公教联络社，2000年，108页。

（1919—2024）原先在兖州修道院受过教育，他的拉丁语、英语和德语都相当好。[①]

然而，老一辈的神父逐渐减少，学习拉丁语的热忱也逐渐降低，因为 1962—1965 年举行的梵蒂冈第二次大公会议规定应该用本地语言举行弥撒。对那些不爱学习外语的修道生来说，这可能是好消息，但从中国神学的发展和国际化来看，不学习外语，不学习《圣经》和传统神学的语言当然是一种重大的缺憾。

400 年以来，中国天主教一直是拉丁语教学的核心力量，但天主教在 20 世纪末看来放弃了它的母语——拉丁语，年轻的神父们转向英语或其他现代外语，并忙于建立教堂、组织新团体、传播信仰、出国留学等。因此，1990 年后中国天主教的出版机构很少出版拉丁语著作、拉丁语辞典、拉丁语歌本等。然而，传统的拉丁语歌曲仍然会吸引一部分信徒，比如北京北堂（西什库教堂）有一个唱拉丁歌曲的合唱团。

在陕西省凤翔教区任职的李镜峰主教是个例外，他在自己的教区强调，神父们应该学习拉丁语，他自己也编写拉丁语教材、优美的拉丁语弥撒经本和礼仪手册。

天主教的会议和主教会议

1550 年后，来中国的天主教传教士都用拉丁语举行教会的礼仪，他们使用的《圣经》是拉丁语版本，教会的许多文献（比如罗马教宗的通谕和共同的法典等）都是拉丁语写的。在 1600—1924

① 资料来源：作者和郭神父的访谈（2001 年 1 月）。

年间，天主教传教士也举行过很多或小或大的会议，其中最重要的是 1627 年的嘉定会议、1667 年的广州会议、1803 年在重庆举行的会议、1851 年的上海主教会议，1880 年在北京、山西、汉口、四川和香港举行的主教会议、1886 年和 1892 年在北京北堂的主教会议、1885 年在太原的主教会议、1891 年在通远坊的主教会议、1887 年和 1910 年在汉口的主教会议、1909 年在重庆的主教会议、1891 年和 1909 年在香港举行的主教会议。1924 年 5 月在上海举行的全国主教会议当然有更重要的意义。这些会议的文献都是拉丁文写的，会议上的语言是拉丁语和汉语，参与会议的外国和中国神父都应该有阅读和说拉丁语的能力。

早期的小型会议也都与“翻译问题”有关系，比如利玛窦认为可以用“天”“上帝”或“天主”来翻译和表达拉丁语 Deus 的意思，可以用“天神”表达 spiritus（精神体、天使），可以用“灵魂”翻译 anima（灵魂）。但他的接班人龙华民拒绝使用“上帝”一词，并认为应该用“陡斯”翻译 Deus，根据是沙勿略（Francis Xavier）在日本的做法。因此，传教士们于 1612 年决定，不再使用“上帝”一词。传教士们在 1600 年到 1665 年间前后举行了 74 个会议来谈论这些问题，而两派之间的鸿沟越来越大。[①] 1627 年 12 月的嘉定会议由来自中国各地的 11 名耶稣会传教士和徐光启、杨廷筠、李之藻、孙元化参与（西方文献只以他们的拉丁语名称写：“Paulus, Michael, Leo, Ignatius”）[②]，那些反对使用“上帝”一词

① Metzler, *Die Synoden in China, Japan und Korea 1570–1931*, Paderborn: Schoeningh, 1980: 12.

② 同上书，15 页。

的人认为这个观念不是指一个纯粹的精神体，所以会误导人们；而且敬祖是一种祭祀行为，敬孔是一种迷信。因此，耶稣会的视察员班安德（Andre Palmeiro，1569—1635）规定不可以使用“天”和“上帝”指天主教的神，他也要求来自日本的著名翻译家陆若翰（J. Rodrigues，1561—1633）烧毁自己写的和印刷的教理书。这是特别遗憾的，因为陆若翰使用了一种符合日本人使用习惯的转写方式（可能在汉语中用 ABC 名称，比如 Deus）[①]。1630 年葡萄牙人阳玛诺神父向罗马写信，其中再次替利玛窦的立场辩护。1631 年道明会传教士来华，1633 年方济各会传教士来华，而他们较多反对利玛窦的观点。三个修会的人士参与了 1635 年在福州举行的会议，1642 年又在杭州开会，但无法获得共识。

那些 1665 年从北京被驱逐的传教士于 1667 年 12 月—1668 年 1 月间在广州开会，其中谈论翻译和礼仪的问题。他们是 19 名耶稣会会士、4 名道明会会士和 1 名方济各会会士（利安当）。这些传教士达成共识并用 42 条规定进行表达：“第 1 条是除了拉丁语的圣洗言词[②]是可以使用两个不同的汉语的说法，这两个都已经有很长的传统……第 2 条是中国人也应该学会这些圣洗言词，尤其是接生婆，这样她们可以在紧急情况下给人施洗。第 3 条是因为中国

① L. M. Brockey, “From Coimbra to Beijing, via Madurai: Andre Palmeiro S.J. (1569–1635) in Maritime Asia”, in: S. Deiwiks et al. ed., *Europe Meets China, China Meets Europe*, Sankt Augustin: Monumenta Serica, 2014: 103–130.

② 所谓“圣洗词”或“圣洗言词”指“我因圣父、圣子及圣神之名给你付洗”。如果不说出这些词或不准确表达这些含义，圣洗是无效的。传教士们显然认为用拉丁语是最保险的。

人强调男女有别，授受不亲，在施洗时不能给受洗的妇女擦圣油，只能为小女孩擦圣油……第41条是关于中国人敬孔祭祖的那些礼仪，必须遵守传信部在1656年作的规定[①]，这也是教宗亚历山大七世(Alexander VII)批准的，因为这个决定的基础是一个相当确定的、无法反驳的观点（valde probabilis opinio, cui nulla contraria evidentia opponi potest）。不应该向无数的中国人关闭救恩之门，因为如果他们被禁止做那些本来可以合法地做的东西，他们就无法加入基督宗教；如果他们被迫放弃这些行为，他们必定会遭受很大的压力（non est occludenda janua salutis innumerabilibus Sinis, qui arcerentur a Christiana Religione, si prohiberentur ea facere, quae licite, ac bona fide facere possunt, et non sine gravissimis incommodis praetermittere cogerentur）。"[②]然而，在会议后，道明会会士闵明我（Navarette，1618—1686）和方济各会会士利安当又写了一些报告，其中说他们本来不同意第41条，但他们的观点在会议上不被重视。

关于中国礼的"宗教性"的解释很复杂。罗马信理部在1659年的文献中说道："Nullum studium ponite, nullaque ratione suadete illis populis ut ritus suos, consuetudines et mores mutent, modo ne sint apertissime religioni bonisque moribus contraria（你们不要积极地劝勉那些民族改变自己的礼仪、习俗或习惯，除非它们非常明显地违背信仰和良好的道德）……"[③]当然，部分传教士认为"祭祖敬孔"

① 1656年的规定是：可以允许中国信徒参与敬孔祭祖的礼仪。

② Metzler, *Die Synoden in China, Japan und Korea 1570–1931*, Paderborn: Schoeningh, 1980: 28.

③ 同上书，30页。

就是非常明显地违背信仰，因为是祭祀行为。

1715 年教宗克莱门十一世（Clemens XI）以 *Ex illa die*（《从那时起》）诏书肯定以前对中国礼仪的禁令，并要求所有传教士以誓言肯定自己要遵守这个规定。1935 年教廷才允许“敬孔”的礼仪，因为在 20 世纪这些礼仪已经没有先前的宗教色彩。

四川主教会议和修道院的拉丁语教学

1803 年在重庆举行的会议（通常称“四川会议”）只是一个代牧区的会议，但它的影响和象征意义很大。第一，因为参与会议的圣职人员大多是中国人；第二，罗马教廷在 1832 年规定，会议的决议不仅仅在四川有效，在全中国甚至在周围地区也有效（ad omnes Episcopatus et Vicariatus Apostolicos in Sinis et Regnis adiacentibus existentes）。①

召开这次会议的人是徐德新（Jean-Gabriel-Taurin Dufresse，1750—1815）②，他对教会法很了解并搜集了一切关于传教地区的教廷文献。他想召开这个会议是为了让他的神父们知道这些文献，

---

① Metzler, *Die Synoden in China, Japan und Korea 1570–1931*, Paderborn: Schoeningh, 1980: 43.

② 徐德新，法国人，18 世纪 70 年代进入 MEP 修院，1777 年赴四川传教，博（Pottier）主教委托他负责四川北部地区，1784 年因教难短期离开四川，但仍然被捕入狱并押送至北京，后到马尼拉，1798 年回到四川成都，负责整个四川和重庆地区，1800 年被任命为辅理主教，后被祝圣主教，1801—1815 年任四川代牧，1803 年在四川召开教务会议（见 Synods）；1815 年又爆发一场教难，1815 年 5 月他在新津被四川总督常明捕获，被押解到成都，在那里被判处极刑，1815 年 9 月 14 日在成都被处决。2000 年被宣布为殉道者圣人。

并且和他们谈论将来的传教策略。另外，他无法亲自探访各地的教会团体，也无法进行视察，所以他认为在会议上可以向神父们说明这些具体问题。当时的四川神父会一年找一次主教向他报告牧灵工作的进展，只有那些在最东边协助副主教黄神父（Trenchant，1766—1806）和在最南边协助刘加略神父（Hamel，1745—1812）的中国神父无法来。两个法国人（黄和刘）也不能来重庆，因为外国人想在那里聚会很困难。因此徐主教给那两位外国传教士写信，其中说明他在会议上将要谈论什么问题，同时请他们写下自己的观点并派遣一位中国神父在会议上表达他们的观点。

当时在四川有 19 名中国神父，其中有 13 名来参与了会议，还有副主教罗神父（Jean-Louis Florens MEP，1756—1841）。参与会议的神父们都非常热心，其中包括后来的殉道者赵荣（原名朱荣），另一些神父后来被流放。

会议在 1803 年 9 月举行，分别在 2 日、5 日和 9 日这三天举行全体大会，其他时间每天有四次委员会会议。徐主教不想开很长的会，因为不能让神父们长期离开自己的传教区。全体大会的主席是徐主教，委员会的主席一般是罗副主教。所有参与的中国神父可以自由发言，可以用汉语或拉丁语表达自己的想法，如果有人用拉丁语发言就有汉语翻译，因为所有神父都有拉丁语阅读能力，但有的神父的拉丁语听力不太好。另外还有一些中国修道生也在场，这样他们就可以预先知道将来要遵守的规则。①

① 根据徐主教的写法，参见 Metzler, *Die Synoden in China, Japan und Korea 1570—1931*, Paderborn: Schoeningh, 1980: 45。

1803年四川会议的决议文献共十章，当然都是拉丁语，这个文献后来被送到罗马教廷于1822年被批准，逐渐成为全中国和邻近地区的标准规定和重要的参考资料。因为会议文献的影响很大，这里是比较详细的记录：

第1章：圣事总论。神父必须过完美的生活并仔细遵守种种礼仪和仪式，必须完成一切祈祷，通过祈祷和忏悔准备自己施行圣事，在施行圣事方面必须平等地对待所有的人。他应该经常阅读《礼仪手册》中关于管理圣事的规定，也应该多次教导信徒如何正当地领受圣事。本地的（中国）神父应该每年一次或两次去找欧洲的神父，再次受礼仪和施行圣事方面的教导，这样可以避免圣事无效的情况。

第2章：圣洗。神父们必须谨慎完成一切要求的仪式，包括擦圣油、向受洗者吹嘘、画十字、抹圣盐和口水。哪怕一些小心眼的妇女（delicatae mulierculae）觉得这些仪式不合适，也应该举行它们。如果部分人反对它，这就表示他们没有资格入教。神父应该向教友说明，这些仪式没有包含什么可耻的因素，而是神圣的、可敬的仪式。然而，如果情况很严重也可以有例外。如果受洗者人数不超过10个人则必须为每个人单独举行这些仪式，如果超过10人则可以几个人一起进行。成年人必须在受洗之前接受良好的教导，但在生命危险的情况下可以允许例外。慕道者也必须受关于中国礼仪的问题的训教，应该告诉他们敬孔祭祖的哪些仪式是允许的，哪些是禁止的，还要向他们说明，在受洗之前必须还清债务，也不要借人钱。会议文献没有规定慕道班的具体时间有多长。在那些已经允诺将嫁给外教人的妇女方面必须非常谨慎，绝不可以轻易让她们受洗。关于外教人的孩子的洗礼有特殊的规定。最后，这一章要求神父教导信徒们，使他们都明白受洗的仪式，这样他们在紧急情况下也可以施洗。在偏僻的地区应该委任当地的传教员负责新出生婴儿的洗礼，因为出生后8天内应该给婴儿施洗。

第3章：坚振圣事。神父如果要施行坚振圣事，需要主教的许可，并必须完全遵照教规举行坚振。给妇女施行坚振时不可以在擦油仪式上用笔或类似的工具，只能用手。坚振应该需要领受者满7岁，但也可以有例外，允许更年幼的孩子接受这件圣事。

第4章：圣体圣事。一方面信徒们应该多次并虔诚地领受圣体，但另一方面神父应该拒绝那些公开犯大罪的人，不让他们领受圣体。这方面也不要看情面，不应该顾虑关系。应该提防那些动机不纯的人，他们领受圣体是为了被别人看见或为了获得他人的信赖。信徒需要认真准备自己领受圣体，如果知道自己有大罪，应该先办圣功。因为神父们一年内只能去看一两次散居的教友，神父应该教导信徒如何在心里朝拜圣体。在领圣体时，妇女必须戴面纱。神父们也必须全力以赴地给病人和临终者送圣体，包括向同样的人多次送圣体，虽然这有时候很困难。孩子应该在10岁到14岁之间初领圣体，但临终的患病孩子7岁就可以领。

第5章：举行弥撒。弥撒仪式必须符合特利腾大公会议（Tridentinum）的规定。如果神父知道自己有重罪，他就不可以举行弥撒。他在弥撒之前必须自己准备，弥撒后必须默想感恩一段时间。他必须保持圣爵等圣器的清洁，完整地举行一切仪式，祈祷经文必须是阅读的，不可以根据自己的记忆念。本地的（中国）神父应该受全面的教导，这样才能知道举行弥撒的细节。神父不可要求富有的人给更高的弥撒金，但他可以接受他们提供的生活费。自愿自发给的弥撒金都可以接受。

第6章：忏悔圣事。传教士们应该始终记住教会这方面的规定，尤其是为中国地区写的规定。如果遇到特殊的、良心上的问题应该和主教或比较有经验的传教士商量。不可以拒绝人办忏悔圣事，除非那些被绝罚的并尚未做补赎的人。应该给所有信徒至少一年一次办忏悔礼的机会，不可以因态度过于严格而阻碍或遏止人接受这件圣事。有的神父说9岁、10岁的孩子才可以办这件圣事，这是错误的，年龄较小的孩子也可以办告解。神父必须以同样的耐心和爱心接受所有的忏悔者，并成为他们的神师。在七个情况下神父可以拒绝解开人们的罪：如果对信仰没有足够的理解；如果父母没有教导孩子或如果仆人被家长阻碍，不能完成教规；如果一个人没有放弃重罪的坚定意志，如果他不愿意归还他人的财产，不愿意放弃仇恨，不愿意宽恕他人来弥补自己的罪行、恢复他人的名誉、放弃恶习（如酗酒）；如果一个人不愿意回避下次犯罪的机会，比如赌博场、小妾、某些官职、某些职业等；如果一个人参与迷信的表演或仪式；如果一个妇女与神父发生关系，必须先向主教报告这个神父，然后才可以赦罪。当然，根据教会法典，任何神父都不能赦免与自己犯罪的妇女的罪。赦罪不可以过于轻易，但也不可以过于严格，因为神父不多，而教难连续不断。

忏悔者要做的补赎可以是这些：探访病人和那些因信仰受迫害

的人，资助他们，放弃丝绸服装，放弃装饰品，不抽烟，只喝茶不喝酒等。神父不可以从办告解的人那里接受献仪甚至弥撒金。

第7章：病人傅油。神父必须24个小时都准备这件圣事，也应该及时举行这件圣事，这样病人还能在精神清醒时接受它。如果有可能，神父应该多次去探望病人，要给他们灵修性安慰；如果自己无法去，应该委任其他信徒去探访病人。一切罪的大赦也不应该等到最后的时刻。在一般的情况下也应该给妇女在脚上擦油。不要为那些未达明白是非的孩子和那些一生处于昏迷状态的人举行这件圣事。

第8章：圣秩圣事。传教士们应该祈求天主增加本地的圣召，必须严谨考察修道生是否有能力当神父。14岁的学生才可以入修院，学习拉丁语和神学是不可缺少的条件。修道生必须发誓将要在自己的教区服务，虽然他可能在本教区以外的修院读书。修生不可以自高自大，始终要记得自己不配获得如此高尚的职位。最重要的不是修生的数目，而是其质量。在升神父之前，修道生应该当一个传教士（神父）的传道员，此后至少有5天的避静。在祝圣后，神父们每年重复自己的誓言，即要为灵魂的得救奉献自己。

第9章：婚姻圣事。如果信徒要把自己的女儿嫁给外教人，则需要教会的许可。未成年的孩子也不应该许诺给某人。订婚的人不可以同居。神父没有祝福的婚姻仍然是有效的，如果特利腾教会法典在该地区尚未宣布或尚未被遵守。因此，四川地区的婚姻都是有效的，虽然可能不是在教会内举行的婚礼。虽然如此，神父们应该劝教友们让神父降福他们的婚姻，如果这个仪式不会引起很大的麻烦。至少要在下个机会请神父祝福双方，虽然婚姻的有效性不取决于这个祝福。如果夫妻发生了关系，他们的婚姻就有效，而神父在双方分居后不能允许他们再婚。神父必须很谨慎地辖免“不同信仰的婚姻障碍”（impendimentum disparitatis cultus），宁可豁免“亲戚关系的婚姻障碍”，也就是说宁可允许亲戚结婚，也不应该允许与外教人的婚姻。

第10章：特殊规定。神父不可以与人们有过于亲密的关系，尤其和妇女不可以单独谈话，除非涉及一些秘密。传教士的服装必须是简朴的（这方面有很详细的规定）。神父的食品和住所应该简单，在外面旅游时应该低调，不要引人注目。在牧灵工作方面，神父不应该优待准备丰富菜桌的信徒而忽略穷人。对教友不可以太严格，需要以耐心和爱心对待他们，使他们更爱他，不害怕他。因此绝不可以打信徒，也不能掌嘴，不可以叫传教员打人或教父母打孩子，不可以骂人或嘲笑人。另一方面，传教士也不可以太软弱，不应该为了获得大家的爱戴而忍耐一切，保持沉默。神父不可以参与世俗的生意，不可以参与法律争端，除非是一些微小的事，而双方都愿意接受神父的判断。一切其他的事务都应该由传教员或世俗的人来管理。除非在紧急的情况下，神父不应该行医，也不可以向人借钱，他宁可施舍。他也不应该要求教友们给钱来美化教堂，除非是真正的需要，只可以接受完全自由的奉献。然而，如果想资助穷人，神父可以向教友们讨钱。

虽然神父应该知道信徒团体的灵性情况，但他不可以请用任何人，包括传教员给他打小报告。然而，他可以私下和传教员谈论某些不好的现象以便为了改进这些。在完成牧灵工作时，神父必须追求灵魂的好处，不可以求个人的荣誉。他不可以忽略讲道的任务，每次讲道必须有准备，必须符合听众的理解能力，应该回避虚伪地咬文嚼字。不可歪曲天主圣言，并且应该在自己的生活中实现所讲的话。因为他只能很少去看自己的信徒，所以他应该使信徒有机会购买教区印刷的《教理问答》《祈祷册》和其他读物。另外，如果一位神父想出版某本书，他需要获得教区长的许可。如果有可能，应该创办基督宗教的学校。

因为传福音是最重要的，传教士们应该培养很多传教员，使他们和外教人进行对话，劝非基督徒进入教会。同时需要抵抗迷信，这就意味着需要研究和了解本地的迷信习俗。如果不能确定某种习俗是否是迷信的，就应该问教区长。在任何条件下都不允许资助外教人的神庙、孔庙或祠堂（ne quidem Confucii, et avorum）。信徒也不可以参与或支持为偶像举行的戏，也不可以参与家中的、坟墓上的或在亡者牌位之前或灵床之前举行的祭祀或其他的礼仪和仪式（sacrificiis, aut aliis ritibus, seu caeremoniis, quae intra domos privatas, vel ad sepulcra fiunt coram defunctorum tabella, aut feretro）。然而，信徒可以支持一些中性的、不包含反基督信仰因素的娱乐活动。在农历的节日向神明和祖先的亡灵奉献供品是禁止的，但为迎接客人或庆祝家庭团圆摆宴席是允许的。如果外教邀请信徒参与这样的宴席，信徒们可以参与，虽然部分的食品后面会成为献给神灵的供品。亡者的牌位和其他的迷信事物（res superstitiosae）应该被毁灭，但如果它们是他人的财产则应该还给那个人。

教会的神父们生活在一个“始终追求财富并以不可言传的欲望

渴望发财的民族”（fere tota lucris, divitiisque inexplicabili cupiditate inhiat）之中。神父们不允许人放高利贷。

神父们每年应该向教区长写一份报告，其中应该回答22个问题，这22个问题是会议文献的附录。在举行年度的视察旅游之前，神父们应该认真阅读本会议的文献。[①]

参与会议的神父们在会议文献的最后一页（用拉丁字母）签名：朱荣（圣赵荣）、罗玛弟、童鳌、甘玛窦、李路加、刘安多、唐伯辉、刘若瑟、严西满、马文生、杨本笃、罗廷凯、李多林。[②]

德国学者梅茨勒（Metzler）这样评论四川会议：“非常重要的一点是，中国的圣职人员批准并赞同这一切规定，因为会议的灵魂人物是徐德新，但在场的只有他和另一个法国神父，其他参与会议的人都是本地的司铎。从这个角度来看我们可以了解到，这些司铎的培训产生了多大的效果。实际上，这些中国圣职人员远离了利玛窦的思维方式，他们要尽可能接近欧洲的教会文化，尤其要与法国和意大利的教会风格‘接轨’。当然，这样高的标准也会带来一些问题。这种牧灵方式宁愿在细节上遵守严格的罗马传统，也不愿意尽可能地回避中国人的误会和批评。这样，他们为自己造成了一些本来可以很容易避免的障碍。”[③]

---

① Metzler, *Die Synoden in China, Japan und Korea 1570–1931*, Paderborn: Schoeningh, 1980: 46–53.

② 参见顾卫民《中国天主教编年史》，上海书店出版社，2003年，333页。

③ Metzler, *Die Synoden in China, Japan und Korea 1570–1931*, Paderborn: Schoeningh, 1980: 54–55.

上海主教会议和修道院的拉丁语教学

上海主教会议的灵魂人物是圣座在华的代表——意大利主教刚恒毅（Celso Benigno Luigi Cardinal Costantini, 1876—1958）[①]，他于1924年3月25日向所有中国主教写信，说同年5月15日在上海徐家汇教堂召开全国主教会（in ecclesia Sancti Ignatii de Zi-ka-wei, in civitate Shanghai）。他希望这个主教会议有很大的代表性，所以在50位参会的教区长和主教中，他特别欢迎两位华籍的主教，即（直隶中部）蠡县的孙德桢主教（1869—1951）和（湖北）蒲圻的成和德主教（1873—1928）。当时的中国司铎人数为2552人，其中1071名是中国人，中国天主教徒共221万人。除了50个教区和代牧区的教区长以外还有杨家坪隐修院的院长布神父（Ludovicus Brun，1921—1941年任院长）和58名神父（修会会长、秘书等）[②]。

1924年5月15日他们举行了隆重的开幕典礼，16号就开始举办不同的委员会的会议，会议于6月12日正式结束。刚主教在会议期间还参加了徐汇中学校友会的年度聚会（当时的校友会有420个会员），5月21日他和16名主教一起去参观了震旦大学，6月

① 刚恒毅是意大利人，1897年到罗马入大学，1899年升神父，1906年编《艺术史》，1913年创办《圣教艺术》杂志，升为主教；1922—1933年任罗马教廷驻华第一任代表，始终重视中国文化（美术、建筑等），认为本地文化能表达公教信仰，促进本地化的过程；他于1924年5月6日在上海召开全国公教主教会议（第一个正式的全国性的主教会议），成立由华人代牧管理的教区；1926年率6位本地司铎赴罗马接受祝圣；他于1928年成立主徒会（CDD），又成立全国公教进行会总会；1932年因病返意大利，1952年被提名为枢机。

② Metzler, *Die Synoden in China, Japan und Korea 1570–1931*, Paderborn: Schoeningh, 1980: 200–203.

1日去参观了天主教慈善家陆伯鸿创办的圣若瑟医院。

图26：1924年参加上海主教会议的主教们（中间为刚恒毅主教）

这次会议的文献很多，共有861条（所谓Canones），分为5部：第1部是“普通规则”（Normae Generales）；第2部是“论人物和职务”（De personis et officiis），即圣职人员、修道者和平信徒（de Clericis, de Religiosis, de Laicis）；第3部是“论事物”，即论圣事、圣所、节日、礼仪、教会的财产（De Rebus (de Sacramentis, de locis et temporibus sacris, de cultu divino, de bonis Ecclesiae temporalibus）；第4部是“论传福音的任务”（De evangelizationis opere）；第5部是“论法案、犯罪和惩罚”（De processibus, delictis et poenis）。

该会议谈论的问题很多，其他还包括外国传教士需要真正地入乡随俗，需要淡化自己本国的色彩，不可以称某教会为“法国教会”或“德国教会”，虽然这种称呼已经成为习惯。外国传教士必须学好汉语，必须尊重中国的风俗和习惯，但会议没有谈论关于“礼仪”

的棘手问题，只回答了三个具体的问题："信徒在亡者面前可不可以鞠躬？信徒在孔子的画像面前可不可以鞠躬？信徒在亡者旁边可不可以跪下祈祷？"

会议强调，本地司铎可以当主教，一切教会职位都向他们开放（Nullum officium clero indigenae, dummodo idoneo, praecluditur）。另外，应该尽可能快地选择本地的主教［Primum Concilium Sinense … maxime cupit ut quam citissime illa dies illucescat qua Sacerdotes Sinenses etiam in episcopos eligantur（第 131、132 条）］。

参会的人既重视汉语又重视外语（第 166、672 条）。公教的传教士虽然生活在"拉丁语的世界中"，使用拉丁语来举行弥撒等礼仪，但他们也非常重视学习本地的语言。

第 33 章（"关于学习普通话"）的内容如下：

166. Missionarii ad Sinas accedentes existiment ita sibi studio linguae vernaculae incumbendum esse, non ut quadam modica cognitione contenti sint, sed ita ut expedite et emendate loqui possint. Quod primi sui ad Sinas adventus Missionarii insumunt tempus ad addiscendam linguam, postea ad usuram lucrabuntur, et donum linguae, per totum vitae spatium, eorum honestabit ministerium ac facilius efficaciusque reddet.

Quapropter Patres concilii opportunum censent statuere ut novi Missionarii saltem primo anno, nullis aliis plerumque distenti curis, et designato magistro qui status temporibus lectiones illis tradat, incumbant studio linguae. ···. Et, quantum fieri potest, studio characterum sinensium se dedant.

Si quis ex Missionariis speciali modo sit idoneus ad linguam sinicam discendam, munus erit Ordinarii efficere ut per longius tempus (nisi aliud Missionariorum inopia postulet) huic studio vacet, ut deinceps lucubrationes in elegantiore stylo perficere possit, ac superstitiones erroresque confutare, et decus ac aestimatio etiam ab iis qui foris sunt Missioni comparentur.

［译文］：166、来华的传教士们应该努力学习普通话，不是为了满足于一点初步的知识，而是为了有通顺且正确地说话的能力。传教士们来华时应该花一些时间去学习语言，如果这样做，后面会有好处，因为语言的能力会提高他们一生的服务水平，使他们更轻便地，更有效地完成他们的任务。

因此，本会议的成员规定，新来的传教士应该在第一年当中不负责别的任务，但要学习语言。应该有一个特定的教师可以定期地教他们。……而如果可能的话，他们也应该努力学习汉字。

如果一位传教士有学习汉语的天分，他的长上应该让他更长期地学习（如果传教士们有足够的财力），这样他就能够写一些文笔更高雅的文章，能够反驳各种迷信和错语，也能为教会带来那些教会以外的人的赞扬和尊敬。

上海会议规定，本地的司铎应该在小修道院和大修道院中学习拉丁语，但也必须学习本地的语言：

672. In inferioribus Seminarii scholis ac proinde in minore Seminario:

…2. Linguas praesertim latinam et patriam alumni accurate discant.

…4. Doceatur lingua latina ea ratione quae alumnos ad studium philosophiae et theologiae praeparet: adeoque cum ex auctoribus classicis aureae aetatis, tum ex SS. Patribus, ne neglectis quidem nonnullis hymnis liturgicis et selectis Breviarii Romani lectionibus.

［译文］：672、在小修道院和备修院：

……2、他们（学生）应该正当地学习语言，尤其是拉丁语和本地的语言。

……4、学习拉丁语的理由是为了修生们读哲学和神学，他们需要看一些黄金时代的作者的著作（即古典拉丁语），也要看一些教父的著作，另外也不要忽略礼仪的圣歌和罗马日课的一些文献。

值得注意的是，新教的修道院和圣经学校里的教学方法和内容比较灵活，而关于学习英语的必要性有很多讨论，公教似乎很理所当然地要求学习外语，而修道院的课程表也相当清楚。赖德烈（Kenneth Scott Latourette）在其《基督教在华传教史》中也观察到这个差别。[①]

值得注意的是，1923年4月日本的天主教在东京举行了一场准备会议——1924年10月的主教会议（10月4日到19日），其中也谈论了与上海会议有关系的问题，比如编写全国统一的《教理

① 参见雷立柏《1924年的全国主教会议与公教对华夏文化的评论》，《基督教文化学刊》，第25辑，2011年春，173—192页。

书》（《教理问答》）的计划，以及这部教理书的"简明版""普通版"和"神学版"。

日本的司铎应该在各个知识领域受到良好的教育，包括历史、哲学和自然科学，因为"日本人相信欧洲人什么都知道，如果他们发现他们自己在某种领域懂得比欧洲人还要多，他们将会蔑视欧洲人及他们的宗教"[①]。日本的小修道院和大修道院都强调拉丁语教育，强调欧洲式的教育。[②]

日本的会议也面对日本的"礼仪之争"（日本语称"典礼论争"）[③]，即如何评价神道教的仪式。日本的主教们规定，信徒可以被动地参与神道教的礼仪，就是当不赞同礼仪的"观望者"[④]。然而，关于尊敬阵亡者的国家仪式却没有达成共识，主教会只说"看来无法作出共同的规定"（Communis autem regula nulla ratione statui posse videtur）[⑤]。

六、大学教育

天主教的传教士想培养信徒关于拉丁语的知识，因为他们的礼仪是拉丁语的，而且大多教会使用的书籍（神学、圣经学、教会法

① Metzler, *Die Synoden in China, Japan und Korea 1570–1931*, Paderborn: Schoeningh, 1980: 280.

② 1924 年东方会议文献，第一章第三条；同上。

③ 参见大贯隆等编《岩波 Kirisuto 教辞典》，岩波书店，2002 年，791 页。

④ Metzler, *Die Synoden in China, Japan und Korea 1570–1931*, Paderborn: Schoeningh, 1980: 283.

⑤ 同上书，284 页。

典、灵修学、教会史等）也是拉丁语写的。

与此不同的是，基督新教的传教士认为需要和罗马教会保持距离，所以当他们教中国人外语时，他们可能不会想到拉丁语。19 世纪末和 20 世纪初已经有很多新教的教育机构，赖德烈曾这样评论在 1901—1914 年间的新教教育机构："美国式文科学院的课程搬入华夏，但缺少希腊语和拉丁语（the curriculum of the American arts college had been transferred to China, with the elimination of Greek and Latin），也减少了欧洲诸语方和西方文学的分量，在英语和社会科学方面的课程也有所调整。学生必须参加礼拜，还要修《圣经》课。除了这些以外，他们还加上了汉语写作、中国哲学、中国文学和中国历史方面的课……"[①] 由此可见，新教传教士的教育制度排除了西方古典教育，不让中国学生面对西方古代传统和古代语言。这种制度的影响很大，所以整个 20 世纪的中国教育制度同样缺少希腊语和拉丁语，而且这种"缺少"几乎没有引起什么争论，并被认为是理所当然的事。然而，对任何有深入理解的学者来说，古典语言的缺少等于是西方文明的核心价值与精华的缺少。

美国传教士卜舫济（Francis Lister Hawks Pott，1864—1947）曾从 1887 年到 1930 年任上海圣约翰大学校长。1887 年他在给圣公会布道部的报告中写道："华人研究英文，犹如西人研究希腊语和拉丁语，可以增进智慧。"[②] 这就很明显地说明了他的立场：英

① 参见 Latourette, *A History of Christian Missions in China*，New York: The Macmillan Company，1929: 634（汉译本《基督教在华传教史》，雷立柏等译，香港道风山书社，2009 年，536 页）。

② 参见徐以骅《圣约翰大学》，河北教育出版社，2003 年，16 页。

语会成为新式教育的重要载体和教学媒介，而英语实际上可以代替西方人学习的古代语言。圣约翰大学也创立了医学院，后来还开了一些拉丁语课，但具体年代不明，由于“1906年学校在美国注册……但当时尚未开设美国名牌大学学生必修的拉丁文和希腊文课程”①。

图27：年轻的和年老的卜舫济，即上海圣约翰大学多年的校长。

圣约翰大学培养了中国最好的英语人才，包括林语堂等人，来自美国的教授都用英语上课，甚至有的学生的英语比汉语都好，但这也意味着圣约翰大学的拉丁语教学都用英美教材，他们没有编写更多汉语的拉丁语教材。虽然如此，圣约翰大学仍然培养出20世纪最有影响力的华人拉丁语老师，即谢大任先生，他在20世纪50年代到80年代间前后参与了很多拉丁语教程的编写工作。

1900年后圣约翰大学的中国学生和学者在颜惠庆（1877—1950）的指导下编写了一部很厚的英汉词典，即1908年由上海商

① 参见徐以骅《圣约翰大学》，河北教育出版社，2003年，74页。

务印书馆出版的《英华大辞典》（两卷，共2800页）。这部巨著有卜舫济写的英语序，也有一个长达21页的“外语汉语成语”（Alphabetical List of Familiar Phrases, Proverbs, Maxims, Quotations and Mottoes）附录，其中大多成语来自拉丁语，并有英语、汉语翻译，比如：“A capite ad calcem—From head to heel—自顶至踵。”译者也为部分拉丁语成语找一个相等的汉语成语，比如：“Disponendo me, non mutando me—By disposing of me, not by changing me—三军可夺帅也，匹夫不可夺志也；我身可杀，我心不可夺。”“Errare humanum est—It is human to err—犯罪者人情也，人非圣贤，谁能无过。人必有过。”“Ex uno disce omnes—From one judge of all—以一窥全。”

然而，有的翻译也证明译者是根据英语翻译的，而不太懂拉丁语，比如：“Argumentum baculinum—Club law—社例，会例。”[①]在这个词组中，拉丁语的baculinum来自“baculus”（棍子），而argumentum baculinum应该译为“来自棍子的论点”（指“暴力的说服力”），但译者只看英语的club（“棍子”或“俱乐部”），并认为是“俱乐部”的意思，故他译“会例”是笑话。

很多拉丁语成语也有历史背景，比如下面的：“Esse quam videri—To be rather than to seem—实事求是，求其真不求其似。”如果想解释其背景（即Cato Utica和Caesar的关系，前者不愿意在表面上做忠臣）则需要多一点篇幅，所以简略的翻译（“实事求是”）

---

① 参见颜惠庆主编《英华大辞典》，商务印书馆，1908年，第二卷，附录，3页。

是不太理想的，而“求其真，不求其似”也不能很好地表达这个成语的意思。译为“外观不如实质”则更贴近原义。

传统的中国学者喜欢成语和格言，而有的人也对外文的成语和格言传统很感兴趣。也许最有名的例子是钱锺书（1910—1998）多年做的外文读书笔记（共200多册）于2015年由商务印书馆出版（书名：《钱锺书手稿集·外文笔记》，48册）。这些笔记除了英、法、德语外还包括很多拉丁语和少量的希腊语词语，而钱先生会多看几遍这些话的英语译文，因为他的拉丁语和希腊语水平可能不高，但对原文有兴趣，所以会记录拉丁语和希腊语原文。

天主教的大学（主要是上海震旦大学和北京辅仁大学）都有拉丁语课程，但这是选修课，学习的外国学生并不多。值得注意的是，辅仁大学的部分课程已经有中国教师教授拉丁语的课，比如在罗马留学的孙振之（1903—1973）。[①] 然而，辅仁大学没有大规模地发展拉丁语研究，也没有编写一套汉语拉丁语的双语教材、词典或拉丁语读物。

七、阿拉伯语和拉丁语在华的传播

和拉丁语比较，阿拉伯语在华的传播在很多方面都占优势。中国穆斯林在元朝有很高的社会地位，也曾有相当大的影响力。然而，

---

① 参见柯博识《私立北京辅仁大学1925—1950：理念·历程·教员》，辅仁大学出版社，2007年，303页。孙振之神父曾在罗马留学，20世纪40年代在辅仁大学任教。

在明朝“汉化”政策之下，掌握阿拉伯语的回族人民越来越少。因此，陕西人胡登洲（1522—1597）推动了一个新的教学活动，即“经堂教育”（亦称“寺院教育”）。他开始在清真寺教回族人民（尤其是阿訇）阿拉伯语和波斯语，同时用“经堂语”讲解伊斯兰教教义。据记载，他的学生来自全国各地，影响比较大。这种学习阿拉伯语（和波斯语）的运动比16—18世纪中任何学习拉丁语运动的规模都大，因为部分学生在自己的地方建立了自己的经堂教育体系。

明朝还一直有一些穆斯林从国外来华，他们也带来了语言能力。其中一例是山东经堂教育的奠基人常志美（1610—1670），他的祖籍属中亚撒马尔罕，9岁时随叔父来华进贡，后定居山东济宁。他早年在陕西向胡登洲数传弟子马真吾及著名经师张少山学习经学，回济宁后在东大寺讲学，培养经师。他写的波斯语教科书《海瓦依·米诺哈吉》能证明他对波斯语和阿拉伯语非常在行。①

阿拉伯语和汉语的接触导致“经堂语”的出现，即是一些特殊的、表达伊斯兰教信仰的名词和术语，比如“真宰”（神）、“天方”（阿拉伯地区）、“归真”（去世）、“慈悯”（神的仁慈）。部分的“经堂语”是阿拉伯语单词的音译，比如“伊玛尼”（iman，信仰）、“安拉乎”（Allahu，真主）、“穆民”（mu'min，信士）等。这和拉丁语传统一样，基督宗教在中国产生宗教术语，比如“天主”（神）、“圣地”（以色列）、“归主”（去世）、“仁慈”（神的爱），亦有拉丁语音译词，如“弥撒”（Missa，弥撒礼）、“格老利阿”（gloria，

① 参见《中国伊斯兰百科全书》，四川辞书出版社，2007年，111页。

光荣）等。然而，中国伊斯兰教使用的阿拉伯音译词比天主教使用的拉丁语音译词多，比如中国天主教或基督教没有任何能和敏春芳《文明的关键词》[①]相比的著作。

宗教术语有两种：音译的（如“安拉”“弥撒”）和意译的（如“清真寺”“教堂”）。耶稣会传教士在1627年的嘉定会议上所谈论的也是“意译”（利玛窦方式）或“音译”（陆若翰和日本人的方式）问题。也许可以说，由于利玛窦的影响，中国天主教较多走“意译”的路，少用“音译”，这样多采纳儒家的术语，降低了陌生感，但同时也降低了新鲜感和自己的特殊性。从这个角度对中国天主教和伊斯兰教进行对比研究应该是一个很有启发的课题。

从某方面可以说，中国回族的经堂教育很成功，因为他们传播了阿拉伯语和关于伊斯兰的知识，但从另一个角度来看，经堂教育没有规定明确的学制，使用的教材不理想，教学方法僵化，缺乏汉语教学和非宗教知识的学习，所以结果是“读死经，死读经，耗费多年时间培养出来的学生，却对自己长期学习的语言不能听，不能说，也不能写，无法以所学语言开展交际活动，实际上也无从开展，从而使所学语言失去了最重要的交际功能”[②]。

17到19世纪的中国从来没有一个像经堂教育一样大规模地学习拉丁语的活动，而中国神父学习拉丁语和中国阿訇学习阿拉伯语有一定的相似之处。首先，拉丁语和阿语主要都是宗教语言、礼仪

① 参见敏春芳《文明的关键词·伊斯兰文化常用术语疏证》，民族出版社，2002年。

② 参见丁俊《中国阿拉伯语教育史纲》，中国社会科学出版社，2007年，40页。

用的语言和祈祷用的语言，所以很多学生可能不会用这些语言进行一般的沟通（比如说话、写书），而只能用它来念经。另外，拉丁语的教学制度肯定也有阿语教学的缺点：没有规定明确的学制，使用的教材不理想，缺少双语字典，等等。因此，只有在国外培养的拉丁语学者（罗文藻、李安德、李自标等）才能比较全面地掌握拉丁语。

第六章：20 世纪的中国学者和名人

一、早期的奇才：黄伯禄

黄伯禄（1830—1909）的圣名是 Philomena，他是江苏海门人，1843 年入上海刚刚成立的（青浦区）张朴桥修院。他于 1860 年被祝圣司铎，1875 年出任徐家汇公学的校长，1903 年后任震旦大学的校长（成为马相伯的接班人）。黄伯禄有汉语、拉丁语、法语、英语著作约 35 种，均在上海徐家汇出版。他曾在《汉学丛论》（*Varietes sinologiques*）上发表文章，最重要的著作是《函牍举隅》（1882 年，传教士与官吏之间往返公牍汇编）、《正教奉褒》（1883 年，历代教会与传教士获得表扬文献汇编）。他的法语著作《中国大地震目录》（*Catalogue des tremblements de terre signales en Chine*，1909）为他赢得了“中国

图 28：黄伯禄编写的书之一

近代第一位地震学家”的美名。

二、马相伯和拉丁语教学

马相伯（圣名：若瑟）于1840年生于江苏丹阳，家族是天主教教友。11岁的他于1851年去上海在圣依纳爵公学学习；1862年他加入耶稣会初学院学习哲学和神学，包括许多外语（拉丁语、法语、古希腊语等），又精通数学、天文学等；1869年他被祝圣为司铎，1870年获得神学博士学位，1872年任徐汇公学校长和耶稣会编辑。然而，他由于各种原因于1876年退出耶稣会，投入于政治及社会工作，1881年任驻日本使馆参赞，1882年在朝鲜任职，1885年在中国台湾任职，1892年任驻日本领事和参赞。1896年马相伯对清廷的政策非常失望，他隐居于徐家汇，翻译《新约》，并与耶稣会和好。1900年，他弟弟（马建忠）的去世对他是很大的打击。马相伯于1903年和耶稣会会士一起创办了震旦学院，但因为学生要求自治，而法国耶稣会无法接受这个要求，所以马相伯于1905年与一部分学生一起创立复旦公学（即复旦大学前身）并任校长。他曾与梁启超等人谈论中国的改革问题。马相伯于1912年后与英

图29：马相伯（1840—1939）

敛之在北京组织辅仁学社（即辅仁大学的前身）。马相伯于1939年病逝，著有《马氏文通》（1898年，与弟弟合写），译著有《心灵小史》《拉丁文通》等。

1902年，36岁的蔡元培主动拜马相伯为师，请求他教自己拉丁语。在那个小型拉丁语教学班中还有其他的名人，如梁启超、张元济、汪康年等20多名学生。马相伯在土山湾耶稣会的楼房教他们拉丁语和一点法语，此后他觉得应该建立一所教育机构。因此，马相伯于1902年制订《震旦学院章程》，规定“本院以广延通儒、培成译才为宗旨……拉丁为读任何国文之阶梯，议定急就办法，限二年毕业，首年读拉丁文，次年读何国文，以能译拉丁及任一国之种种文学书为度”。这就是震旦大学的开始，而为了更有效地教导学生学习拉丁语，马相伯还于1903年出版了一部《拉丁文通》。该书的发行量应该很小，影响不大，而使用的语法术语（名称词、代名词、生动词、兼动词、方貌词、先名词、承转词、感叹词）与今天的术语也不同。[①]

当时和马相伯学习拉丁语的学生对于古典语言和文化看起来有很大的兴趣，在他的回忆录中，马相伯说：“当时，蔡孑民先生（即蔡元培）在南洋公学任教职，要跟我学拉丁文，我告诉他，拉丁文在西洋已成为古董，大学而外，各学校都不太注重，中国学者更没有学习的必要。无奈孑民先生执意要学，说拉丁文是欧洲各国语文之根本，各国语言多源于拉丁文，西洋一切古代文化，如果不通拉

---

① 参见邹振环《马相伯与〈拉丁文通〉》，载《复旦学报》，2005年第6期，116页。

丁语文，那就无从了解。孑民先生的话固然说得正当，然我以为很难办到……”[①] 在《祝震旦学院之前途》一文中，梁启超也强调拉丁语的重要性：“士生今日，不通欧洲任一国语言文字者，几不可以人类齿。而欧洲各国语学，皆导源拉丁。虽已通其一，固亦不可不补习拉丁，而先习拉丁然后及其他，则事半功倍，而学益有根底焉，此马相伯、眉叔兄弟所素持之论也。眉叔亡后，士林痛惜，此学院即相伯独力所创也。其愿力洵宏伟，其裨益于我学界前途者，岂可限量。”[②]

然而，无论是马相伯还是蔡元培或梁启超，都没有成为拉丁语专家，他们并没有翻译大量拉丁语著作，没有编写一部拉汉词典或更多有用的教材，也没有长期推动国内的拉丁语教学。一时的热忱没有结出什么果实。

三、李问渔和翻译工作

李问渔（Laurentius Li，1840—1911），江苏川沙人，他曾与马相伯一同在上海求学，1862年入耶稣会初学，1866年为司铎，1872—1878年间在松江、南汇、安徽传教。他精通拉丁语、法语等西方语言，1878年后在上海任教、编书，1887年创办《益闻录》《圣心报》月刊（中国第一家白话文报纸），同年还参加了汉口主教会议，

① 参见邹振环《马相伯与〈拉丁文通〉》，载《复旦学报》，2005年第6期，113页。

② 同上报，114页。

1906年任震旦学院院长，后又在南洋公学任教。他的译著有39种（如《西学关键》8卷、《物理推原》《哲学提纲》《性法学要》），也有一部《新约》译本（《新经译义》）；编著有《哲学提纲》《拳匪祸教记》（1909年出版）等。他算是19世纪末著作最多的中国神学家和教育家。[①]

根据他的哲学译著可以看到现代汉语的发展：[②]

原文（拉丁语）	李问渔译	2000年译
Aristoteles	亚利思忉德	亚里士多德
Cartesius	贾尔德西	笛卡儿
Comte	公德	孔德
Fichte	斐德	费希特
Hegel	赫盖	黑格尔
Kant	刚德	康德
Locke	劳基	洛克
Plato	伯拉东	柏拉图
extensio	申张	延伸
quantitas	几何	数量
spatium	空界	空间
lex naturae	性法	自然法
finis	终向	目的

---

① 参见雷立柏《论基督之大与小：1900—1950年华人知识分子眼中的基督教》，社会科学文献出版社，2000年，182—197页。

② 同上书，191页。

和李问渔同时代的人是赵必振（1873—1956），他可能是最早翻译了一部专门介绍古罗马历史的著作的学者。赵必振是湖南人，1900年参与了湖南的起义活动，失败后去日本留学，1902年返回上海并参加了广智书局等机构的翻译工作。他翻译的著作包括《近世社会主义》《二十世纪之怪物帝国主义》《日本维新概史》《人本人权发达史》《希腊史》《罗马史》《巴比伦史》等。后来赵先生到香港，民国初年他在财政部任职。[①] 然而，赵必振并没有深入学习拉丁语或古希腊语，他只是根据日本语的书编写和翻译自己的著作。

最早引介关于古希腊和古罗马历史的专著是英国学者和传教士艾约瑟（Joseph Edkins，1823—1905）于1886年出版的《希腊志略》和《罗马志略》。[②] 据我所知，还没有人研究过艾约瑟的书如何影响了李问渔和赵必振的著作，可能人名的翻译在这方面能提供一个线索。

四、推动拉丁文字的学者

中国文字有很长的历史，从甲骨文、金文，到大篆、小篆，再到隶书、楷书以及草书、行书等字形的演变，汉字经过一代又一代

---

① 参见熊月之《西学东渐与晚清社会》，上海人民出版社，1994年，643页，注（2）。熊月之著作的附录里的索引只有“罗马史”，没有一条“拉丁语”，虽然拉丁语在“西学东渐”的过程中起了一定的作用。

② 参见法伊夫（C. A. Fyffe）等《〈希腊志略〉〈罗马志略〉校注》，艾约瑟等译，商务印书馆，2014年。

的变化，而总的发展趋势是逐渐简化。

自从利玛窦和金尼阁时代以来，西方传教士和汉学家都用拉丁字母来拼写汉字，而他们的字典有时候也是根据ABC发音排编的，比如马礼逊（Robert Morrison）的《华英字典》（1823）。外国的汉学家也重视本地方言的发音，比如罗存德（Wilhelm Lobscheid）的《英华字典》（香港，1867）不仅有官话发音的拼音，而且也提供本地话（广州方言）的发音。

1892—1911年间，一些中国文人试图创造比汉字更简单的、实用的文字体系，康有为等改革者也都赞成这个运动。康有为在他的著作中曾提出“凡文字之先必繁，其变也必简”，又要求“以字母取音，以简易之新文”。谭嗣同在其《仁学》中写道：“尽改象形为谐声（‘谐声’指拼音）。”

第一个由中国人自己提出的“拼音文字方案”大概是卢戆章（1854—1928）于1892年写的《一目了然初阶》（中国切音新字厦腔）。卢先生早期接触流行于厦门教会使用的罗马字文献，这就启发了他创造新文字的思想。他的新文字采用拉丁字母的变体，共有55个字母。然而，在1898年的维新运动失败后，卢戆章去了台湾三年，在那里受到日本假名字母的影响，所以他放弃了原先的变体拉丁字母方案，设计了汉字笔画式的方案，用25个声母、102个韵母来拼写北京音。

根据倪海曙《清末汉语拼音运动编年史》的记录，从1892年到1910年共有28种切音字方案，其中14种为汉字笔画式，5种为速记符号式，5种为拉丁字母式，2种为数码式。这28个方案都是个人的尝试，得到比较广泛的传播的方案只有王照（1859—1933）的《安话合声字母》，即后来在台湾使用的“注音符号”的前身。[①]

那些“文字改革者”比较不愿意采用拉丁字母，他们宁愿创造一种新的文字体系，但历史发展后来证明，这些“新文字”没有被广泛接受。1906 年出现第一个由中国人写的使用拉丁字母的方案，即朱文熊的《江苏新字母》。这个方案只用 26 个拉丁字母和 5 个倒放的字母，一个横放的字母，不用其他自己创造的字母。

到了 1923 年，《国语月刊》出版特刊《汉字改革号》，赵元任的文章《国语罗马字母的研究》强调，除了 26 个拉丁字母外，不要加什么新的符号，不要造新字母。这种思想后来成为国语罗马字方案的基础。

在此之前，《新青年》的作者几乎都赞扬废除汉文，用罗马字代替汉字，比如陈独秀、钱玄同、傅斯年等人都有这类的说法，而胡适说：“我以为中国将来应该有拼音文字，但是文言文中单音太多，决不能变成拼音文字，所以必须选用白话文字来代替文言文字，然后再把白话文字变成拼音的文字。”[②]

1928 年 9 月，大学院院长蔡元培正式公布《国语罗马字拼音法式》，国语罗马字用拼法变化表示声调，但其中的规则比较繁琐。

与此同时，左派的学者（瞿秋白、吴玉章、林伯渠、萧三等）

---

① 参见伊力编著《图说汉字的故事》，人民日报出版社，2008 年，370 页。

② 同上书，381 页。

在苏联也研究了“中国拉丁字”的可能性，瞿秋白写的《中国拉丁式字母草案》于1929年由莫斯科中国劳动者共产主义大学出版社出版。1930年，瞿氏又出版了《中国拉丁字母》一书。拉丁化字母是在国语罗马字的基础上制定的，1933年从苏联传入中国，1934年8月上海成立了“中文拉丁化研究会”。1935年12月，蔡元培、鲁迅、郭沫若、茅盾、陈望道、陶行知等688位知名人士，共同发表文章《我们对于推行新文字的意见》，其中说道：“我们觉得这种新文字值得向全国介绍。我们深望大家一起来研究它，推行它，使它成为推进大众文化和民族解放运动的重要工具。”

1936年9月22日毛泽东看了这篇文章之后，写信给蔡元培：“读《新文字意见书》……先生当知见之而欢跃者绝不止我一人，绝不止共产党，必为无数量人也！”1941年1月陕甘宁边区政府成立新文字工作委员会，正式宣布新文字与汉字有同等的法律地位。毛主席也大力支持在延安出版的《新文字报》。从1929年到1958年的30年中，吴玉章等人一直在进行“拉丁化新文字运动”，但1958年的《汉语拼音方案》结束了他们的努力，因为该方案决定，拉丁化文字只是汉字的辅助性文字，而不应该代替汉字。

20世纪80年代，《汉语拼音方案》继续被肯定，从此以后，基本的方向不是增加拉丁字母，而是在汉语文献中尽可能减少拉丁字母，比如用汉字书写一切外国人名、地名、书名，这样可以提高汉语的纯粹性。因此，汉语拼音不再被看作文字，而只是被看作一种辅助汉字的工具。

吴玉章和文字改革

20世纪用的拼音文字最早来自1626年的《西儒耳目资》，只有在20世纪下半叶才有很多中国人从小就接触大量ABC，即拉丁字母。这是因为民国时代多推行20世纪初发明的“注音符号”，但在吴玉章等人的热切鼓励下，拉丁字母走入中国农村，为中国人的全球化做了良好的准备。

图30：20世纪40年代的吴玉章

吴玉章于1878年生于四川荣县双石乡，1892年随仲兄去成都入尊经书院，同时他很关心政治和社会上的变化，1902年读了梁启超的《新民丛报》和严复的《天演论》，1903年与仲兄去日本留学，还与其他同学发表了《劝游学书》，因此四川的留日学生人数增多。他在日本留学的时期鼓吹革命，1910年到东京营救入狱的黄复生和汪精卫，同年到香港策划广州起义，1911年回四川，1912年开始组织大批学生留学法国，1913年11月离开中国去法国，曾在巴黎法科大学研究政治经济，但第一次世界大战于1914年8月爆发。1915年他和蔡元培等人建立勤工俭学会，该会前后送几千人到法国留学，包括周恩来、王若飞、陈毅等人。1916年他和蔡元培一同回国在昆明发展华法教育会，1917年后接受马克思主义的理论，1922年任成都高等师范学校校长，但1924年1月被迫辞职，继续在成都从事革命活动，1925年加入中国共产党，1927年参加南昌起义，经香港、上海到英国，1928年到俄罗斯，1929年在莫斯科中山大学，1930年在海参崴，1931年在那里召开“新文字代表大会”，制订了中国字拉丁化方案，1932年写了著作《中国文字的源流及其改革的方案》和《中国新文字的新文法》，当时他已54岁。1934年他在莫斯科任教，1935年被派到法国办《救国时报》，1936年返回莫斯科并为东方大学中国部编写《中国史教程》等教材，1938年在伦敦参加世界反侵略大会，同年回国，1940年任延安鲁迅艺术学院院长，并办新文字学校推行新文字，1941年任新成立的延安大学校长，办《新文字报》，1948年任华北大学校长，1950年任新成立的中国人民大学校长、中国文字改革委员会主任。

20世纪30年代到20世纪50年代有很多中国学者和吴玉章一样，认为汉字必须完全消除并用拉丁字母代替它们。1941年后，吴玉章在陕甘宁边区推行新文字。根据他的报告，“延安冬学中，不到三个月，就扫除了1500个文盲，他们学会了新文字，能写信、读书、看报，收获了很大的成绩”。1958年毛主席决定《汉语拼音方案》只用拉丁字母来帮助学习汉字和推广普通话，而不是用拉丁字母代替汉字。虽然如此，80岁的吴玉章在1958年说：“世界各个民族的语言和文字将来总有一天会接近和统一。”他始终认为，拉丁字母早晚会取代汉字。1955年他这样反对“新的汉字”（即“简体字”）：

即使这种新的形声汉字能创造成功，对于原来未识字的人，学习使用仍然要比拼音文字困难得多，而对于已识汉字的人，却要把旧的一概忘记，新的从头学起，因此要推行这种“系统化”的新字一定是极端困难的。汉字最后要改成拼音文字是肯定的，要是在汉字拼音化之前，再造一套新字，不是更麻烦吗？反之，在目前采取一般已习用的简化字，代替笔画繁复的字，以减轻文字学习和使用的困难，却不失为过渡时期的一种权宜办法。这种权宜办法，即使不是很理想，却是切实可行的，对于已识汉字和初学汉字的人都是有利的。……在这里我想附带对三种比较流行的顾虑作一些解释。

第一种顾虑是怕原来识字的人都变成不识字了。这是不符合实际的想法。因为实行拼音文字之后，将有一个相当长的新旧文字并用的过渡时期，在这个时期内，新的拼音文字和旧的汉字都是社会上通用的合法文字，政府的法令和重要的报刊可能并用两种文字或印行两种版本。这样，已识字的人就不仅不会变成文盲，而且有充分的时间来学会和精通新的拼音文字；拼音文字只要几个月就可以学会，对于现在的知识分子是决不费力的。

第二种顾虑是怕汉字消灭。在新旧文字并用的过渡时期内，随着时间的推移，拼音文字的使用范围和使用人数一天天扩大，汉字的使用范围虽然将要相应缩小，但是仍将作为一种古典文字永久地保存下去，供高等学校、科学机关和专门书刊使用。埋在地下几千年的甲骨文，我们尚且要发掘出来研究，对于产生了伟大作用的现行的汉字绝没有把它消灭的道理。

第三种顾虑是怕古代文化遗产无法继承。有些人以为实行拼音文字以后，古书没有人能懂了，古代的文化遗产将无法继承。不错，我国有极其丰富的古代典籍，其中有一部分是极其珍贵的文化遗产，我们必须要继承下来的。这些人的看法，似乎只要继续使用汉字，文化遗产就能自然继承。其实不然。目前文字虽然还没有改革，遗产继承已经发生困难。现在识得汉字的人，并不都能读懂古书，真正懂得古书的人，只占其中很少的一部分。现在的大学毕业生，能读懂古书的并不多。可见不改革汉字，未必就能继承文化遗产。改革了汉字，仍然能够继承文化遗产，文字改革和继承文化遗产之间是没有矛盾的。我们认为，在改用拼音文字之后，古代的优秀著作可以逐步翻译成为拼音文字，这样可以使得现在不识字的人以及虽然认字但读不懂古书的人也能读懂古书，这才是真正解决了文化遗产的继承问题。至于现在能读古书的人即使在文字改革之后，仍然可以研读古书，并不因此受到任何限制。将来我们可以用国家的力量集中许多专家，建立各种机构来系统地整理、研究、校订、注释、翻译、出版我国古代各种优秀的典籍，这是完全可能，也是完全必要的。①

本人不完全同意吴老的方案，因为汉语的同音字太多，如果完全用拼音表达容易造成误会。我自己的改革方案已发表在《世界汉学》杂志上。我认为，汉字部首的用法应该保留，但用拼音代替声旁，这样中国人和外国人都记不住的汉字将成为“可读的”，比如工、江、扛、红、仝、邛成为工 gong、氵jiang、扌kang、纟hong、人

① “关于汉字简化问题”（1955 年 4 月的演讲）参见吴玉章《文字改革文集》，中国人民大学出版社，1978 年，91—97 页。

tong、阝qiong。如果进行这样的改革也可以恢复已经失去的部首，比如“东”应该写成“木 dong”，而“面条”的“面”应该写成“麦 mian”，“头发”将成为“页 tou 髟 fa”。[①]

钱玄同和文字改革

图 31：钱玄同

钱玄同于1887年生于浙江吴兴，1906年到日本早稻田大学，曾在革命的前夕与章太炎交往，1910年回国，曾任浙江一所中学的教员，后任职浙江省教育总署教育司，再后到北京，任北京大学教授，又转到北平师范大学中文系任系主任，1939年因脑部出血而去世。

在新文化运动时他反对文言文，支持学生用白话写作，始终考虑“国语”（即普通话）的问题，1917年成为“国语研究会”的会员，1919年成为“国语统一筹备会”会员，这个会于1935年改为“国语推行委员会”。1925年钱氏与志同道合的人创办《国语周刊》，与别人合编《国音字典》，其用一种拼音方式为汉字表音，发音以北京人的发音为标准（1932年改名《国音常用字汇》）。因为他认为汉字难认、难记、难写，

---

①详细请见雷立柏《现代汉语的竞争能力》，载《世界汉学》第9卷（2012年），180—187页；《为什么中国人应该学习欧洲书法？》，载《新知》第3期（2014年5月），90—93页。

并强调汉字阻碍知识传播，不利于普及教育，他曾主张应该完全废除方块汉字，用拉丁字母代替汉字。

在 1923 年的《国语月刊》特刊《汉字改革》上，钱先生发表了《汉字革命》一文，其中写道：“唯有响响亮亮地说汉字应该革命！如此，则汉字改革的事业才有成功的希望。”他强调“汉字不革命，则教育决不能普及，国语决不能统一，国语的文学决不能充分发展，全世界的人们公有的新道理、新学问、新知识决不能很便利、很自由地用国语写出”。在他的眼中，“汉字的罪恶，如难识、难写，妨碍教育的普及、知识的传播，这是有新思想的人们都知道的”。中国人应该用拼音来代替汉字，不应该发明新的符号，但“拼音字母应该采用世界的字母——罗马字母式的字母”[①]。

钱玄同支持的“国语罗马字拼音法式”于 1928 年由大学院（即教育部）正式公布，这在“注音符号”后成为“国音字母”第二式。

钱玄同对简体字的发展也有重要贡献，1922 年他提出“减省现行汉字的笔画案”，1934 年起草了“第一批简体字表”，共 2300 多个字，大学院（教育部）于 1935 年公布其中 324 个字为正式可用的，这就是第一批简化汉字。

另外，钱玄同还主张汉语文献中应该使用西方的标点符号，也应该使用阿拉伯数字、西方的公元纪法以及汉字的横行书写方式。这四个建议都很重要，在中国内地基本上都可实行，但在台湾地区和香港地区不一定都被采纳。比如，很多台湾地区的书仍然是竖排

① 参见伊力编著《图说汉字的故事》，人民日报出版社，2008 年，382 页。

的，不用公元纪法，还反对阿拉伯数字。

周有光和文字改革

周有光（1906—2017）先生于1906年生于江苏常州，1923—1927年在上海圣约翰大学和光华大学学习，1928年后任教于清华大学、江苏教育学院和浙江教育学院，曾任职于新华银行，并由银行派驻美国纽约，1949年回国，任复旦大学经济研究所和上海财经学院教授。1955年他参加了全国文字改革会议，并参与制订了《汉语拼音方案》，自己有许多关于文字学的专著，比如《世界文字发展史》《比较文字学初探》等。

图32：111岁的周有光先生

103岁的周先生在2008年写过这样的回忆：

在中国，大家一向爱说方言，国语推广效果不好，同胞们见面不能谈话。大多数人不识字，文明古国是文盲古国。清末开始提倡文字改革，直到改革开放以后，经过足足一个世纪，方才出现“初步普及普通话”和“基本扫除文盲”的新局面。中国需要一套适合现代需求的汉语字母。1918年的“注音字母”不便出国，印一张名片，国外无人认识。1920年“国语罗马字”太繁复，向来没有进入小学。1933年的“拉丁化新文字”太简单，它是民间设计，没有学术界和政府的认可。1958年的《汉语拼音方案》是第一个国家法定的罗马字方案，青出于蓝而胜于蓝，公布当年的秋季即开始在全国小学教学。这是建设现代化国家的一项必不可少的奠基工作。

推广初期，拼音是在反对声中谨慎前进的。当时有权威人士说：“罗马字是西方文字，反对西化首先要反对罗马字。”其实，这是历史误解。字母出于东方（亚洲），最早不是西方（欧洲）的创造……

全球化时代，中外往来频繁，中国人名的拼写方法，已经从拼法混乱改进为拼法统一，便利了国际的交往。航空时代，全世界的地名必须“单一罗马化”。拼音使中国地名顺利进入航空时代。……

检索和索引技术，由于《现代汉语词典》和《中国大百科全书》的带头，已经普遍采用拼音序列。大海捞针，一捞就得。[①]

五、赵怀义、田耕莘和国际交流

19世纪和20世纪的中国天主教司铎中始终有一些神父精通拉丁语。其中一个例子是赵怀义主教，他曾在小修院当过拉丁语老师，因为他的法语也很好，所以他还当过圣座在华的第一个正式代表，即刚恒毅主教的秘书和译员。

图33：刚恒毅主教

① 参见周有光《朝闻道集》，世界图书出版公司，2010年，153—154页。

图 34：赵怀义主教

赵怀义主教（1880—1927）的出生地是北京西南卢沟桥的宛平县长辛店。他们兄弟共五人，以“怀”为辈字，分别取“仁、义、礼、智、信”为名。赵怀义排行第二，他的兄长赵怀仁是杨家坪熙笃会的修士，因服务患传染病的修士，自己也被传染而去世。

赵怀义于1893年加入北京小修院，向遣使会神父学习拉丁语、法语，并于1904年被祝圣司铎，此后他在小修院任拉丁语老师，因为他的语言功底非常好。之后他在宣化传教，后又调任新安镇本堂司铎。1918年他调任北京西堂毓英中学校长。赵怀义对校内的一些改革正在计划整理中，而宗座代表刚恒毅主教忽然来华并委任赵怀义为宗座驻华代表公署秘书，因此他于1922年11月辞去校长一职。在1922年至1925年间，赵怀义起了很大的作用，因为他向刚恒毅主教介绍了中国教会的具体情况，并在1924年的主教会议上充当刚主教的译员。

1926年10月赵怀义和五名中国神父在罗马圣伯多禄大殿中被祝圣主教，这在中国天主教历史上是一件很重要的事，因为它代表着教会的领导权从外国传教士转到中国本地的司铎和主教。当时，赵怀义的弟弟赵怀信也陪同六位中国司铎到罗马，根据他的记录，那些将要被祝圣主教的司铎必须先经过拉丁语考试，其中测试他们对教会规定的知识的理解。据赵怀义写的《二年的回忆》，六名中国主教候选人的拉丁语考试成绩都非常好。[1] 被祝圣后，六位中国主教“遍游欧洲各国诸名胜，颇得欧人之欢迎”。1927 年 3 月，赵怀义回国，于 4 月 4 日依法举行就职礼仪，从北京到宣化。然而，东北和山西之间的军阀于 9 月发生冲突，而两军交锋的地区就是宣化。当时炮火连天，四方的难民都去教堂避难。赵主教还发起妇孺救济会，组织多处收容难民。他和当地教会照顾的难民可能有五六千人，因此主教日夜巡行，慰问难民。后忧劳成疾，于 10 月 14 日夜间“发痰厥而逝”。

图 35：赵怀义主教在宣化教堂内的拉丁语墓碑

赵主教的拉丁语和汉语墓碑仍然保存在宣化教堂，下面是拉丁语碑文（我加上了汉语译文）：

HIC IACET

ILL(ustris) AC RRDD(reverendissimus) PHILIPPUS TCHAO DIE

① 资料来自赵怀义主教后人的私人记录。

IV OCTOB(ris) 1880 PEKINI NATUS DIE VII NOVEM(bris)1893 SEMINARII ALUMNUS DIE 27 FEBR(uarii) 1904 SACERDOTIO AUCTUS SUBINDE IN SEMINA- RIO PROFESSOR ECCLESIAE SUANHUAFU VICARIUS ECCLESIAE SI0 UAN PAROCHUS COL-LEGII SITANG DIRECTOR ILL AC RRDD CELSI COSTANTINI DELEGATI APOSTOLICI SECRETARIUS DIE 10 MAII1926 EPIS-COPUS TITULARIS VAGRUSIS[①] NECNON VICARIUS APOSTOLI-CUS DE SUANHUAFU RE-NUNTIATUS DIE 28 OCTOB(ris) 1926 ROMAE IN BASILICA S. PETRI A SUMMO PONTIFICE PIO PP XISIMULAC QUINQUE PRAESULES EPISCOPATUS SINENSIS LA-ETAE PRIMITIAE CONSECRATUS DIE 10AP. 1927 INTRONIZATUS DIE 14 OCTOBRIS 1927 47 SUAE AETATIS ANNO INSTITUTUM ABAPOST(olatu).ADSCITUM IMPENDAM ET SUPERIMPENDAR[②] EGREGIE CONSUMMANS IN ECCLESIA SUANHUAFU DIE OBIIT CARITATIS VICTIMA[③]

BONUS PASTOR ANIMAM SUAM DAT PRO OVIBUS SUIS. IOAN 10.11

RIP (=Requiescat In Pace)

---

① EPISCOPUS TITULARIS VAGRUSIS 指某外国教区的“名义主教”。因为中国教区于 1946 年才正式成立，所以必须在 1946 年之前同时在外国挂名，才可以成为中国某代牧区的主教。

② IMPENDAM ET SUPERIMPENDAR是主教的座右铭，是一句来自《新约》的话。

③ CARITATIS VICTIMA 指主教因慈善工作而得病，不久后去世；他成为“自己的爱心的牺牲品”（a victim of charity）。

［译文］：

在此安眠

著名且尊敬的菲利普斯·赵，他于1880年10月4日在北京出生，1893年11月7日成为修道院的学生，1904年2月27日被提升为司铎（神父），此后在修道院当老师，成为宣化府代牧，信安的本堂神父，西堂学校的校长，著名且尊敬的宗座代表克尔苏斯·刚恒毅的秘书，1926年5月10日被提名为瓦格茹斯名义主教和宣化府的宗座代牧，1926年10月28日在罗马伯多禄大堂由教宗比约十一世与另外五个中国主教，当幸福的初果，被祝圣主教。1927年4月10日（在宣化）入座。他于1927年10月14日，47岁时，他把所委托给他的任务“我付出（一切）并被完全耗尽”杰出地完成，并在宣化府教堂虔诚地去世了，成为他的仁慈的牺牲品。

善牧为自己的羊付出自己的生命。《约翰福音》10章11节。

愿他安眠

另一位促进国际往来的名人是亚洲第一位枢机主教，即山东人田耕莘。他和拉丁语有特别的关系，因为这是他掌握得最好的外语。无论他接触德国传教士、法国传教士或在意大利与圣座的人士进行沟通，他都用拉丁语。从这个角度来看可以说拉丁语使他成为一位“世界居民”，也使他成为天主教中的名人。

田耕莘（原名田东来，圣名Thomas）于1890年10月24日生于山东省阳谷张秋镇，他于1899年到坡里小学，1901年领圣洗入教，在坡里上学，1904年到兖州小修道院学习，1912年读完哲学

图 36：田耕莘枢机主教

后到青岛地区实习一年，1913—1918 年继续在兖州学习神学，1918 年 6 月 9 日由韩宁镐主教祝圣他为司铎。在 1904 年到 1918 年间，田耕莘受到拉丁语式的教育，因此他的拉丁语必定是很好的。从 1918 年到 1920 年他在单县、巨野传教，1921 年任单县黄岗集本堂神父，1922 年到诸城，他在奥地利神父法来维（Georg Fröwis，1865—1934）的领导下管理诸城的明德学校，他于 1923—1927 年在范县、巨野、鱼台、朝城传教，1928 年决定入圣言会，1929—1930 年在戴家庄初学院进修，并发圣愿入圣言会，1931 年 2 月发初愿，同年他到鱼台、嘉乡传教。1932 年 7 月韩宁镐主教将阳谷六县设立为总铎区，任田耕莘为阳谷的第一位总铎，进而于 1934 年升任阳谷教区监牧。1937 年田耕莘到菲律宾马尼拉参加圣体大会（Eucharistic Congress）。1939 年 7 月 12 日他被任命为阳谷教区主教，1939 年 10 月 29 日在罗马由庇护十二世（Pope Pius XII）祝圣为主教，同年回山东，在战乱时期建立阳谷的教会，特别强调神职人员的教育。1942 年 12 月他被调任青岛教区主教。1945 年 12 月 24 日他被任命为枢机主教，1946 年 2 月 18 日他在罗马穿上枢机主教的服装，1946 年 2 月在罗马参加枢机主教全体会议，后到美国，同年 5 月在美国获悉教廷批准了他的要求，允许他在华成立圣统制。他被任命为北京总主教，并于6月1日到上海，受到热烈欢迎，6月29日到北京就任。1946年到1948年间他管理众多教务并重新组织北京总教区的工作，期间也有几次飞到香港。由于种种任务、压力和困难，他的健康状况恶化。他历来的眼疾也使他无法继续承担他的工作，他委派了一位署理主教并去上海接受治疗，1949年留在香港，1950年12月到美国治眼病，他住在芝加哥北部泰克尼镇（Techny），即圣言会的会院。1957年他获得教宗允许去台湾采访，1957年9月访台，1958年8月在德国采访时因车祸受重伤，但仍然于11月参加新教宗选举。他于1959年回到美国，同年被任命为台北署理总主教，1960年3月到台北，建立教会教育机构，如台北若瑟修道院（1961年）和辅仁大学（1963年）。1962年他参加了梵二会议。1964年他的心脏病发作，因此他于1966年辞职，1967年初到嘉义圣言会会院。他于1967年7月24日因病在嘉义去世。其墓在嘉义圣言会会院的教堂内。

图37：德国圣言会传教士维昌禄主教

田枢机从小学习拉丁语，当上天主教司铎和主教后，每天举行拉丁语的弥撒，所以他的拉丁语很好。他和外国人沟通的语言是拉丁语，在初学时（30多岁）也学习一点德语，后来还学英语，但这些语言他都没有达到很高的水平。然而，因为他是天主教的主教，而天主教当时的官方语言是拉丁语，所以他在罗马和其他地方都能靠拉丁语和其他人直接沟通。他也参加了第二届梵蒂冈大公会议（1962—1965），在那里遇到了世界上各个地区的主教和神学家，可以很好地和他们进行交流。然而，该会议决定重视本地语言，用本地语言举行教会的礼仪，从此天主教的弥撒礼不再以拉丁语举行，而以本地语言举行。在香港和台湾地区，天主教早在20世纪60年代开始就用汉语举行弥撒，但在中国内地继续保持拉丁语弥撒一直到1990年左右，部分地区一直到1994年还用拉丁语举行弥撒。

和罗文藻主教一样，田枢机也为自己的老师修建了一座拉丁语的墓碑——维昌禄主教的墓碑，至今保存在青岛大教堂内。

碑文如下：

HIC DORMIT IN CHRISTO

EXCELLENTIA DOMINUS DR. GEORG WEIG SVD PRIMUS VICARIUS APOSTOLICUS DE TSINGTAO QUI HANC ECCLESIAM A PRIMIS EPISCOPATUS SUI ANNIS MIRO ANIMI VIGORE EXSTRUENDAM NAVABAT EAMQUE S. MICHAELI PRINICPI MILITIAE CAELESTIS DEDICANS DIE 28 X 1934 SOLLEMNITER CONSECRAVIT. EXSTITIT VIGILANS FIDELIUM PASTOR ANIMARUM JUVENTUTIS STUDIOSAE ASSIDUUS FAUTOR MISSIONARIORUM SUORUM DUX PRUDENS PROVIDUSQUE PATER.

NATUS 14 XII 1883 SACERDOS ORDINATUS 10 II 1907

EPISCOPUS CONSECRATUS 23 IX 1928 PIISSIME OBDORMIVIT IN DOMINO 3 X 1941.

R.I.P.

［汉语］：

青岛教区首位宗座代牧维公之墓

公维昌禄德国籍，生于一八八三年十二月十四日，死于一九四一年十月三日，平年五十有七，公天性心……一九零七年领受铎品，来华后任兖州大修院院长，迪启从道，成绩卓著，一九二八年予指青岛教区代牧，一九三四年创建圣弥额尔大堂，宏润壮丽，乃公一生精力所萃。公抚育教民，仪若善牧，领导属下，不懈明师，宗德传行，教区慈父，爰梁方石，镇兹灵魂。

（田）公历一九四四年十二月十日立石。

图 38：青岛大教堂（由维昌禄主教建立）

六、方豪和拉丁语历史研究

20世纪天主教最杰出的中国历史学家是方豪（1910—1980），他是杭州人，出身于新教圣公会家庭，1921年随全家皈依公教（天主教），他曾在杭州神学院和宁波神学院学习，1935年晋铎，1938年在昆明参与《益世报》复刊，后继续到重庆办报，1941年起任浙江大学、复旦大学教授，并任《中央日报》主笔，后任辅仁大学、津沽大学历史系教授，1946—1948年在北京主持上智编译馆，1949年任台湾大学历史系教授，后在政治大学任教，任中国台湾历史学会理事长、台湾“中央研究院”院士，在台北去世。他掌握拉丁语、法语等西方语言，著有《中国天主教史人物传》《中西交通史》《宋史》《李之藻研究》《方豪六十自定稿》等。在中国公教历史研究的领域中，方豪可被称为20世纪最优秀的华人学者。

图39：方豪名著（简体版）的封面

方豪是第一位反省拉丁语在中国的传播史的人，他的《拉丁文传入中国考》是《方豪六十自定稿》（1969，1—38页）一书中第一篇论文，也许方豪认为这是他最好的研究论文。该文章分10段：

（1）序言（说明“拉丁”一词的来源和拉丁语在西方文明史上的重要地位）；

（2）拉丁字与中国音韵学［介绍了《西字奇迹》（1605）、《西儒耳目资》（1626），方以智、康熙皇帝等人对拉丁字母的了解，对拉丁字母的早期反对和民国时期对汉字拉丁化的努力］；

（3）荷兰人在台湾传授之红毛字（介绍荷兰新教传教士在1624—1661年间在台湾用拉丁字母进行教育，培养当地老师）；

（4）天主教人之研习拉丁文（介绍孟高维诺、1594年在澳门建立的修院和其他修道院、教会有关拉丁语的规定）；

（5）非天主教人之研习拉丁文（从康熙时代、雍正时代的拉丁学院谈到《华夷译语》等著作）；

（6）中国人之拉丁著作（提到李安德、黄伯禄、马相伯和民国时期的拉丁语词典）；

（7）译入拉丁文之中国名著（利玛窦、殷铎泽、柏应理等人的译著）；

（8）译入汉文之拉丁名著（提到阳玛诺、利类思等人）；

（9）中国拉丁文典述例（历代拉汉字典、拉丁语写的汉语教材等）；

（10）结论。

方豪的学术贡献很大，因为他不仅仅考察中国历史文献（比如《清圣祖实录》《大清会典》《理藩院则例》等），也能读懂拉丁语文献和法语文献。

七、谢大任——中国的伊拉斯谟?

荷兰人伊拉斯谟是文艺复兴时期最著名的拉丁语老师，他编写了一些教材并始终强调古典文化的重要性，他不仅将一些古希腊语文献译成拉丁语，还编写了一部新的《新约》译本。在北欧的文艺复兴运动中，伊拉斯谟起了很重要的作用。他曾与欧洲各地的贵族人士有很多书信来往，在至今保存的1万多封拉丁语书信中，伊拉斯谟显示了他的渊博知识和宽容态度。

在20世纪的中国，谢大任（1899—1994）可能是最有影响力的拉丁语老师和拉丁语教材编者，也许可以称他为“中国的伊拉斯谟”，尽管他并没有享受西方伊拉斯谟的美名。值得注意的是，无论是欧洲的伊拉斯谟（参见其 *Adagia*《成语集》）还是中国的谢大任都对成语有很大的兴趣，而谢老师曾编写过比较汉语和英语成语的著作。20世纪末，谢大任几乎是一个被遗忘的人，虽然他前后编写（或参与编写）了77种书。

谢大任是江苏苏州人，1925年毕业于上海圣约翰大学文科，获文学学士学位。圣约翰大学培养了大量精通英语的人才，而谢大任在圣约翰大学也受到很好的拉丁语培训。毕业后他曾任上海英文《大陆报》驻苏联记者，上海同德医学院、光华大学、暨南大学教授。1949年后他历任震旦大学女子文理学院、圣约翰大学、华东师范大学、上海医学院等校教授。1952年起任上海第二医学院外文教研组主任、教授。

图 40：上海圣约翰大学（曾是培养中国精英的学院，也是谢大任的母校）

谢大任教授毕生致力于英语和医学拉丁语的教学和研究，治学严谨、一丝不苟、诲人不倦。他编写的语言教材包括《高中英语语法实习教本》（文仪书局，1934）、《英语读音一助》（中华书局，1937）、《竟文初级英语》（竟文书局，1939）、《英语语法初步》（竟文书局，1939）、《初级英语语法练习册》（竟文书局，1946）、《现代英文选》（龙门出版公司，1946）、《英文修辞格》（中华书局，1935）、《医学名词字源》（龙门联合书局，1950）、《医药拉丁文》（西南医学书社，1951）、《医药拉丁文教本》（中英文解释，西南医学书社，1953）、《拉丁文解剖学名词学习法》（新中国联合出版社，1953）、《医学拉丁文》（新医书局，1955）、《医学拉丁语》（人民卫生出版社，1957）、《医学基础英语》（人民卫生出版社，1963）、《医学英语》（人民卫生出版社，1964）、《药学拉丁语》（上述教材在 20 世纪 50 年代全国医学院校教材评审会上均被评为优秀教材）、《汉英对等成语小词典》（上海外语教育出版社，1980）、《解剖学拉丁语》（上海科学技术出版社，1983）、《1000 个常用英语习语》（上海教育出版社，1985）、《精选英语谚语 3000 句》（上海科技教育出版社，1987）、《拉丁语自学读本》（上海外语教育出版社，1989）、《新编汉英对等成语词典》（安徽科学技术出版社，1995）。

1961 年谢大任主编了全国医学院校统一教材《英语》《拉丁语》，他主编的《英语》（医学专业）五册在国内发行了 40 万套，香港出版商也翻印出版，行销海外。他还主编了《拉丁语语法》（商务印书馆，1959）、《拉汉医学词汇》（上海科学技术出版社，1981）等。

1978 年，商务印书馆约请他主编《拉丁语汉语词典》，他在接受直肠癌手术后，不顾年老体弱，欣然接受。经过他与助手们的通力合作，这部 350 万字（601 页）的巨著于 1988 年出版问世，成为 20 世纪末最优秀的综合性拉丁语汉语词典，包括文学、哲学、历史各领域，但重点还是生物学和医学，所以关于部分历史人物没有作很全面的介绍。遗憾的是，这部重要的拉丁语汉语词典没有进入电子时代，没有新版本问世。1988 年他还有另一部很有用的工具书出版：《拉丁语汉语小词典》[1]。

在 1959 年出版的《拉丁语语法》一书的“导言”（页 1—2）

---

① 参见谢大任《拉丁语汉语小词典》（*Dictionarium Parvum Latino-Sinicum*），上海外语教育出版社，1988 年，1997 年第 4 次加印，发行量已经达到 9500 本。

中，谢大任写道：“公元前120到80年是拉丁文学的全盛时期，在这一段时期里，用拉丁语发表的著作有如雨后春笋，当时人才辈出，文坛上的风云人物有散文鼻祖凯撒（Caesar）、西昔罗（Cicero）等文人兼政治家，散罗司脱（Sallust）、塞纳加（Seneca）、泼里内（Pliny）、太锡都司（Tacitus）等；有大诗人如维琪尔（Virgil）、荷拉斯（Horace）、奥维特（Ovid）、路加（Lucan）、马显尔（Martial）、思丹歇思（Statius）等。他们的不朽著述，为欧洲创造了一个美丽丰富的文学模范。……在17世纪文艺复兴时期，人们为了接受古罗马的丰富的文化遗产，对拉丁语更为重视了。拉丁语虽然已经成为一种古典语言，但一直到20世纪它还被欧洲学者公认为科学文化的国际用语……因此，近半个世纪以来，欧美各国把拉丁语列为文学用语，作为各级学校的必修课程之一，自1949年起拉丁语课在苏联也被规定作为中等普及教育的课程，全国各医学院里都设有拉丁语课，解放前后我国医学院校也把拉丁语列入了必修课程。由此可见，拉丁语在人类征服自然，建造新社会的过程中曾起了不可泯灭的作用。在今日，掌握了拉丁语就等于获得了欧洲文化宝库的钥匙，等于奠定了学习不同程度的欧洲语言的基础。”①

这个“导言”也说明了拉丁语人名汉译的问题，从1959年到1999年仍然有很大的变化：“西昔罗”成为“西塞罗”，“泼里内”成为“普林尼”，等等。

① 参见谢大任《拉丁语语法》，商务印书馆，1959年，1—2页。

八、天主教圣职人员和拉丁语在中国的推广

在传统上，拉丁语是天主教的官方语言，因此所有的神父（司铎）和主教都会拉丁语，并且在每天的弥撒礼仪中用拉丁语。虽然梵蒂冈第二届大公会议（1962—1965）规定，天主教的礼仪应该使用本地的语言，但拉丁语仍然是天主教会的“大传统”，法典和许多其他文献都是用拉丁语写的或以拉丁语为标准。另外，教父和中世纪经院哲学家的文献的原文也都以拉丁语文本为权威性版本。中国天主教的许多主教都会说或会写很优美的拉丁语，比如西安主教李笃安、上海主教金鲁贤等。李镜峰是一个特别的例子，因为他还编写拉丁语教材，特别重视拉丁语。另一个特殊的人物是韩景涛主教，因为他还掌握古希腊语，这说明在20世纪40年代部分天主教修院已经开始重视古希腊语教育。

李镜峰主教

图41：李镜峰主教

李镜峰的圣名是Lukas（路加），他于1921年2月22日出生于陕西省天主教发祥地高陵县通远坊村的一个教友家庭，乳名殉修，他的家族已经出了13名修女和10名神父。10岁的殉修已经想入修院，但被拒绝了，1934年他有机会去了西安小

修院修道，4 年就念完了 7 年的课程，1938 年到汉中城固县丰家营村的临时联合修院学习哲学。那时哲学的课程都用拉丁语，作业也必须用拉丁语写。联合修院因战争原因于 1943 年解散，李殉修于 1947 年被祝圣司铎，随后任西安主教的秘书，曾翻译过来自罗马的文献。1949 年李神父回凤翔总堂任本堂和修院教师，但于 1959 年被捕入狱，判刑 15 年。1980 年由就业单位回到教区，定居岐山县并主持教务。1980 年 4 月 25 日由周维道主教祝圣为助理主教，1983 年 2 月 14 日按照教会法典接任天主教凤翔教区第三任主教，2017 年 11 月 17 日去世。①

李主教多年是教区修道院的老师和院长，他有丰富的拉丁语教学经验，并自己编写拉丁语教材。他特别重视用拉丁语举行礼仪，所以凤翔教区天主教司铎的拉丁语能力可能是全国最强的。下文是西安的王峰先生于 2014 年春天送给作者的采访录（经过李景玺神父的整理）。

李镜峰主教对拉丁文有很深的造诣，他不仅在修院给修士们教授拉丁文，同时他还亲自编写拉丁语课本。他认为掌握拉丁文十分重要：一方面拉丁文是天主教会的官方语言，另一方面拉丁文也是了解西方文化的重要渠道。谈起他如何学习拉丁语时，李主教这样回忆说：

“我在修院的时候，教会的一切文件都是拉丁语写成的，拉丁

① 参见凤翔教区牧委会编《天主教凤翔教区的过去和现在》（未正式出版），陕西凤翔教区，2005 年，91—94 页。

语也是修院的必修课，我们要用四五年时间来学习拉丁语。由于梵二礼仪改革以后，教会提倡采用本国文字，用各地的方言来举行礼仪和祈祷，同时神、哲学书籍也用本国文字来表达神学思想，所以对拉丁语的要求有所减弱。在那时，对于神职人员来说，拉丁语是一道门槛，如果拉丁文不过关，那么他就不能进入神职界。由于教会所有的文件、礼仪用语、教科书等都是用拉丁语写成的，所以那时教会要求神职人员的拉丁语必须过关。那时在修院都是外国传教士给我们教授拉丁语，因为他们的拉丁语都非常好。教宗若望保禄二世这样说：‘如果一个神职人员不懂拉丁语，那么他就无法接触、了解教会许多宝贵的财富。’很遗憾的是，目前在中国，社会上的知识分子对拉丁语的重视超过了教会，他们学习拉丁语并翻译教会的一些著作，比如圣奥斯丁的《忏悔录》。当然教会内部也有人翻译，但毕竟是微乎其微的。因为拉丁语毕竟是一门特殊的语言，所以对中国人来说，要掌握拉丁语确实不容易。拉丁语虽然难学，但教会始终没有放弃拉丁语，教会直到今天还要求神职人员必须掌握拉丁语。

有时我们可以看别人翻译的东西，但是别人翻译得正确或不正确，我们不得而知。当别人翻译的东西与原文根本不符时，甚至翻译错误的时候，我们读了之后会误导我们。咱们中国人、东方人学拉丁语的难度太大了，这也是个事实，但是只要我们掌握正确的方法并持之以恒，我相信，拉丁语还是能够学好的。

在修道院里面，拉丁语的学习程序和汉字不一样，首先我们得会念字母，其实那些字母很简单，是固定的，不像英语、法语还需要变音。拉丁语是固定的，很好念，但它的语法却很复杂，这点与我们中国的文字有天壤之别，没有丝毫相仿的地方。那就得逐步地念，先学习它最基本的东西，它的词形有变化，汉语的词形没有变化，比如‘世界新闻’一词，中文里‘世界’永远是‘世界’两个字，没有变化，但在拉丁语里，它必须说‘世界的新闻’，也包含了词形的变化。在词形的变化中，凡是名词就有变格，有变数，还有变形，那确实很复杂。与中国文字比较起来，那是无法想象的。

但是，只要我们用功去学，学一点，积累一点，慢慢地也就学通了。据我所知，过去有很多老神父完全可以用拉丁文来写作或写信。他们能写、能交流，正是因为他们把拉丁语融会贯通了，那时候你不学通也不行。那时我们用拉丁语学习神、哲学，确实不容易。其实不要说用拉丁文，就是我们现在用中文学习神、哲学，有很多东西我们都不明白，何况用拉丁文呢？就像教宗若望二十三世所说的：‘拉丁语是已经定了性的东西，而且许多抽象的、理论的东西已经用拉丁文定了性，不会有什么误解与改变。不像现在有些语言，我们称之为活的语言，它会因政治、文化、地区的不同而改变，但是拉丁语已经是定了性的，它不会改变。’直到现在，我们还会看到在国外有很多文件性的东西，有一些关键的词语还需要把拉丁原文附在后面，因为没有办法准确地翻译它。我们中国语言就更差得远了。像西欧的文字，他们有很多名词，只要把词尾一变，变成本国的词形就可以了，但是在中国有些词就很难翻译，比如汉语中‘哲学’（Philosophia）两个字还不是中国人翻译的。‘哲学’这个词，在开始的时候不知道怎么翻译，说成是‘论理’，不知道翻译成什么词语比较合适，最后日本人才翻译成‘哲学’两个字，把这个词才定下来。在中国我们更不能直接用Philosophia这个词，那简直像天书一样，但是在西方可以叫philosophy，Philosophie，Filosofía，然而词性没有变，可是中国话就不行，所以说中国人学拉丁文太难了，但也绝对不是学不通的。像利玛窦神父，作为西方人他没有接触过中国的汉字，但他最终把汉学研究得比我们中国人还透彻，他能把整个‘四书五经’翻译成拉丁文，难度有多大啊！多少名词，多少表达的方式！那就是我们常说的‘世上无难事，只怕有心人’。只要我们用心去钻研，拉丁文还是能学通的。

当然拉丁语曾经也作为世界的官方语言，多少文献、资料都是用拉丁语写成的。教会现在还要求神职人员一定要懂拉丁语。今天教会还以拉丁语为教会官方语言，比如召开世界主教会议的文件，原文都是拉丁文撰写的。不管是礼仪方面，还是信理方面都是拉丁文写的，然后各国才翻译成自己本国的语言。如果中国神父不懂拉丁文，还得从英文来翻译这些文件，但是英文翻译得正确与否，我们不清楚。我们不能直接从拉丁文来翻译这些文件是十分遗憾的一件事。最近圣座要求《弥撒经书》采用本国语言时，都要重新审阅，必须以拉丁原文为本，如果不符合拉丁文的译文，都必须重新翻译。

总之，我学习拉丁语时，首先就是要记忆。不管怎么样，我们必须先记下来，同时还要有很强的理解力，因为拉丁语的逻辑性很强。正如教宗若望二十三世所说的：‘拉丁语可以培养青年人敏锐的思维，因为它具有很强的逻辑性。”

王：“您当时学习拉丁语的时候用什么教科书？”

李：“那时候，在修院里学习拉丁语的课本也有很多，有上海、山东、四川、河北的课本。但是无论何时，我们都应该先背单词，看这个单词有什么变化，每种形式都应该掌握。即使采用不同版本的拉丁语课本，但教授给我们所讲的内容都差不多。……现在呢，上海也有课本，北京也有课本，特别是改革开放前三四十年老神父还多，他们都懂拉丁语，他们就自己编写一些拉丁语课本。

现在有些教友希望能参与拉丁文弥撒，有些年轻神父也很想为这些教友举行拉丁弥撒，但他们很多人都不会念拉丁文，因此让他们做拉丁文弥撒十分困难。”

王：“主教，您过去学拉丁语的时候，课程是怎么安排的？”

李：“我们那时候每天都上一节拉丁课，每天都要背大约二十个单词。”

王：“听说您那时候和外国传教士都是用拉丁语对话，这对您练习口语有帮助吗？”

李：“是的，很有帮助。那时候我们每天都念拉丁日课，弥撒也都是拉丁文的，所以对拉丁文的发音都很熟悉，也很自然地知道哪种读法比较顺口。但主要还是需要背诵，那时候教授们要求我们大声朗读，甚至背诵。因此学习拉丁语首先必须背诵单词和它们的变化，然后才能通过语法的学习去掌握不同的运用。”

王：“您学拉丁语的时候，谁给您教授拉丁文？”

李：“那时候，每个教区都有外国传教士，而且每个教区也都有小修院，毕竟中国的神父人数较少，基本上都是外国传教士在教授拉丁文。当时教授我们拉丁文的教授（神父）很多，有荷兰的神父、波兰和意大利的神父。那时候不管是哪个国家的神父，他们都懂拉丁语。”

王：“凤翔教区修士的拉丁课都是由您教授，这么多年来，您有什么感想吗？”

李：“对于学习拉丁语的方法，我只想这样说，学习拉丁语其实很简单，你只有记下了才算学下了，没有背下就不算是学到了！只有背得多、学得多，才能掌握其中的技巧。”

金鲁贤主教

图 42：金鲁贤主教

金鲁贤（1916—2013）生于上海，曾在上海耶稣会高中求学，1938 年加入耶稣会初学，1945 年被祝圣司铎，进行牧灵工作两年，1947—1951 年间在法国、罗马进修，曾在格列高利大学（Pontificia Universitas Gregoriana）获得神学博士学位。在欧洲期间，他去过很多地方，并相继学习了好几种欧洲语言，他的法语、德语、英语和意大利语都相当好。1951 年他回上海，成为教区修道院负责人，1955 年 9 月被捕入狱，曾在监狱和劳动营生活 27 年之久，1982 年回到教区，1983 年协助开办上海佘山修道院，1985 年 1 月被祝圣主教（但没有得到罗马教廷的批准）。此后他在很多方面恢复上海教区的宗教生活。

金鲁贤主教的拉丁语非常好，他用拉丁语写自己的日记，但在 1955 年后，调查他的人用这本拉丁语的日记去找很多控告他的资料，所以金鲁贤决定“永远不再写日记，并要毁灭一切收到的信件”[①]。这种决定可能是特殊历史条件造成的。

韩景涛主教

韩景涛（亦写作“井涛”，圣名 Andreas）于 1921 年生于内蒙古赤峰林西，该地区当时属于四平教区，所以他在四平的小修道院学习了 6 年（1934—1940），学习拉丁语和法语。他的老师是来自加拿大圣母升天奥斯丁会(Augustinians of the Assumption)的传教士。奥斯丁会于 1845 年成立，1935 年才派人来华，至 1948 年只有 11 名传教士在华服务。然而，这些加拿大神父在长春的大修院教了他很多语言。韩景涛从 1940—1948 年在长春修道院学习，同时学习法语、拉丁语和古希腊语。27 岁的他在 1948 年被祝圣。他前后在修道院待了 14 年之久，所以法语成为他的第二母语。因为外国神父请他在修院以外办事，他也有机会到外面去。除了前面提到的三门外语，他还自学英语和德语，但没有学习古希伯来语。

1953 年所有的外国神父都已经离开中国，加拿大的传教士安排他去蒙特利尔（Montreal）读书深造，但韩景涛认为他不应该离开他的羊群，所以他选择留在中国。1953 年他因为与“圣母社会会”（亦称“圣母军”）有关系而被捕入狱，禁闭 6 年（“小号”）受苦。1980 年他被释放，1982 年成为四平教区的主教，但没有被中国官方承认为主教。大约 1980—1987 年间他在长春市东北师范大学教英语，1987—1997 年在东北师大的古典文明史大研究所教授

① Georg Evers, “Jin Luxian, The Memoirs of Jin Luxian, Volume One: Learning and Relearning 1916–1982 ” in: *China heute*, 2013/2 (178): 126.

了10年的古希腊语。2000年前后他也给修士和修女教拉丁语，比如让他们查《玛窦福音》中的所有单词。他自己始终在学习，去散步时随身带一些希腊语的单词卡，也自学德语。2012年他请一些去法国的朋友为他购买荷马、柏拉图、亚里士多德等人的原文著作。

20世纪80年代末他翻译了托马斯·阿奎那（Thomas Aquinas）的《驳异教大全》(*Summa Contra Gentiles*)第一卷，但不愿意出版它，因为他还想翻译后面三卷。他还用英语编写了一部拉丁语教程（大开本）和一部古希腊语教程（小开本）。

龚士荣神父

龚士荣（1910—2002）是江苏无锡人，生于热心教友家庭，10岁时父亲去世，母亲单独养育小士荣及姐弟三人。龚士荣在无锡类思小学毕业后于1925年入上海徐汇中学准备修道，又入徐汇拉丁文学院，继入哲学院，毕业后在徐汇中学负责训导，一年后入神学院，在耶稣会神学院考取了硕士学位，1939年被祝圣天主教司铎。1940年入北平司铎书院，就读于辅仁大学历史系，1944年毕业，1946年被派任无锡原道中学校长，1948年秋，于斌总主教任命他为南京天主堂主任兼南京教区教育督导。1949年4月解放军过江，攻打上海，于总主教让神父率领京区修生及青年神父撤离到台湾。神父抵台后获教廷任命为上海教区主教，神父因已赴台再回大陆困难，即向教宗请辞获准。龚神父应台湾大学邀聘，担任法文及拉丁文讲师，第二年升副教授，至1978年退休。1957年8月至1959年7月，龚神父任台中静宜女子英专校长，8月重返台湾大学。

1959年神父应于总主教邀请担任辅仁大学在台复校筹备处总务主任。复校后，神父先后担任校长室主任秘书、人生哲学及法语教授、董事会秘书、校史室主任等职。1982年龚神父受聘为辅仁大学终身讲座教授。神父身体一直都很硬朗，虽九秩高龄仍到处奔走为教会工作，2002年4月接受割除胆囊手术后，体力衰弱，2002年8月31日安然离世，病逝于新店耕莘医院，安葬于大直公墓。

龚士荣曾在台湾大学教授拉丁语，可以说是他将中国大陆的学术水平带到中国台湾。值得研究的问题是：台湾大学如果算中国最优秀的学府之一，那么该学校的古典教育（拉丁语和古希腊语）在20世纪下半叶经过怎样的发展呢?

郭继汾神父

另一位拉丁语教师是郭继汾（1913—2012），他出生于太原水沟村，1918年进私塾读书，1926年入太原小修院，1931年入洞儿沟初学院（在太原晋祠附近），1932年2月发三年小愿，入会圣名为良保多（Leopoldus），1935年9月入下庄新建成的山陕总修院并发大愿，1937年10月24日在凤朝瑞主教前领受铎品，1938年任下庄备修院院长，1941—1942年任五台沟南村和东冶镇本堂，1946年返太原总堂任教区中文秘书兼任小修院教授。

1951年，他任圪潦沟本堂，1955年9月在肃反运动中被捕而含冤入狱，1957年4月被释放，1958年任天平巷本堂兼白衣修女院本堂，1965年1月参加太原、榆次两教区神父、修女在总堂的“四清”运动，1966年9月15日被集中到崇善寺参加劳动改造，1971

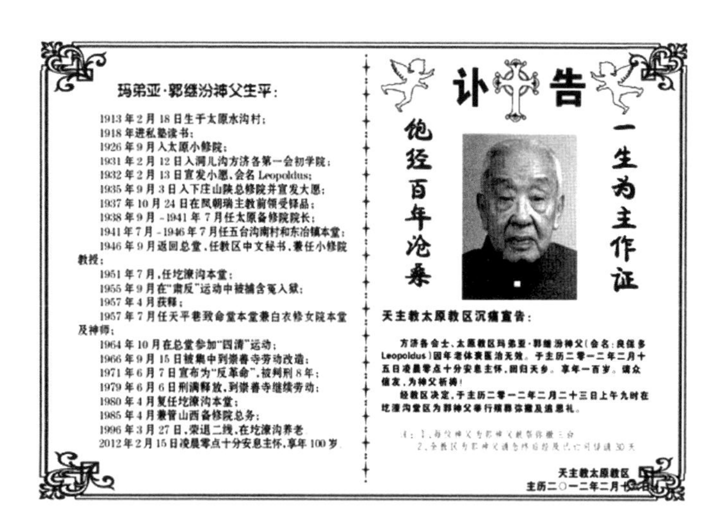

玛弟亚·郭继汾神父生平：

1913年2月18日生于太原水沟村；
1918年进私塾读书；
1926年9月入太原小修院；
1931年2月12日入洞儿沟方济各第一会初学院；
1932年2月13日宣发小愿，会名Leopoldus；
1935年9月3日入下庄山陕总修院并宣发大愿；
1937年10月24日在凤朝瑞主教前领受铎品；
1938年9月-1941年7月任太原备修院院长；
1941年7月-1946年7月任五台沟南村和东冶镇本堂；
1946年9月返回总堂，任教区中文秘书，兼任小修院教授；
1951年7月，任圪潦沟本堂；
1955年9月在"肃反"运动中被捕含冤入狱；
1957年4月获释；
1957年7月任天平巷致命堂本堂兼白衣修女院本堂及神师；
1964年10月在总堂参加"四清"运动；
1966年9月15日被集中到崇善寺劳动改造；
1971年6月7日宣布为"反革命"，被判刑8年；
1979年6月6日刑满释放，到崇善寺继续劳动；
1980年4月复任圪潦沟本堂；
1985年4月兼管山西备修院总务；
1996年3月27日，荣退二线，在圪潦沟养老
2012年2月15日凌晨零点十分安息主怀，享年100岁

讣告

饱经百年沧桑

一生为主作证

天主教太原教区沉痛宣告：

方济各会士、太原教区玛弟亚·郭继汾神父（会名：良保多Leopoldus）因年老体衰医治无效。于主历二零一二年二月十五日凌晨零点十分安息主怀，回归天乡。享年一百岁。请众信友，为神父祈祷！

经教区决定，于主历二零一二年二月二十三日上午九时在圪潦沟堂区为郭神父举行殡葬弥撒及追思礼。

天主教太原教区
主历二〇一二年二月十[illegible]

图43：玛弟亚·郭继汾神父的讣告及图片

年被宣布为"反革命"，判刑8年，1979年刑满释放，到崇善寺继续劳动改造，1980年4月复任圪潦沟本堂，1985年兼管山西总修院总务，1996年荣退二线，在圪潦沟养老，2012年2月15日去世。著有一部拉丁语教程。

以上几位主教和神父以特殊的方式在特殊的历史条件下推动了拉丁语教学，除了他们以外还有很多其他的天主教人士在各地的修道院进行拉丁语研究或拉丁语教学，在此无法一一罗列。然而，这些教学工作或编写教材的努力并没有让拉丁语走入中国教育体制的主流。拉丁语的教学在20世纪始终处于一种被忽略、被边缘化的状态。北京外国语大学也很晚才开始重视拉丁语研究。

值得一提的是，天主教的圣职人员天天要念一些祈祷文，即《日课》（*Breviarium*），而这个《日课》是拉丁文写的，所以他们天

天要念很多拉丁语经文。对他们来说，拉丁语不是学堂里的语言，而是每天的心声。而且，那些加入了国际修女会的中国修女也跟外国修女一起念这些拉丁语的经文，所以在民国时期的中国应该也有相当多中国修女对拉丁语有一定的掌握。

第七章：中国的拉丁语图书馆

一、北京的北堂图书馆

在所有的中国拉丁语图书馆中，北京的北堂图书馆是最古老和最有名的。这家图书馆的前身是利玛窦在南堂创办的，后来经过很多历史考验。[①]

基本上可以说，在所有的耶稣会住院都有小型的图书馆，其中的书是以罗曼语系（拉丁语、法语、西班牙语、葡萄牙语、意大利语）的书为主。17 世纪耶稣会在北京南堂和东堂都有藏书馆，除此之外还有私人藏书馆，比如嘉乐（Mezzabarba）的藏书、耶稣会主教索智能（de Souza，115 卷）和方济会第三会会士汤士选（Gouvea，512 卷）主教的藏书。另外，中国各省在 1800 年前已经有 10 多个小图书馆，其中部分书籍在乾隆和嘉庆教难时期（1785—1826）传

---

① 参见惠泽霖（Hubert Verhaeren）《北堂图书馆的历史变迁》，见谢和耐等《明清间耶稣会士入华与中西汇通》，耿昇译，东方出版社，2011 年，149—174 页。亦见 Noel Golvers, “Circulation of Western Books Between Europe and the Jesuit Mission in China: Outline of the History of the Xitang / Nantang Library in Peking (ca. 1610—1810)”（欧洲和耶稣会传教士之间的书籍来往：西堂、北堂图书馆简史），见古伟瀛编《基督宗教与近代中国》，社会科学文献出版社，2011 年，240—277 页。

到北京的北堂图书馆。1948 年，北堂图书馆有 4101 部书，共 5133 卷，其中有 2855 卷能够提供书的来源。

意大利人利玛窦的传教方法是利用科学知识和书籍，他也请在欧洲的友人给他寄一些书，1605 年 5 月 16 日他写信说："在与几何学、钟表和星盘有关的问题上，我获得了许多书籍，足够了，够我使用了。"[①] 利氏在意大利的老师也是伽利略的老师，即丁先生（Christopher Clavius），北堂图书馆曾有这位著名的学者的一本书。

因为南京礼部侍郎沈㴶抨击外国传教士，北京礼部下令逮捕和放逐传教士们，所以南堂的会院被出售和拆毁；虽然北京的基督徒们如徐光启、李之藻和杨廷筠反对这个命令，但传教士们还是被放逐到澳门，龙华民和汤若望于 1623 年才回到北京，收回南堂的会院。在这次教难期间，南堂的书籍大概保存在北京栅栏（利氏的墓地），由两名华人耶稣会会士看守。

为了回应利氏和龙华民的计划和要求，法国人金尼阁（Nicolas Trigault）于 1613—1616 年间在欧洲请教宗捐一些宝贵的书籍，耶稣会想把这些书运到中国并在中国建立一个豪华的、有吸引力的图书馆，这样可以影响皇帝和贵族人士。7 年后（1620）金氏回到中国，他带来了罗马教宗给他的 457 卷、圣洛朗（Jean de St. Laurent）修道院捐的 29 卷，以及法国、意大利、德意志地区的人给的几百（或几千？）卷早期的文献，比如杨廷筠《代疑编》、李之藻《天学初函》

① 参见惠泽霖（Hubert Verhaeren）《北堂图书馆的历史变迁》，见谢和耐等《明清间耶稣会士入华与中西汇通》，耿昇译，东方出版社，2011 年，150 页。

都说是“7000 卷”，但没有更具体的凭据。这些书成为南堂图书馆的珍贵宝藏。在明末清初，管理南堂的汤若望负责保护南堂的书籍，但 1664 年他被控诉入狱，栅栏墓地被夷为平地，南堂也被没收，5 年后才由利类思收回。当时可能失去了图书馆的汉语书籍，但外文的被保存。在 18 世纪初，北京耶稣会学院（即南堂图书馆）至少有 738 卷藏书，包括拉丁文和法文的自然科学著作。1773 年耶稣会被解散，北京的主教汤士选接收了北京的图书馆。

北京东堂的图书馆比较小，创建于 1655 年，开始由利类思和安文思管理，1800 年前后由遣使会会士接管。1812 年三名会士夜里准备搬走东堂的书籍，但一场火灾烧毁了整个图书馆和住院，只剩下 13 卷。此后皇帝不允许他们重建住院并要求传教士们移居到南堂。

北京原来的北堂在南海西部，它是 1704 年由两名耶稣会会士（洪若翰和刘应神父）建立的，而他们也有一个小的图书馆，其中的书“有关于代数学、几何学和天文学等著作，拥有关于建筑的著作，具有充足的医药、外科学、自然史、物理学著作，还有很多宗教灵修方面的著作”，但“地图集很少……也没有任何拓片……非常希望拥有驳异教的偶像崇拜和自然神论等方面的著作……只有很少的圣经解释学著作……我们几乎没有教父们的著作”。[1]

1785 年，三名遣使会会士，即罗广祥神父、吉德明神父和巴

① 参见宋君荣（Gaubil）1732 年写的信；参见惠泽霖（Hubert Verhaeren）《北堂图书馆的历史变迁》，见谢和耐等《明清间耶稣会士入华与中西汇通》，耿昇译，东方出版社，2011 年，158—159 页。

茂正（Paris）修士被派往北京去接管耶稣会的房产，他们20多年与那些留在北京的耶稣会会士居住在一起，比如著名的《圣经》翻译家贺清泰神父于1813年在北京去世。清廷的宗教政策在19世纪初变化无常，嘉庆皇帝于1805年公布驱逐传教士们，所以在此后几十年中没有任何西方人被允许进入北京，南弥德主教于1819年也被驱逐到澳门。1827年，最后的外国人离开了北京，皇帝下令拆毁北堂，当时中国神父薛玛窦决定把那里的书运到南堂。1828年或1829年薛神父也被迫离开北京，他和几个中国神父搬到张家口地区的西湾子，而南堂的书被送到北京正福寺墓地，那里由一名姓杜的鞑靼教友看守，他属于苏尼特部的蒙古国王公家族。[①] 根据另一种记录，北堂的藏书被委托给一位满族教友保存，而他因为害怕，故将书埋在正福寺。[②] 然而，部分北京书籍肯定也被搬到西湾子，甚至有一种记录说，薛神父“很明智地将北堂大多的书带来了”[③]（即带到西湾子）。

在北京的书籍经过俄罗斯教团的协助而得以保存，因为在毕学

---

① 参见惠泽霖（Hubert Verhaeren）《北堂图书馆的历史变迁》，见谢和耐等《明清间耶稣会士入华与中西汇通》，耿昇译，东方出版社，2011年，160页。

② 参见梅谦立《北京教堂及历史导览》，北京上智编译馆，2007年，52页。

③ 参见 John Rybolt, *The Vincentians, A General History of the Congregation of the Mission*, New York: New City Press, 2013: 680。原文：Xue…… “continued the seminary training of eight students who accompanied him there from the capital. To help with their formation, he had wisely brought much of the library with him from the Beitang. From Xiwanzi, in 1840, some of the students transferred to Macao, while others remained briefly to finish their studies and then followed”。

源临终时写的遗嘱（1830）中，其中请俄罗斯教团的魏若明（Benjamin Moratchevich）司祭“负责其殡葬仪礼、看守其栅栏墓葬地，并在那里根据需要而从事必不可缺的维修，最后是出售他逝世时所有留下的一切，将其价款寄回葡萄牙以转交给有权获得的人”。这份遗嘱没有提到北京的书籍，但根据书中的记号可以认定，至少部分书在1828年已经被转入俄罗斯教团驻京的图书馆，在那里得以保存。俄罗斯的教士保存这些书是很自然的事，因为其中有宝贵的希腊文著作和《圣经》的原文版本。1860年，通过俄罗斯第一位驻京大使伊格纳季耶夫（Ignatieff）将军和法国的格罗（Baron Gros）男爵的协助，法国的孟振生主教才得以获得在俄罗斯教团被保存30年的书籍。他将它们迁到原来的北堂，在那里重建了一个小房子，而狄仁吉（Thierry）神父编写了一份藏书目录，其中写道：“由俄国东西教修道院院长归还的图书总数为5400卷左右，遣使会会士们于1860—1862年间补入的图书总量达500卷左右，其全部总数（不包括汉语书籍与几种小册子）为5929卷……”①

此后，北堂的图书馆随着北堂的迁移于1889年搬到西什库，1900年没有因义和拳而遭受迫害，但1949年后被分给国家图书馆（北京海淀）等机构，部分书甚至被送到宁夏。

1948年有一些在北堂图书馆中保存的书中有特殊的记号，比如“济南府住院藏书”，这就意味着这本书来自耶稣会士法安多

① 参见惠泽霖（Hubert Verhaeren）《北堂图书馆的历史变迁》，见谢和耐等《明清间耶稣会士入华与中西汇通》，耿昇译，东方出版社，2011年，171页。

（Faglia）于1700年在济南创立的小图书馆。除此之外还有杨若翰（Joao de Sao）大约于1727年在镇江创立的图书馆、1661年前后卫匡国在杭州创办的图书馆、1700年前后创立的“淮安图书馆”、1634年由毕方济（Sambiasi）在南京开办的图书馆、18世纪20年代在正定开办的图书馆，以及17世纪曾在开封、上海和绛州创办的图书馆。[①]

二、上海的徐家汇图书馆

上海徐家汇图书馆在耶稣会来上海（1843）后逐渐成立和扩大。1847年，耶稣会会士在徐家汇建立书室并开始收藏中西方书籍，他们于1860年和1897年扩建书室，这样形成独立的两层藏书楼。1955年以前，这家图书馆为神学院专用。1956年，藏书楼被政府征用，成为上海图书馆的一个部分，专门收藏1949年以前出版的外文书籍，其中包括前亚洲文会图书馆、尚贤堂藏书、海光西方思想图书馆、上海租界工部局公共图书馆以及西侨青年会等处的藏书和沪上各所大学院校图书馆转调至此处的外文书。徐家汇藏书楼被称为上海现存最早的近代图书馆。

徐家汇图书馆的馆长曾是意大利神父晁德莅（Angelo Zottoli，1826—1902）和法国历史学家费赖之（Louis Pfister，1833—

① 参见惠泽霖（Hubert Verhaeren）《北堂图书馆的历史变迁》，见谢和耐等《明清间耶稣会士入华与中西汇通》，耿昇译，东方出版社，2011年，165—167页。

1891）。耶稣会神父收藏自1477年到1950年出版的外文文献，共有32万册，其文字包括拉丁文、英文、法文、英文、德文、俄文、日文等近20个语种，内容涉及哲学、宗教、政治、经济、语言、文学、艺术、历史、地理等各个领域。其中，1800年前出版的西洋善本中的早期中外语言对照辞典、中国经典西译版本、中国文学经典西译版本、欧洲汉学资料等最具特色。

图44：上海徐家汇藏书楼的老照片（1931年）

三、河北省献县的拉丁语图书馆

自从利氏以来，西方的传教士利用西方书籍来影响中国人士，使他们看到外国文字、图画等来唤起他们对外来事物的兴趣。因此，各地的会院和修院试图建立小型或中型的图书馆。这种传统在

1840 年后有更大规模的发展，因为各地的修道院需要拉丁语读物和教科书等书籍，比较重要的教会中心还会建立印刷厂，比如北京、上海、河北省献县等。

河北省献县属于（法国）耶稣会管理，1874 年在张庄总堂建立印书房，印刷机最早用人力发动。出版的书籍包括经文、教义、教史、语文、政治、历史、社会等方面的著作或译著。在 1874 年到 1941 年间，该印刷机构共出版了 211 种书。

张庄总堂设有两所图书馆，一所属主教府，一所属耶稣会会院，用来收藏中外图书报刊，其中有相当多的中文线装古籍。教区档案室收藏着近百年来自罗马教廷、罗马耶稣会总会、法国耶稣会总会和法国驻华使馆的文件，教区自撰的大事记、年度工作报告，教区所有的地契，以及各种地图等。

根据 1951 年的登记，两所图书馆共收藏中文图书 8043 册，外文图书 24699 册，其中有 1045 册法文的书，550 册英文的书和 410 册拉丁文的书。

1966 年 8 月 26 日，献县中学学生将总堂内 3 万多斤图书堆成九堆烧毁，占全堂图书档案资料的一半以上。1966 年 10 月 16 日，河北省博物馆用汽车运走部分档案资料和文物（古钱币等）及 190 套古书，其他部分由献县政府财政科负责清理，将书刊分别卖给张庄、西翟庄、高庄、唐庄、范庄等生产队。这些书大部分是外文书刊，后来主要用来制作鞭炮了。[1] 然而，还有一些书可能保存在保

① 参见陈义编《献县教区简史》，天主教沧州教区发行的内部资料（无年代）。

定市的河北大学图书馆。[①]

张庄外文图书馆的命运有一定的代表性，因为其他地方的外文图书馆（比如山东兖州的图书馆）也被烧毁或将书籍卖给了农民。

四、其他地方的拉丁语图书馆

在中国的每一所天主教修道院内都必须有一些拉丁语书籍，且至少有一个小的图书室，而那些重视学术知识的修会会建立比较大的图书馆。1949 年以前，这样的图书馆应该在山东兖州修道院、山东济南修院、山西太原修道院、山西大同修道院、陕西西安修院、湖北武汉修院、四川成都修道院等地。据作者的了解，山东方济各

图 45：北京公教大学（辅仁大学）的主楼（建立于 1926—1930 年间）[②]

① 见梅谦立《北京教堂及历史导览》，北京上智编译馆，2007 年，53 页。

② 辅仁大学图书馆里也有许多拉丁语的书籍，后归于北京师范大学等学府。

会在济南的图书馆于文革时期被毁，但方济各会在山西太原的图书馆被保存，大部分都是拉丁语的书。因此，原来散在各省的拉丁语图书馆除太原的图书馆外几乎都没有保存。

除了天主教修道院以外，近代的天主教大学和基督教大学也都有图书馆，而在这些图书馆中也会有拉丁语的书籍，因为19世纪的西方学者，包括英美学者都很重视拉丁语，像马礼逊、丁韪良（W. A. P. Martin）或司徒雷登（Stuart Leighton）这样的传教士学者都有很好的拉丁语修养，他们也曾试图在中国的学府中建立外文图书馆。

第八章：拉丁语歌曲和祈祷经文在中国

一、天主教的拉丁语经文和歌曲的传入

北京第一位拉丁语老师孟高维诺曾培养过一个圣歌歌唱团，他一方面教一些孩子拉丁语，另一方面也教他们唱天主教的圣歌。根据他的拉丁语书信，他还为他们编写过一部歌本：

scripsi pro eis (pueris) psalteria cum ymnariis XXX et duo breviaria, ex quibus XI pueri jam sciunt officium nostrum. Et tenent chorum et ebdomadas sicut in conventu, sive sim praesens sive non.

［译文］：我已经为那些孩子写了 30 本诗篇和歌集，还有两部日课书，而根据这些文献，11 名男孩已经会念我们的日课祈祷。他们也维持每周的歌唱，就和一家隐修院一样，无论我在或不在场。[1]

其中“我们的日课祈祷”（officium nostrum）指天主教圣职人员和修女每天早晨、中午和晚上完成的祈祷，包括来自《诗篇》

---

① d’ Elia, *Catholic Native Episcopacy in China*, Shanghai: T’ usewei Print Press, 1927: 17.

（*Psalmoi*，亦译作《圣咏集》）中的拉丁语祈祷和一些传统圣歌（hymns），这里提到的“歌集”（ymnarium）包含这些圣歌。由此可见，孟高维诺已经试图全面介绍天主教的拉丁语祈祷和圣歌传统。

耶稣会的传教士在17世纪已经翻译或编写了许多天主教经文、祈祷文和歌词，其中一个重要的译者是利玛窦的接班人——龙华民，他翻译的祈祷经文成为《圣教日课》的基本文献（1665年发行为《天主教圣教日课》）。

很多翻译的祈祷经文当然来自天主教的拉丁语祈祷传统，比如下面的经文[①]：

Signum crucis

In nomine Patris et Filii et Spiritus Sancti.

Amen.

小圣号经

因父。及子。及圣神之名。

阿们。

Gloria Patri

Gloria Patri et Filio et Spiritui Sancto

Sicut erat in principio,

---

① 下列的汉语经文来自天主教天津教区印《圣教日课》，2010年，共417页。拉丁语的部分来自雷立柏编《汉语神学术语辞典》，宗教文化出版社，2007年。

Et nunc, et semper,

Et in saecula saeculorum. Amen

圣三光荣诵

天主圣父圣子圣神。

吾愿其获光荣。

厥初如何。今兹亦然。

以迨永远。及世之世。阿们。[1]

和教会音乐有关系的人物是葡萄牙人徐日升（见其《律吕纂要》）、意大利人德理格（Pedrini，1671—1746，著《律吕正义续编》）、中国耶稣会会士吴历（著《天乐正音谱》）以及法国传教士钱德明（Joseph-Marie Amiot，1718—1793，见其《圣乐经谱》）。大部分耶稣会传教士想以汉语圣歌代替传统的拉丁语歌曲，因此，一些 18 世纪 50 年代在北京和四川服务的传教士曾经向罗马教廷申请用汉语唱弥撒的圣歌［比如“天主求你垂怜”（Kyrie）、“光荣颂”（Gloria）］，但教廷在 1750 年和 1770 年间禁止传教士们用汉语唱那些属于弥撒的圣歌。因此，传教士们就需要开始教中国信徒拉丁语歌曲，而因为中国人不习惯用 ABC，他们就用汉字写出拉丁语的发音，比如将“Gloria in excelsis Deo”写成“格老立亚因乃祈乐西司代哦”（根据 1991 年在北京印行的《圣教经歌曲集》）。

1935 年由耶稣会在上海徐家汇出版的《咏唱经文》用一种“汉字加 ABC”的拼法，用 ABC 弥补那些汉语没有的音，比如将“Et

① 参见本书附录二。

incarnatus est”写成“哀t以n加r那都s哀st”。[①]

很多20世纪的中国天主教信徒也知道，常用的“因父及子及圣神之名”（拉丁语：In nomine Patris et Filii et Spiritus Sancti）的音译是：“因罢德肋及费略及斯彼利多三多之名。”

大约在18世纪50年代后，中国天主教信徒在他们的礼仪中才比较多地唱拉丁语歌曲，虽然只有学过拉丁语的中国神父深入了解这些歌曲的言辞。天主教徒的歌唱传统在教难时期中断了，比如在北京服务的毕学源主教（1804年来北京）曾禁止信徒们在共同的礼仪中唱歌，因为歌声传到外面就会威胁教友团体的安全（这种情况和20世纪50年代那一时期很类似）。1835年，当法国遣使会会士孟振生来崇礼西湾子时，他重新教信徒们唱圣歌，当然，在偏僻的山谷里唱歌没有那么“危险”[②]。

1835年后来华的天主教传教士也教信徒一些拉丁语经文或歌曲，同时可能也教他们自己国语（比如意大利语、法语或德语）的歌曲，或至少用这些歌曲的曲调，这样可以使中国圣乐国际化。1924年的上海主教会议曾针对圣乐作出一些规定，第524条提到教会的传统音乐，即额我略调（cantus gregorianus），但525条也谈本地音乐：

525. Musica Sinica in ecclesiis admitti potest, dummodo non sit

---

① 参见《咏唱经文》（*Chants Sacres*），土山湾印书馆，1935年，99页。

② John E. Rybolt, *The Vincentians, A General History of the Congregation of the Missions*, New York: New City Press, 2013: 688.

profana, et tempore et more debito perficiatur. Excluduntur vero ordinarie, in Missionum ecclesiis, cantica in lingua Missionariorum propria.

［译文］：中国音乐在教会中能够使用，但不是世俗的音乐，而应该是一种因悠久的时间和适当的习俗被完善的音乐。一般情况下，在传教地区的教会中要排除那些以传教士们的母语唱的歌曲。[①]

这里提到的“传教士的母语”指法语等欧洲语言，所以这个规定意味着在天主教堂只允许唱汉语和拉丁语的圣歌，这样充分体现出天主教的国际性。

传统的天主教礼仪包括很多拉丁语歌曲，而隐修院每天的祈祷也都有拉丁语歌曲。在中国的熙笃会隐修院，比如在河北涿鹿的杨家坪隐修院（1883—1949）曾经可以听到拉丁语歌曲。为了让更多的中国人接触拉丁语歌曲，北平辅仁大学在 1938 年 2 月 27 日（星期日）安排北京电台广播一些在法国本笃会索勒姆（Solesmes）隐修院录的拉丁语歌曲，这样在北京有收音机的人都能听见这种特殊的音乐。因为大多听众的拉丁语不太好，所以北京的报纸在前一天会将那些将要广播的歌曲的拉丁语歌词译成英语给大家看。在播放音乐之前，辅仁大学教授罗斯林（Roesslein，1910—1999）神父解释额我略圣歌（Gregorian Chant）的历史背景和意义：这是一种结合祈祷和艺术的文化表现，音乐要表达宗教信仰。[②]

① 参见雷立柏《1924 年的全国主教会议与公教对华夏文化的评论》，《基督教文化学刊》第 25 辑，2011 年春，173—192 页。

② 参见 *Steyler Missionsbote*(《斯泰尔传教通讯》)，1938 年 5 月，276 页。

二、拉丁语歌本

1900 年后，天主教的信徒团体可以比较公开地活动，也可以大声地唱宗教歌曲，所以也出版了很多教会用的圣歌歌集，比如 1901 年在上海出版的《圣歌》、1932 年在献县出版的《圣教歌选》、1933 年在山东兖州出版的《圣歌荟萃》、1935 年在青岛问世的《圣歌摘要》、1937 年在济南出版的《请众颂主》。[①]

这些歌本当然包含很多拉丁语歌曲，而部分拉丁语歌曲用汉字表示发音（见上文 Gloria= 格老立亚）。因为中国天主教的弥撒一直到 1990 年（有的地方一直到 1993 年）都以拉丁语举行，唱的歌也以拉丁语圣歌为主。1962—1965 年的梵蒂冈第二届大会议已经强调可以用本地语言举行弥撒，但这个消息由于历史原因在 20 世纪 80 年代才传到中国，20 世纪 90 年代中国天主教的礼仪语言才从拉丁语变成汉语，此后的拉丁语歌曲逐渐减少。

一位来自上海的神父说："1966 年之前弥撒的歌曲主要是拉丁语的，之后我们一开始不知道梵二大公会议已经完成了礼仪改革。后来我们接触了台湾和香港的教会，而那里的教会团体告诉我们新的礼仪规则是什么，他们还寄给我们很多歌本。"[②]

研究中国圣歌传统的马莉写道："天主教的圣歌歌本可以明确

① 根据 Ma Li, "Das Gesangbuch als Dokument einer sich entwickelnden chinesischen Kirchenmusik"（《以歌本阐明中国教会音乐的发展》），in: *China heute*, 2013/2014, 233—241 页，尤其 234 页。

② 同上期刊，234 页。

证明，中国天主教在 20 世纪 80 年代和 20 世纪 90 年代初还经常使用拉丁语歌曲。约 1985 年或 1986 年在太原发行的《弥撒圣歌集》包含338首圣歌,其中166首是拉丁语的歌。1991年在北京出版的《圣教轻歌曲集》里大约一半的圣歌是拉丁语的歌。1993 年在山东济南问世的《圣歌汇集》中有 388 首圣歌，其中 66 首是拉丁语的歌。这三个歌本都有弥撒用的圣歌，比如‘天使弥撒’（La Missa De Angelis）、‘喜庆弥撒’（Missa cum jubilo）以及‘君王弥撒’（Messe Royale de Henri du Mont）。很多弥撒圣歌有拉丁语原文，加上汉语的汉字音表。1993 年新的弥撒礼仪正式在中国天主教执行后，信徒们便较少再唱拉丁语的圣歌。”①

很多中国天主教教徒很喜欢唱或听拉丁语歌曲，虽然他们听不懂歌词的内容。但另一些人，尤其是年轻一代，更强调汉语的圣歌。北京的北堂（西什库教堂）合唱团也从 20 世纪 80 年代以来培养拉丁语的圣歌传统，并且不断提高演唱的水平。

太原的李毓章先生（1931—2013）曾从 20 世纪 80 年代以来在太原培养拉丁语的歌唱团，并于 2009 年发行他编写的《额我略弥撒圣歌选集》（*Cantus Gregorianus*）。

香港、澳门和台湾地区的天主教团体也比较重视拉丁语圣歌，并出版了一些相关的歌本，比如香港公教真理学会于 2006 年出版的《额乐集》以及由刘伟杰（Cyrillus Law）神父编译的《拉丁文圣歌集》［*Cantica Pia et Hymni Devoti*，澳门，2012 年（非正式出版）］。

---

① 根据 Ma Li, “Das Gesangbuch als Dokument einer sich entwickelnden chinesischen Kirchenmusik”（《以歌本阐明中国教会音乐的发展》），in: *China heute*, 2013/2014, 236 页。

第九章：拉丁语词典、教科书和期刊

一、汉拉词典

日本的耶稣会会士于1603年在长崎出版了《日葡辞书》(*Nippo Jisho*)。这部巨著包含32000个条目，都按ABC排列，提供日本语单词的拉丁化转写形式和葡萄牙语的翻译。日本的耶稣会会士和当地的学者大概投入了几年的时间，才完成这部很有用的工具书。那么，中国的耶稣会会士为什么没有编写这样的词典呢？原因是利玛窦的想法，他认为用儒家哲学中的术语可以很好地翻译基督信仰，而且他已经用自己的术语编写了很多著作。如果要编写一部双语词典，需要先系统研究其中的术语，则会发现很多问题，也会发现儒家思想和基督信仰之间有相当多的差异。然而，强调这种差异对当时的中国天主教可能是很危险的，可能会引发中国文人的反对或当局的镇压。

一位历史学家这样写："利玛窦很谨慎地建构了中国耶稣会会士的公共形象，是为了吸引明代的精英。除了建立这种形象以外，这位创始人还撰写了一些书，而这些书已经在中国各地传播。当时的传教士无法收回和改写这些著作，而如果他们想这样做，那么中国那些有好感的官员和将来的信徒会认为这是‘不稳定’的表现。”[1]在1627年12月的嘉定会议上，耶稣会内部的“术语争论”爆发了。关于“天”“上帝”“神”等名称的冲突是不可能调节的。当时耶稣会在日本的著名翻译家陆若翰强烈反对“中国术语”。利玛窦的接班人龙华民也反对利氏的做法，但高一志（A. Vagnone，1568—1640）等人支持“中国术语”。由于这种分歧，此后的耶稣会会士无法编写一部汉拉词典，对于很多汉字的解释会引起很大的争论。这样便可以说明，为什么最早的汉拉词典是方济各会会士和道明会会士写的。

最早的双语词汇表之一是《中国图说》（*China illustrata*）法语版附录中的《汉法词典》[2]，但这部小型双语词典没有产生很大的影响，和1603年问世的《日葡辞书》一样，这个词汇表只用拉丁字母写汉字拼音，没有汉字。

方济各会会士叶宗贤(Basilius Brollo a Gemona，亦称“叶尊孝”，1648—1704）曾从1680年到1704年在湖广和陕西地区传教，他编写了早期最有影响的汉语外语词典，即《汉字西译》，这部词典根据部首排列汉字，于1694年在南京完成。叶宗贤于1699年还编写了另一部包含9000个汉字的字典，这是根据发音编排的。《汉字

① L. M. Brockey, “From Coimbra to Beijing, via Madurai: Andre Palmeiro S.J. (1569—1635) in Maritime Asia”, in: S. Deiwiks, et al. ed., *Europe Meets China, China Meets Europe*, Sankt Augustin: Monumenta Serica, 2014: 123.

② 参见基歇尔（Kircher）《中国图说》，张西平等译，大象出版社，2010年，426—521页。

图 46：叶宗贤词典的封面

西译》于 1733 年在澳门出版，而该词典多次被抄写或改写[①]，保存至今的有 20 本。其中一个抄袭本于 1813 年在巴黎由德金（Chretien-Louis-Joseph de Guignes）出版，书名是《汉字西译》（*Dictionnaire chinois, francais et latin*）[②]。

意大利方济各会会士阿森尤（Hieronymus Mangieri Arsenio）扩充和改进了叶宗贤的词典并以《中拉字典》（*Dictionarium Sinico-latinum*）为书名于 1853 年在香港出版，他的版本有 1024 页。

意大利方济各会会士康和子（Orazio Castorano，1673—1755）曾在 1700—1732 年在山东（东昌）传教，他编写的汉语－拉丁语－意大利语词典是最优美的早期双语词典之一。

在早期的《汉英》和《英汉》词典中出现过大量拉丁语单词，比如马礼逊于 1822 年出版的《中文词典》第三部分《英汉词典》（*Dictionary of the Chinese Language*, Part Three, English and Chinese），189—190 页（加下划线表拉丁语词）："GOD or the Deus of the Chinese was originally, and is still most generally 神 Shin; in the

① 参见方豪《拉丁文传入中国考》，《方豪六十自定稿》，台湾学生书局，1969 年，30 页。

② 参见杨慧玲《19 世纪汉英词典传统》，商务印书馆，2012 年，87 页。（Brollo 成"叶尊孝"，而关于他词典的不同抄本，见 72—95 页，这是最权威性的相关研究。）

plural, Dii, 神鬼 Shin kwei, and 神祇 Shin ke. A sort of Supreme God, is in the ancient books expressed by 上帝 Shang-te. Genii of particular places are also expressed by 神 Shin, as 河神 ho shin, God of the river; 山神 shan shin, god of the hill, etc. All these gods are in Chinese notions inferior to 天 Tien, Heaven. The Dii indigetes, vel Dii ex hominibus facti, are also called 神 shin; the Emperor of China creates and promotes Dii at his pleasure. The semones (quasi semihomines, minores diis and majores hominibus) seem to correspond to the 仙 Seen, or 神仙 shin seen of the Chinese. The Lares and Penates are expressed by the various 土地 to te, at the ends of streets; at the gates; and doors of the houses; where swine are kept, etc.。”如果不懂拉丁语，这一段是无法理解的。马礼逊显然认为，一切读他这一词典的人都熟悉 Deus, dii, genii, dii indigetes, semones, lares, penates 等拉丁语单词。

那些研究汉语的学者更注重“汉拉词典”，所以编写汉拉词典首先出于了解汉语的渴望。当然，为了妥善地利用汉语去传教也应该知道每一个汉字的准确意义，所以对传教士来说，无论是“汉拉词典”还是“拉汉词典”都很重要。

耶稣会学者顾赛芬（Séraphin Couvreur，1835—1919）于 1870 年来华，他有很多汉学著作，其中有一部《汉拉字典》（*Dictionarium Linguae Sinicae Latinum*）于 1877 年在河北献县出版。几年后（1892）他的新版《汉拉字典》（*Dictionarium Sinicum et Latinum*）问世，顾赛芬在序中说：

Haud ita pridem sinicum Dictionarium edidimus quod licet causas opponat de Guignes, nomini R.P. Basilii a Glemona Ordinis addicitur; opus admodum utile, sed compendiarium, cujus exemplaria nunc desunt apud librarios…

［译文］：不久前我出版了一部汉语词典，它可以代替原先的小德金（de Guignes），即那部归功于叶宗贤的词典。该词典仍然很有用，它比较简单，但在图书馆中已经找不到了……

顾赛芬的第二部词典已经考虑到很多当时发行的报纸和期刊（参见 libri et auctores citati 引用书的书目）[①] 以及《正字通》《佩文韵府》《康熙字典》等书，这部大词典（1200 页）是根据部首编排的。

顾赛芬这样解释“道”的意义是“via virtutis, summa virtus, recta ratio, effatum, doctrina, lex, norma, regula, vitae institutum, actio, vis, status, conditio”（1034 页）。“神”是“substantia incorporea, spiritus, genius, anima, intelligens substantia, mens, intellectus, intellectuales facultates”（731 页）。“天”被解释为“caelum sidereum, aether; caeleste numen”（209 页）。

根据方豪先生的记载，1878 年一部依据《五方元音》编写的《中

① 参见顾赛芬（Couvreur）《汉拉字典》（*Dictionarium Sinicum et Latinum*），河间府，1892 年，XIV 页。

拉字典》在北京（北堂）印行。[①]

最大的汉拉词典无疑是两位圣言会传教士——德国人苗德秀和奥地利人彭加德（Ernst Böhm，1909—1992）——编写的，他们的巨著《中华拉丁大辞典》于1957年由保禄印书馆发行于香港。序中有这样的说法：

图47：《中华拉丁大辞典》封面

本书始稿于民国叁拾壹年，经四载竣工；旋因时局动荡，未刻付印。事故沧桑，一隔数载，中西词语，增进颇多，至今如要付梓，实有增补之必要；古除依王云五大辞典为蓝本并促全初稿内容外，又增补了国语辞典与Bacci, Vocabulario Italiano-Latino, Roma 1955, Terza Edizione之全部新资材；是故，兴凡《辞源》《辞海》，以及其他典籍之古今通用词语，可谓悉数以汇，囊括已尽矣！中文词语意义深邃，其概念不易携得者甚多，例如“圣”字，拉丁文多译作“sanctus, sanctitas”；教士们亦多将sanctus之概念介入“圣”字，至若此中西二字所蕴之概念，是否全相吻合，实需考究；甚或有以此二字含义相去甚远，强相并

① 参见方豪《拉丁文传入中国考》，《方豪六十自定稿》，台湾学生书局，1969年，前引，31页。注意：方豪的文章有时候颠倒“汉拉”与“拉汉”，比如将贝迪荣（Petillon）的《辣丁中华字典》写成《中华拉丁字典》（31页），并且将苗德秀的《中华拉丁大辞典》理解为“拉丁中文字典”（24页）。

合，实乃凿柄不入也。……[①]

《中华拉丁大辞典》的742页对“道”一字从“名词”“动词”和“前置词”（介词）方面作出解释：

名词：1. 路：via, ae f; canalis is, m; id, quod viae speciem refert; vitae curriculum

2. 理：agendi ratio; via virtutis; summa virtus; recta ratio; effatum i n; doctrina ae f; lex legis f; norma ae f; regula ae f; vitae institutum; actio onis f; vis f; status us m; condicio onis f; linea ae f

3. 言：oratio onis f; dissertatio onis f; inscriptio onis f; litterae arum

4. 区名：provincia ae f (唐 imperatores Sinas diviserunt antea in decem, postea in quindecim provincias 道 dictas)

动词：1. 言：loqui; dicere; narrare

2. 通：transire per alqum locum

3. 引：ducere; introducere

4. 治：regere

5. 祭路神：viarum geniis sacra offerre

6. 从：viam sequi

前置词：per, ex

① 参见苗德秀、彭加德《中华拉丁大辞典》，保禄印书馆，1957年，序，IV页。

此后,《中华拉丁大辞典》加上了很多词组(“道童”“道旁”“道谢”“道引”等)的翻译，还翻译成语和格言：

道可道，非常道：Ratio, quae verbo exprimi potest, non est aeterna ratio

道不远人：Lex moralis non abest ab homine[①]

这部巨著有1981页，1957年的版本在1983年加印，拉丁语部分标出了长音和重音,对学习拉丁语的人是一部非常好的工具书，它最大的缺点可能是它是根据王云五（1888—1979）使用的“四角号码检字法”编排的，查字比较不方便。

该词典应该重新排编、出版，这样它可以再次成为学习拉丁语的杰出工具书。值得注意的是，西方学者编写18、19世纪的汉拉词典主要是为了自己了解汉语，但1957年的《中华拉丁大辞典》的编写目标是为了更好地教中国司铎使用拉丁语。

二、拉汉词典

根据网络资料，日本人在1591年出版了一部《拉日字典》，但因为基督信仰在17世纪初的日本已经被镇压，拉丁语研究在19世纪才恢复。

---

① 这些翻译使读者联想到 *Confucius Sinarum Philosophus*，在那里也多用“ratio”翻译“道”。

荷兰新教于1624年派遣荷兰学者赫尔尼俄斯到雅加达。他在印尼发现有相当多华侨，并且认为应该用他们的语言去向他们传达基督信仰，所以于1628年编写了一部荷兰语－拉丁语－汉语词汇表，即《汉语词典》（*Dictionarium Sinense*，只保存了几部手抄本）。因为赫尔尼俄斯不懂汉语，他完全依赖于一位来自澳门的中国老师，而这位中国人"懂拉丁语并且在澳门受过教育"[①]。在早期的词典中，这部《荷拉汉语词典》内容含量相当大，共收录了3900条。

在华进行哲学翻译或神学翻译的人肯定为自己做了一种"拉汉词汇表"，这样才可以保持他们翻译术语的一致性。本人的研究用耶稣会会士利类思的《超性学要》（即 *Summa theologiae* 的汉译本）来恢复当时的翻译术语，这样使我编写了一部小型的《拉丁－英语－古汉语－日本语－普通话并列辞典》，大约包含1200个哲学和神学术语[②]。这部小拉汉词典可以说是最早的（1654）拉汉词典之一。

来自奥地利的耶稣会传教士恩理格曾于1682年编写过一部《拉丁语汉语词典》（*Dictionarium latino-sinicum*），但手稿没有被保存。[③]

欧洲最早的拉汉词典可能是德国人门则尔（Mentzel）于1685

① 参见 Rint Sybesma, "A History of Chinese Linguistics in the Netherlands", in: Wilt Idema, ed., *Chinese Studies in the Netherlands*, Leiden: Brill, 2014: 127。资料来自 Koos Kuiper, "The Earliest Monument of Dutch Sinological Studies. Justus Heurnius's Manuscript Dutch–Chinese Dictionary and Chinese–Latin *Compendium Doctrinae Christianae* (Batavia 1628)," *Quaerendo* 35/1–2 (2005): 109–139。

② 参见雷立柏编《汉语神学术语辞典：拉丁－英－汉语并列》，宗教文化出版社，2007年，220—260页。

③ 参见杨慧玲《19世纪汉英词典传统》，商务印书馆，2012年，335页。

年在德国出版的《拉丁汉文小字汇》（*Sylloge minutiarum Lexici Latino-Sinico*）[①]。另一位德国学者是拜耶尔（Theophilus Siegfried Bayer，1694—1738），1730 年他在俄罗斯圣彼得堡出版社出版的书叫作《中国博览：详论中国语言和文学的概念》（*Museum Sinicum：in quo Sinicae Linguae et Litteraturae Ratio Explicatur*）。这部著作是欧洲人编写的第一部分析汉语发音和语法的著作，也包含第一部拉丁语汉语字典。虽然最早的著作出现在俄罗斯，但汉语研究的中心仍然是法国，比如傅尔蒙（Etienne Fourmont，1683—1745）分别于 1737 年和 1742 年出版过两部关于汉语语法的著作，而他的学生更是全面研究汉语。

据说乾隆还要求在北京服务的外国传教士编写一部《六国字典》，即中、拉、法、意、葡、德语字典，这使人联想到当时法国教士钱德明曾写过一部《梵藏满蒙汉字典》。[②]

根据方豪的记载，在武昌天主堂藏有阿奎拉（P. Vincentius dell'Aguila）被捕入狱时所写的《拉丁中华字典》，这是 18 世纪的书。[③]

第一部由中国人编写的拉汉词典很可能是留学意大利的朱万禾（Antonius Ciu）所写的词典。他于 1770 年生于山西祁县，1789 年到意大利那不勒斯，1798 年被祝圣司铎，1812 年在那不勒斯去世。据说他编写了一部《拉汉词典》（*lateinisch-chinesisches*

---

① 参见方豪《拉丁文传入中国考》，《方豪六十自定稿》，台湾学生书局，1969 年，30 页。

② 同上。

③ 同上。

Lexikon），但我们无法知道这部词典在哪里保存。①

19、20 世纪的拉汉词典很多，比如 1813—1841 年在澳门教书的葡萄牙神父江沙维（Joachim Alphonsus Goncalves，1781—1841）曾编写过几部词典，包括《拉丁文汉语字典》（*Vocabularium Latino-Sinicum*, 1836）、《拉汉小字典》（1839）及 1851 年出版的《辣丁中华合字典》（*Lexicon Magnum Latino Sinicum*，亦称《拉汉大字典》），该巨著有 779 页，在 1922 年前已有 6 个版本问世。

葡萄牙神父 Goncalvez（全名 Joachim Alphonse Goncalvez 或 Affonso Joaqin Concalves）属于遣使会（CM），汉语名称可能是"公"或"江沙维"，1781 年出生在葡萄牙后山（Tras-os-Montes）的小镇托雅尔（Tojal），1799 年进入葡萄牙里哈佛勒斯（Rihafoles）的遣使会修院，1801 年在那里发愿，1813 年 6 月到达澳门，后被指定去北京，但因北京朝廷的封闭政策未获得允许到那里，所以他始终留在澳门的圣若瑟修院（St. Joseph College）并在那里任教。他热衷于汉学，编有许多学习拉丁语的工具书以及一部《汉葡字典》。他曾在修院培养了一批天主教学者，于 1841 年 10 月 3 日在澳门去世。自 1872 年起，其墓碑立于圣若瑟教堂中，墓碑原文如下：

D.O.M

HIC JACET REVER. D. JOAQUIMUS ALFONSUS GONSALVES LUSITANUS

① Rivinius, *Das Collegium Sinicum zu Neapel und seine Umwandlung in ein Orientalisches Institut*, Sankt Augustin: Monumenta Serica, 2004: 101.

PRESBYTER CONGREGATIONIS MISSIONIS ET IN REGALI SANCTI JOSEPHI MACAONENSI

COLLEGIO PROFESSOR EXIMIUS REGALIS SOCIETATIS ASIATICAE SOCIUS EXTER

PRO SINENSIBUS MISSIONIBUS SOLICITUS PERUTILIA OPERA SINICO LUSITANO

LATINOQUE SERMONE COMPOSUIT ET IN LUCEM EDIDIT MORIBUS SUAVISSIMIS DOCTRINA PRAESTANTI INTEGRA VITA QUI PLENUS DIEBUS IN DOMINO QUIEVIT SEXAGENARIO

MAIOR QUINTO NONAS OCTOBRIS ANNO MDCCCXLI.

IN MEMORIAM TANTI VIRI EJUS AMICI LITTERATURAEQUE CULTORES

HUNC LAPIDEM CONSECRAVERE

[英文]：

Here lies the Reverend Father Joachim Alphonsus Gonsalves, from Portugal, a priest of the Congregation of the Missions professor in the royal College of St. Joseph in Macao, also a member of the Royal Asiatic Society, who composed and published many very useful works for the missions, works in the Chinese, Portuguese, and Latin language. He was a very gentle teacher and a man of integrity, who died in the age of 65 and rests now in the Lord. He died on 9 October 1841. In the memory of such a great man his friends and students have consecrated this stele.

法国人童文献（Paulus Perny，1818—1907）于1843年晋铎，1846年加入巴黎外方传教会，1847年到中国赴贵州传教。1853年在贵州主教白斯德望（Albrand）去世后，童文献领导该传教区并定居贵阳，1855年在贵阳、大定、安顺等地设立药店，还建立小型的学校，发展当地的天主教。1869年他回法国并在那里印刷了他编写的《法文－拉丁文－汉文词典》。之后他没有再回中国，于1907年在法国去世。[①]方豪写道，他的《拉丁中华字典》有730页。[②]

河北省献县的法国耶稣会传教士编写过很多书，其中一位重要的作者是著名汉学家顾赛芬，他编写了《汉法小字典》（*Petit Dictionnaire Chinois-Francais*），还有《中华拉丁法语大字典》《拉丁字典》《法华大字典》，又将“四书”和“五经”译成法文，还写过《汉语文献选读》（*Choix de Documents*），其中包括拉丁语和法语的翻译。

法国耶稣会神父贝迪荣（C. Petillon）[③]于1906年在上海土山湾出版的《辣丁中华字典》有420页，它成为民国时期最有影响的拉汉词典。

德国方济各会神父舒乃伯和圣言会神父苗德秀一起编写的《拉丁中华哲学辞典》（*Terminologia Philosophica Latino-Sinica*）第三版出版于1935年［山东兖州圣保禄印书馆，678栏（339页）］，

① 参见荣振华等《16—20世纪入华天主教传教士列传》，广西师范大学出版社，2010年，960页。

② 参见方豪《拉丁文传入中国考》，《方豪六十自定稿》，台湾学生书局，1969年，30页。

③ 很不幸，贝迪荣神父在David Strong的著作*A Call To Mission – A History of the Jesuits in China 1842—1954*（Vol. 1: The French Romance，Adelaide 2018）中没有被提到。

包括医学术语的附录（605—678 栏）。该书的第一版于 1921 年在兖州出版。这部哲学词典用汉语解释拉丁语单词，并用汉语和拉丁语解释希腊语单词，比如，“accusatio 告诉，告发”“achromatopsia (gr. a priv., chroma=color, opsis = visio; caecitas colorum) 色盲”。编者在很大的程度上依赖日本人井上哲次郎（Inoue Tetsujiro）于 1912 年出版的《英独佛和哲学字汇》（东京：丸善株式会社），但日本人的字典没有说明哲学术语的词根来源，比如只写“achromatopsia (Eng. colour-blindness, Ger. Farbenblindheit) 色盲”（井上哲次郎 1912，3）。《拉丁中华哲学辞典》对现代汉语哲学术语的形成过程提供了很好的参照，因为很多术语在 20 世纪 30 年代尚未定型，比如，“absolutus 绝对的，绝待的”“abstractio 抽象，舍象”“actus 动作，发动，行为，行，作用”等。

20 世纪 30 年代以后，中国教会已经有一批欧洲留学回国的年轻中国司铎，他们有能力自己编写拉丁语词典和教材。因此，编写拉丁语词典的重大责任和负担逐渐从外国人的肩膀上转到中国学者那里。

中国籍耶稣会神父吴金瑞可能是第一位编写中型拉丁汉语词典的中国人，他于 1965 年出版的《拉丁汉文辞典》（台北光启社）有 1497 页。吴神父原来在献县的若石修院任教，20 世纪 40 年代曾在北平若石学院当国学教授，他在“国内和海外教授拉丁文学 20 多年，1949 年春吴氏受命执教于菲律宾马尼拉的若石学院，课余之暇，他还从事编著拉丁中华辞典，迄今已十有五年”[1]。一直到21世纪初，台湾的书店都在卖这部拉汉词典，因为它是唯一一部这方面的词典，可以说垄断了市场。2014年之前还没有另一个学者在台湾着手编写一部新的拉汉词典。

吴金瑞神父的词典参考了一部拉法词典，书中的小图画也来自那部法国词典，但翻译那么多拉丁语短句也算是很大的功劳。一个比较大的问题是，吴神父是国学教授，他多用文言文解释拉丁语单词的意义，所以现代的读者有时候不明白其意思。比如，《拉丁汉文辞典》解释“logica”为“论理学（名理学）、理则、逻辑论、思维论”（吴金瑞 1965，835），但在20世纪末的标准翻译是“逻辑学”。其他的词是民国时期或更早的时期用过的词，比如“论理学”是日本人通用的词，“名理学”来自李之藻合译的《名理探》，即中国第一部逻辑学著作。

然而，《拉丁汉文辞典》包含很多来自古代作者的例句和词组，都有汉语翻译，对查拉丁语单词的学生仍然有一定的帮助。

彭泰尧编的《拉汉词典》（贵州人民出版社，1986）有828页，84万字，是一部小开本并方便使用的词典，但也有一些错误。这部词典早已经在20世纪90年代绝版，不仅买不到，也没有继续出版，所以它的影响力很有限。

谢大任主编的《拉丁语汉语词典》（1988年在北京由商务印书馆出版）有600页，234万字，4万多条目。这是在20世纪90

① 参见张奉箴于1964年为《拉丁汉文辞典》写的序。

年代比较有影响的词典，但在1995年已经很难买到，而出版社由于不同的原因没有考虑再印。实际上，在2000年到2011年间在中国没有任何地方可以购买一部综合性的拉丁语汉语词典，这对中国人学习拉丁语也算是一种很大的阻碍。

1988年上海外语教育出版社发行了一部小巧的《拉丁语汉语小词典》，由谢大任、张廷琚、李文澜编（31万字），1997年第四次印刷，总发行量9500册。该小型词典很有用，附录还包括一些成语和短语以及语法表。

综合性的拉丁语词典应该包含一些关于古代文、史、哲方面的单词和人名，但20世纪80年代以来在中国出版的拉丁语词典比较专业化，比如有关于医学或植物、动物名称的拉汉词汇表。

本人自从2002年在北京从事拉丁语教学工作以来，始终感觉到拉汉词典的重要性，2005年开始编写一部中型的拉丁语－英语－汉语词典，这一编写工作的初果是《拉丁语汉语简明词典》，2011年由世界图书出版公司出版，309页，32万字，包含基本单字，但没有例句或词组。本人编的《拉丁语英语汉语词典》内容比较丰富，但与吴金瑞的词典相比较，例句还是少一些。近几年以来一些能提供丰富拉丁语例句的工具书问世(都由本人编写):《拉丁成语辞典》（2006）、《汉语神学术语辞典》（2007）、《古希腊罗马及教父时期名著名言辞典》(2007)、《拉英德汉法律格言辞典》(2008)、《托马斯·阿奎那哲学名言选录》（2015），皆由宗教文化出版社出版。目前唯一的从比较修辞学的角度介绍拉丁语的工具书是本人编的《拉丁语桥》（中国书籍出版社，2012）。

也许年轻一代的学人愿意牺牲几十年的时间和精力去编写一部大型的拉汉词典，就像德国人乔治（Karl Ernst Georges，1806—1895）那样，他用 50 年的时间来完成他的《拉德大词典》（*Ausführliches lateinisch-deutsches Handwörterbuch*），这部巨著分上下两册，共 6500 页（第 8 版于 1913 年在瑞士巴塞尔印行）。这部拉德词典也曾被译成其他语言，比如法语和意大利语，而将来的汉语翻译也值得考虑。

如果 2014 年在网上查日本的情况，可以看到至少有四五部由日本人编的拉日词典，即：田中秀央的《罗和辞典》（*Lexicon Latino-Japonicum*，1966）；国原吉之助的《古典 RATEN 语辞典》（2005）；水谷智洋的《罗和辞典》（*Lexicon Latino-Japonicum* 修订版，2009）；川崎桃太的《基础罗和辞典》（2011）；水谷智洋的《RATEN 语图解辞典》（2013）。

日本学者在编写拉丁语词典方面已经形成某种“权威性词典”的传统。比如，水谷智洋的《罗和辞典》的初版问世于 1952 年，增订版出版于 1966 年，修订版印行于 2009 年，2017 年已经是第 7 次加印。在德语文化界里，这类词典形成于 19 世纪末，经过多次改进，一直为学者和学生所用，比如施托瓦塞尔（J.M.Stowasser）的拉德词典有 100 多年的历史[①]。然而，在 20 世纪的中国并没有出现一部权威性的并经过多次修改的拉丁语汉语词典。

---

① 本人在高中用的是 1980 年的版本，即 *Der Kleine Stowasser Lateinisch-Deutsches Schulwörterbuch*, von J. M. Stowasser, M. Petschenig und F. Skutsch, Wien 1980。

Pelopēa -ae, *f* [*Gk*] 【伝説】ペロペーア, *-ペイア《Thyestes の娘; 父と交わって Aegisthus の母となった》.
Pelopēias -adis [-ados], **-ēis** -idis [-idos], *adj f* Pelops の; Peloponnesus の.
Pelopēius, -ēus -a -um, *adj* Pelops の; Peloponnesus の.
Pelopidae -ārum [-um], *m pl* [*Gk*] Pelops の子孫.
Pelopidās -ae, *m* [*Gk*] ペロピダース《Thebae の将軍 (前 364 没); Epaminondas の友人》.
Pelopius -a -um, *adj* Pelops の.

图 48：《罗和辞典》中的一部分

日本人虽然因片假名而高度统一了古代人名的日译名，但他们的著作仍然多用拉丁字母写古代人名、地名、书名。上面的小图片来自水谷智洋编的《罗和辞典》[《拉丁语日语辞典》（*Lexicon Latino-Japonicum*），2017]，也许可以成为中国编辑处理古代人名和地名的典范：中国人可以用注音符号代替片假名，并在正文中直接用拉丁语 ABC，这样可以顺利解决转写问题。

三、拉丁语教科书

中国发行最早的拉丁语语法书可能是耶稣会会士汪达洪（Jean-Mathieu de Ventavon，1733—1787）神父的《导学要旨拉的诺》（*Introductio necessaria ad latinam linguam*），但这部著作已失传。

保存最早的语法书则是葡萄牙人江沙维于 1828 年在澳门出版的《辣丁字文》（*Grammatica latina ad usum sinensium juvenum*），

这部著作对后来的语法术语有很大的影响，比如很多后来编写的语法书用“六座”（初座、二座、三座等）指拉丁语的“六格”（今天用“主格”“属格”“与格”等）。

第一本由中国人编译的拉丁语教程可能是马相伯在1905年出版的《拉丁文通》，除此之外还有《辣丁文进阶》（1908）和张省机编著的《辣丁文津》。[①] 然而，在马相伯之前肯定已经有其他的中国神父（比如薛玛窦）为自己的学生编写一些拉丁语汉语词汇表或简单的教程，只是这些手稿没有被保存或没有被出版。

中国天主教的修道生在20世纪40年代比较普遍使用的是在兖州修道院编写的拉丁语教程，其中最重要的人物是德国圣言会会士维昌禄，他于1908年到山东，1910—1925年在兖州修道院任教，1925年成为青岛监牧区的监牧，1928年被祝圣为青岛的主教，1931年开始建立青岛大教堂。他的《拉丁文初学话规》（*Rudimenta linguae Latinae, Grammatica*，1915）和《拉丁文初学课本》（*Rudimenta linguae Latinae, Exercitia*，1920）后来以不同的版本被改写和重新发行。其中一个版本是瑞士传教士石类思（Schildknecht SMB）于1942年在兖州出版的《拉丁文法》（*Schola Latina*）。21世纪初，石类思的《拉丁文法》又被改写，成为《拉丁语入门教程：语法篇》（*Initia Linguae Latinae Grammatica*，北京联合出版社，2014）。

维昌禄主教还编写了一部拉丁语修辞学著作《拉丁辞林》（*Phraseologia Latina*，青岛，1936），共206页。

---

① 参见邹振环《马相伯与〈拉丁文通〉》，载《复旦学报》，2005年第6期，110—118页。

除了谢大任的种种教材和词典以外，20 世纪 80 年代比较有影响的是肖原先生的《拉丁语基础》（1983 年由商务印书馆出版），它在第 496 页很详细地介绍了拉丁语语法并包含很多简单的练习句子，也提供一些古罗马历史和神话方面的故事，但没有任何拉丁语歌曲、拉丁成语或宗教文献。肖原的著作发行量比较大，第一次就印了 6500 本。肖原的《拉丁语基础》有很多练习和简句，是初学者的良好的资料，也一直得到好的评价，但在 20 世纪 90 年代没有加印。

1983 年以来，天主教修道院恢复，修道生学习拉丁语，但他们不愿意使用世俗的教材，所以一些老神父自己编写拉丁语教程，比如 1985 年 12 月，北京的中国天主教神哲学院用油纸印了一部《拉丁文句学》，三卷，共 470 页。这部教程的特点是它包含很多来自《圣经》的话、对话课文以及比较实用的课文，还教导学生如何写信和做拉丁语的演讲。这部教程教“活的拉丁语”，提供很多实用的、生活化的句子，很值得正式出版。

1985 年后，拉丁语教程的编写进入萧条时期，20 年之久没有新出版的成果。曾经翻译过许多外语著作的著名学者刘小枫在 2000 年以后大力推动古典语言的学习，他编写了一部古希腊语教程《凯若斯：古希腊语文教程》（2005），还写了一部拉丁语教程《雅努斯：古典拉丁文教程》（未出版）。

本人的《拉丁成语辞典》于 2006 年问世，该辞典的附录包括一些语法表和拉汉词汇表，勉强也可以用作拉丁语教程，但毕竟没有系统地说明拉丁语语法，不能用它自学拉丁语。然而，《拉丁成语辞典》提供了很多古人的话和《圣经》中的名言，都有英语、汉语翻译，而《圣经》中的话还加上了古希腊语（甚至古希伯来语），这样可以使读者比较不同语言的翻译，对学生很有好处。

下一部比较正规的教程是80岁的俄罗斯语专家信德麟先生（1927年生于天津）编写的《拉丁语和希腊语》（外语教学与研究出版社，2007，496页）。这“是一本讲述拉丁语和希腊语的自学读物，内容包括历史背景、文字沿革、语音、形态和句法。书中广泛联系了英、德、法、俄等现代印欧语，提供了大量的词源知识”（该书“内容提要”的说法）。虽然这本书有很多语法例句，但没有任何拉丁语或古希腊语课文，所以无法用它当正式教学的课程教材。另外，它将拉丁语和古希腊语放在一本书里讲也不是很理想。然而，因为在2007年还没有其他可以购买的拉丁语教材，信先生的书出版后每年加印一两次，用它的学生应该很多。

不久后北京后浪出版公司决定要翻译并出版美国最有名的拉丁语教程，即《韦洛克拉丁语教程》（*Wheelock*，世界图书出版公司，2009）。虽然书价高一些，但这部经典教材在中国很受欢迎。书中的拉丁文献字体大，标出长音和重音，插图优美，内容以古典拉丁语（西塞罗、塞内卡、奥维德等作者）的句子作为练习句，所以水平比较高，如果没有文化背景知识，部分句子比较难懂。

本人于2010年出版的《简明拉丁语教程》（*Cursus Brevis Linguae Latinae*）由商务印书馆发行，共246页，包括语法的解释、一些课文和词汇表。该书于2014年第4次印刷，总发行量为15000册，可以说是一部比较有影响的教材。

本人于2014年又推出一部教材，即《拉丁语入门教程》（*Initia linguae Latinae*，北京联合出版社），分为两册（“语法篇”和“文献篇”）。其中的“文献篇”包括来自古代、中世纪和文艺复兴时期的文献，也有马可·波罗关于中国的报告等直接与中国历史有关系的文献。同年，联合出版公司还出版了一套《拉丁语语法速记表·拉丁语基本词汇手册》（2014）以及《古希腊语入门教程》（*Didaskalikon tes Hellenikes glosses*，2014）。

一本很特殊的拉丁语教程是法国人魏明德（Benoit Vermander）编写的《古罗马宗教读本》（商务印书馆，2012）。这部著作包含很多与古罗马宗教有关系的文献（西塞罗《论占卜》、李维《盟约仪式》、阿普列乌斯《伊希斯秘仪入会礼》），也包含基督宗教（拉丁语《圣经》）和教父文献（德尔图良、拉克担提乌斯、奥古斯丁）。每一篇课文都有译文，新单词也会写出来。然而，对初学者来说，这部教程的水平太高，第一篇课文就是西塞罗的文献。

北京外国语大学的意大利教授麦克雷于2014年出版了他的《拉丁语基础教程》（*Lingua Latina ad Sinenses Discipulos Accomodata*，商务印书馆）——一部英汉双语的拉丁语初级教程，共分为35课，445页。这部教材包括很多天主教的传统文献和祈祷文献（297—333页），都有英语、汉语的翻译。附录的拉英汉词汇表长达110页，也包含古罗马人名和一些地名。

除了那些被出版的教材以外还有一些没有正式出版的、私下印的拉丁语教材，比如陕西凤翔教区主教李镜峰写的《图解拉丁语课本》（*Grammatica figurificata Linguae Latinae*，504页），该书的第二版于2010年5月印行于凤翔教区主教座堂。该教程用一些符号（比如小箭头等）来标出语法特征，比如“↓”指动词。李主教的书被西安修院的修道生用以学习拉丁语。

曾经翻译凯撒《高卢战记》的顾枝鹰博士于2017年翻译并出版了一部很全面的拉丁语语法书，即《拉丁语语法新编》（*Allen and Greenough's New Latin Grammar*）[①]。

2010年以来推动拉丁语教学的年轻学者刘勋于2018年出版了他的拉丁语语法书《西塞罗曰》（*Cicero dixit*）[②]，也是一部很有吸引力的拉丁语教材，附录还提供很多英语单词的拉丁语词根。

四、拉丁语期刊

在民国时代，很多中国司铎都有阅读拉丁语的能力，所以发行拉丁语期刊有一定的作用。因此，不同修会团体会创办一些拉丁语或拉汉双语期刊，比如北京遣使会于1917年创立了《在华司铎》（*Sacerdos in Sinis*）期刊，这是一家宗教性的月刊，发行量为1150份，拉丁语、汉语并用。中国苦修会（熙笃会）的《远东归化善会》双月刊（即《善工报》的增刊）于1928年在北平创立，也用汉语和拉丁语，发行量为900份。

比较学术性的杂志是《中华公教教育丛书》（*Collectanea*

---

① 参见艾伦、格里诺等编订，顾枝鹰、杨志城等译注《拉丁语语法新编》，华东师范大学出版社，2017年。

② 参见刘勋编著《西塞罗曰》，清华大学出版社，2018年。

Commissionis Synodalis），1928 年由天主教“中华公教教育联合会”在北平创立，发行量为 850 份。这家期刊（经常以书代刊）是天主教官方的重要文献，面向国内外的神学发展和教会需要，其中谈论中国教会本地化问题、修院教育问题、教会术语的汉译问题，等等，而其中的文章多是外国传教士用拉丁语、法语、英语、汉语编写的。该期刊的主编是德国圣言会神父和拉丁语专家苗德秀。

遣使会于 1924 年在北平创立的《使徒合一》（*Unio Apostolica*）也是一家拉丁语的期刊（季刊），发行量不大（400 份）。

另一个学术性较高的期刊是 1935 年在辅仁大学创立的《华裔学志》（*Monumenta Serica*），它的文章也使用很多语言，包括德语、法语和拉丁语。[①]

① 参见李晓晨《近代河北乡村天主教会研究》，人民出版社，2012 年，323—324 页。

第十章：拉丁语对现代汉语的影响

一、词汇的变化

毫无疑问，拉丁语单词的入境彻底改变了传统汉语的词汇。就拿本章的标题“拉丁语对现代汉语的影响”来说，就有“现代”和“影响”两个词，这些词都是根据中世纪拉丁语的 modernus（近代的，现代的）和 influentia（流入，影响）而铸造的新概念。值得注意的是，大多中国人从未反省过这些新词的来源，而中国的词典也不标明。比如《汉语大词典》写“大乘，梵文 Mahayana（摩诃衍那）的意译”“大雄，梵文 Mahavira（摩诃毗罗）的意译”，但没有写“大学，拉丁语 universitas 的意译”，仅仅写“大学，太学”和“大学堂，清末创办新制学校时称大学为大学堂”。[①] 因此，很少有中国人意识到，自己每天用的单词中很多来自拉丁语。

用法学的例子来说，罗马帝国时代已经形成了一个法学体系，而其中的术语都进入了汉语的词汇。因为中国古代没有名副其实的“法学”，所以像“国际法”“宪法”“民法”“刑法”“程序法”“自

① 参见《汉语大词典》普及本，上海辞书出版社，2012 年，743、745—746 页。

然法”“商法”“继承法”“财产法”等词都是外来的概念，全来自拉丁语。在数学、几何学、语法学、逻辑学、哲学、宗教学等领域中都有类似的现象。外来的新名词多，本地的汉语传统在古代没有发展出一些相应的概念体系。反省现代汉语中外来概念的著作不太多，钟少华先生曾试图分析“概念”“文学”“科学”“方法”“真理”“生命”“标准”“卫生”“宣传”在现代汉语中的形成过程。[①]

一个很明显的改变是“形容词成名词”的普遍习惯和抽象名词的出现，比如“温度”“高度”“纯洁性”“有效性”“历史性”“后现代性”“理性化”“标准化”“量化”“西化”。这样，中国人也和古希腊人、罗马人和其他欧洲民族一样用“物化”的方式对待很多人间的现象，这些抽象的现象称为一个“东西”，一个“实体”，这样可以更好地描述它和认识它。比如，现代人说“控制这种发展的速度”或“测量房子的高度”，但“速度”和“高度”都是“名词化的形容词”。值得注意的是，古罗马的凯撒就曾用过这种表达方式，他描述莱茵河的“跨度、深度和水的速度”（latitudo, altitudo, rapiditas）[②]。这当然也深深改变了中国人的思维方式和表达方式，创造了无数的新词组，比如“思维方式”（拉丁语 modus cogitandi）和“表达方式”（拉丁语 modus dicendi）。

这里以下面的例子（“首都”和“学科”）说明现代汉语的形

---

① 参见钟少华《中文概念史论》，中国国际广播出版社，2012 年。

② 参见凯撒《高卢战记》IV，17；参见雷立柏《简明拉丁语教程》，商务印书馆，2010 年，158 页。

成过程，资料来自本人的《现代汉语关键词词源词典》（未出版）①。

例子 1：“首都”

希伯来语	希腊语	拉丁语	法语	英语	德语
ammah	metropolis	caput	capitale	capital	Hauptstadt

古希伯来语中的“母城”：ammah, ‘yir

古以色列人的“首都”在大卫（David）的时代才有（约公元前1000年）。希伯来语的 ‘yir 指“城市”，而 ammah（与 em“母亲”有关系）指“主要的城市”“首都”，比如见《撒母耳记下》（*Samuel* Ⅱ，8:1）中“大卫……从他们手里夺取了京城（ha’ammah）的权柄”（原文写作“母城的嚼环”）。在《撒母耳记下》（20:19）中仅仅写 em（母亲），也指“首都”（译作“大城”）。

阿拉伯语有类似的说法，比如称开罗（Cairo）为“世界之母”。

古希伯来语的 birah（城堡）也可以指“首都”，比如《以斯帖记》

① 所参考的文献包括：W. South Coblin, *Francisco Varo's Glossary of the Mandarin Language*, Nettetal: Monumenta Serica Institute, 2006（两卷，共1033页；这是最早的篇幅比较大的外语汉语词典，1679年完成）；江沙维：《辣丁中华合字典》（*Lexicon magnum Latino-Sinicum*），澳门，1841（779页）；雷立柏编《清初汉语神学术语辞典》，载雷立柏编《汉语神学术语辞典》，宗教文化出版社，2007；马礼逊编《英华字典》（*Dictionary of the Chinese Language, Part Three*），澳门，1822（影印版：《马礼逊文集》，第6卷，大象出版社，2008）；W. Lobscheid（罗存德）编《英华字典》（*English And Chinese Dictionary*），香港，1866—1869（这部字典两次在日本重印出版，影响很大）；Federico Masini, *The Formation of Modern Chinese Lexicon and its Evolution toward a National Language: The Period from 1840 to 1898,* first published in: *Journal of Chinese Linguistics*, 1993（汉语版：马西尼《现代汉语词汇的形成》，黄河清译，汉语大词典出版社，1997）。

（*Esther*，1:5）指 Susa 书珊城。

古希腊语中的“首都”：polis, metropolis

古希腊语的 metropolis 指：（1）母邦（派遣移民的城邦）；（2）祖国，故乡；（3）首都。然而，在具体的历史发展中，早期的希腊城邦有很大的独立性，没有统一的希腊王国，所以也没有“首都”。公元前 200 年，埃及的亚历山大里亚（Alexandria）是世界上最大的城市，也是希腊文化的核心，但不是“希腊首都”。

希腊语的 kephale（头，首）也可以指“某地区的首府”。

拉丁语中的“首都”：caput, urbs

英语的 capital（首都）来自拉丁语的 caput，而这个单词有如下几层意义：（1）头，脑袋，首；垂头地（capite demisso）；（不）戴帽［capite operto (aperto)］；［成语］不实际（nec caput nec pedes habere）。（2）一位，一个（人）。（3）一头动物。（4）生命；生命危险（capitis periculum）；判死刑［capitis (=capite) damnare］。（5）首脑；发起人；元首；罪魁祸首；国家领袖（capita rerum）。（6）首都；基地；中心。（7）重点；主要部分；核心内容。（8）重要阶段；一章。（9）［转］开头；终点；顶端，顶峰；［转］源头；来源；种种灾难的根源（caput miseriarum）。（10）公民身份；公民荣誉；失去公民权利（diminutio capitis）。（11）资本；基本资金。

因为 caput 也指“资金”，它成为后来的 capitalism（资本主义）的词根。

在拉丁语的文献中，urbs 经常指罗马（Roma），所以也有“首都”

的意思：（1）（比较大的，有围墙的）城市；城邑；省会；首都；建城（urbem condere）。（2）罗马城（urbs = urbs Roma）。（3）= arx；（在高处的）城堡；内城。（4）城民；沉睡于酒醉和睡梦中的市民（urbs somno vinoque sepulta）。（5）［转］核心；重点；哲学的重要思想（urbs philosophiae）。

其他欧洲语言中的“首都”：

德语没有采纳拉丁语的词根，而用 Haupt（首）和 Stadt（城）来构成“首府”“首都”一词，最早出现在中世纪，当时这个德语单词的写法是 Houbetstat。

最早的现代意义上的、有中央政府的欧洲“首都”应该是巴黎（Paris）、伦敦（London）和维也纳（Vienna）。19 世纪以来的欧洲人开始认为一个有“首都”的政府应该引导或调整全国的经济和文化生活，所以德国和意大利也变成“统一的国度”，而有“首都”的中央政府可以获得更多权力。

近代汉语中的“首都”：

古汉语有“首府”（指省会的所在地）一词，但没有“首都”。

道明会传教士万济国（Varo）于 1679 年编写的《西班牙语汉语官话字典》记载：“Ciudad grande［a large or major city］府，城府。medianas［medium-sized ones］州。”“Ciudadano［city-dweller］城里人。”

1841 年由江沙维编写的拉丁语汉语词典中写道：“CAPUT 头；首；总；一章；首人；性命。”“caput regni 京都，京城。”

德国传教士罗存德于 1866 年写的《英华字典》记载：

“Capital……the capital of a state 京，京城，京都，京师，京兆，京辇，都邑，辇下；the capital of a province 省城；to go to the capital 上京，进京，赴京，走京；the present capital 本京，现在的京城；the stock in trade 本钱；capital and interest 子母钱；血本。”

1920 年的《德华大字典》（商务印书馆）中仍然没有“首都”：“Hauptstadt 京城，都城。”

1965 年的《拉丁汉文辞典》中出现“首都”，而在 20 世纪末“首都”一词才成为通用的词汇，这是由于日本语的影响，参见《现代英和中辞典》：“capital……中央政厅 no aru 都市；首都，首府，州都……”

例子 2：“学科”

希腊语	拉丁语	法语	英语	德语
mathema	disciplina	discipline	discipline	Fachgebiet

古希腊语中的“学科”：mathema，techne，empeiria

古希腊人开始将“知识”分成不同的、有一定独立性的领域，比如“几何学”“天文学”“修辞学”“逻辑学”等。他们使用 mathema、techne 等词来指某种学科的知识。

从动词 manthano（学习）派生的名词 mathema（学习内容）和 mathesis（学习过程）都很重要［成为英语 mathematics（数学）的基础］。

名词 mathema 指：（1）学问，知识；所学到的知识，比如参见希罗多德（Herodotos）的名言：“吃一堑，长一智（pathemata mathemata）。”（2）与数学有关系的学科。（3）天文学，占星学。

名词 techne 指：（1）技巧，能力，技术。（2）方式，方法，工具。（3）行业，职业。（4）做事的规律，一系列规则，系统，体系。（5）手工品，工艺品。（6）关于语法或修辞学的文章，参见狄奥尼修斯（Dionysius Thrax，前 170—前 90 年）的著作《语法》（*Techne grammatike*）。

名词 empeiria 指：一种没有系统知识（aneu logou）的操作，比如医疗（iatrike），参见柏拉图的《法律》（*Nomoi*，857，c）。有时候，technai 和 emperiai 还被相提并论，比如亚里士多德的《政治学》（*Politike*，1282a1）。

拉丁语中的“学科”：disciplina, ars

拉丁语的 disciplina 比较接近希腊语的 mathema / mathesis，因为它的词根是 discere（学习）。名词 disciplina 指：（1）教导，教育，教学；训练；教学方法；古人的教导（disciplina majorum）。（2）知识；修养；技巧；技术；外来的知识（insitiva disciplina）。（3）学校；哲学派；思想体系；斯多亚派的学说（disciplina Stoicorum）。（4）学科；知识领域；航海知识（disciplina navalis）；修辞学（disciplina dicendi）；修辞学这个学科的原理［haec dicendi ratio aut disciplina，昆提利安（Aristides Quintilianus）］；建筑学家的知识包含需要学科［architecti est scientia plurimis disciplinis et variis eruditionibus ornata，维特鲁维奥（Vitruvius）］；自由学科，［disciplinae liberales，维雷乌斯（Velleius）］。（5）严格训练；严厉要求；家族的严格传统（disciplina domestica）；［军］军队纪

律（disciplina militaris）。（6）习惯，习俗；制度；固定的生活制度（disciplina certa vivendi；disciplina sacrificandi）；举行祭祀的礼仪。（7）政治制度；社会组织；国家体制（disciplina rei publicae）。（8）鞭子。

第二个重要的单词是 ars，它比较符合希腊语的 techne（基本意思：技巧）。名词 ars 的意思是：（1）技能，技巧；技艺。（2）各种系统的知识，专门知识；科学；法学和演讲学（artes urbanae）；音乐（ars musica）；医学（ars medendi）。（3）［转］艺术品。（4）pl. 文艺女神；所有的文艺女神（Musae）（Artium chorus）。（5）（艺术）理论；原理；教科书；根据规律说话（ex arte dicere）。（6）职业；不干净的行业（artes sordidae）。（7）表现；品格；样子。（8）pl. 方式，方法；这样维持政权（imperium his artibus retinetur）。（9）巧妙的方法；策略；绝技；诡计；欺骗的方法；战略（artes belli）。（10）不自然的样子；好的艺术品看来很自然（ars est celare artem）。

无论是 disciplina、ars 或具体的学科（如 grammatica，musica 等），在语法上都是阴性的，所以在想象中和艺术表达中都成为“女士”或“女神”，比如参见波爱修（Anicius Manlius Severinus Boethius）的《哲学的慰藉》（*De Consolatione Philosophiae*）。

其他欧洲语言中的“学科”：

英语 discipline、法语 discipline 和德语 Disziplin 都保留了拉丁语的多层意义，既指“学科”，也指“纪律”。除了 Disziplin 一词外，德语还用 Fachgebiet、Wissenszweig、wissenschaftliches Fach 等词来

表述“学科”。英语 art 来自拉丁语 ars，比如 the art of cooking（烹饪的技巧）。

近代汉语中的“学科”：

古汉语有“六艺”的说法，指“礼、乐、射、御、书、数”，即礼仪、音乐、射箭、驾车、识字、计算。古代的《诗》《书》《礼》《乐》《易》和《春秋》也被称为“六艺”。

早期传教士的著作，比如傅泛际（Furtado）和李之藻译的《名理探》（1631），介绍西方的学科，比如“医学”等。艾儒略在《西学凡》（1623）中介绍欧洲大学的教育制度和六个大学科（“六科”）：修辞学（rhetorica，“文科”“勒铎理加”）是第一个。哲学（philosophia，“理科”“斐录所费亚”）包括：（1）逻辑学（logica，“落日加”“明辩之道”）；（2）物理学（physica，“察性理之道”“费西加”）；（3）形而上学（metaphysica，“察性之上之道”“默达费西加”）；（4）数学（mathematica，“几何之学”“马得马第加”）；（5）伦理学（ethica，“厄第加”“修齐治平之学”）。在这个基础上可以选择四个学科之一：医学（medicina，“医科”“默第济纳”）、世俗法律（leges，“法科”“勒义斯”）、教会法（canones，“教科”“加诺搦斯”）或神学（theologia，“道科”“陡录日加”）。

万济国于1679年编写的《西班牙语汉语字典》中有这几条：“disciplina, ensenanca［discipline, education］教训，道理。”“doctrina［doctrine, religion］教，道理。”“Doctor in sus sciencias［a doctor in their sciences］进士，甲，甲科。”

由江沙维编写的，1841年在澳门问世的《拉丁语汉语词典》记载："DISCIPLINA 教训；教门；学；有方可学之事。"

1866年，德国人罗存德写道："Discipline, instruction 教法，教之道，军法，军纪……""Science 学，智，知，理，智慧，学文，知学；arts and sciences 知及艺者；one versed in sciences 博[学]士；博文士；to perfect one' s self in a science 致知；the science of numbers 数学；算数之学；natural science 格物；博物之学；the science of medicine 医学；医理；the science of music 乐学。"

以上的例子说明了拉丁语单词（"首都""学科"）如何及在什么时期进入汉语的语境，并成为现代汉语通用的单词。目前还没有一部比较好的《现代汉语词源词典》，而编写这样的词典大概需要花费很大的精力，投入很多时间，因为这种研究涉及词义学以及希腊语、拉丁语、法语、英语、德语、日本语、古汉语和现代汉语，而在中国掌握这些语言的人才并不多。因此，这样的词典可能在近期不会问世。然而，因为缺乏这样的工具书，中国人也无法很全面地了解自己天天用的术语和思想概念的来源。从这个角度来看，学习拉丁语和古典文化算是当代中国学人的一个非常迫切的任务。

二、句法的变化

现代汉语的语法变化很明显，从短句变成长句，这都来自长期的翻译工作。汉语的句子结构越来越接近西语的句子结构。

作为例子可以用商务印书馆于1911年出版的《华英翻译金针》

（*Translation Exercises*）中的第一篇课文（繁体字，竖排的，没有任何标点符号）：

第一课地球　袁生见地球仪怪之问于师曰吾人所居之地其形果如球乎师曰然袁生曰地形圆则居球下者何以不虞坠落师曰地心有吸力能吸地面之物故无坠落之患[①]

如果用100年以后的“现代汉语”，这几句话应该是这样写的：

第一课：地球。当一名姓袁的学生看到一台地球仪时，他感觉到奇怪，就问老师：“我们所居住的大地是和一个球一样圆的吗？”老师回答：“是的。”袁又说：“如果地球是圆的，那么居住在地球下面的人没有落下的危险吗？”老师说：“在地心有一种吸力，它能吸引地面上的一切事物，所以不用怕要落下去。”

第一句话就是时间从句“当……时”，符合拉丁语的时间从句“cum……”，条件从句“如果……”也来自拉丁语的条件从句“si……”。

当然，“吸力”或“万物引力”来自牛顿命名的“引力”（gravitatio），但现代汉语中的“记忆力”来自古拉丁语的“记忆的力量”（vis memoriae）。

---

① 参见李文彬（LI UNG BING）《华英翻译金针》，商务印书馆，1911年，1页。

三、人名、地名的翻译

中国历史学家方豪曾观察到，“Latin”（拉丁语）在清代的文献中有40多种翻译，比如“喇第诺、辣第诺、拉替努、拉提诺、拉的诺、拉体诺、拉氏诺、拉体纳、纲体那、腊丁、腊鼎、腊顶、蜡第、拉丁、拉顶、辣丁、辣钉、纳丁、赖丁、力登、腊定、辣定、拉典……”[①]今天用的“拉丁”是约定俗成的通用名称，因为很多其他的译名没有令人满意的、普遍实用的。

拉丁语人名、地名的汉译始终是一个很大的问题。比如，贺清泰的《圣经》译本将Caesar译成“责撒肋”，李问渔译作“责撒尔”[②]，具有影响的和合本译作“该撒”，天主教的思高本译作“凯撒”。在20世纪末的中国文献中，“恺撒”则是更普遍的译法。

古罗马最有名的演讲家Cicero曾被译为“季宰六”（马相伯）、“济载劳”（李问渔）、“西昔罗”（谢大任于1959年出版的《拉丁语语法》，见序）、“西塞禄”（吴瑞金）和“西塞罗”。许多台湾文献仍然用“西赛罗”[③]而不用“西塞罗”。

始终让译者非常头痛的人名和地名是Justinianus（“尤士丁

① 参见方豪《拉丁文传入中国考》，《方豪六十自定稿》，台湾学生书局，1969年，1—38页。

② 参见雷立柏著《论基督之大与小：1900—1950年华人知识分子眼中的基督教》，社会科学文献出版社，2006年，194页。

③ 比如见李爽学《中国晚明与欧洲文学》，“中央研究院”联经出版公司，2005年。他译Cicero为“西赛罗”、Epictetus为“伊比推图”、Aeschylus为“伊士奇勒士”、Seneca为“西尼加”，见438页。

尼”“犹斯蒂尼安努斯”“查士丁尼安”“朱斯蒂尼亚诺”，大概有10多种不同的汉译方式）和Ravenna（“拉韦纳”“拉文纳”“腊文纳”“腊万纳”“拉温那”等）。

古代人名翻译的特殊问题是很多中国译者根据英语发音翻译，这样将Jupiter译成“朱庇特”，但在21世纪已经有一些译者意识到拉丁语发音和英语发音不同，并且试图将“朱庇特”改成“尤皮特”。然而，谁有胆量将“荷马”改正为“霍梅若斯”，将“罗马”改正为“若马”，将“希腊”改正为“赫拉斯”呢？

与人名翻译问题有关系的是动物名称的翻译，最著名的例子可能是中国的“熊猫”（亦称“猫熊”）。这只“熊”为什么与“猫”有关系？原因是1869年发现“熊猫”的法国传教士谭微道（Armand David CM，1826—1900）[①]为这只熊起的学术名称是Ailuropoda melanoleucus（法国科学院还加上“David”，为了纪念这位伟大的自然科学家）。熊猫的拉丁语名称来自希腊语，ailuros指“猫”，poda是“脚”，melano/melas是“黑的”，leucus /leukos是“白的”。因此，这个学术名称已经能够比较全面地形容“熊猫”：它像一只大的猫，但脚比较粗，其毛是黑白的。值得注意的是，谭微道神父在中国仅仅待了12年（1862—1874），但除了熊猫、金丝猴和麋鹿以外，

图49：法国传教士谭微道

① 参见雷立柏编《中国基督宗教史辞典》，宗教文化出版社，2013年，100页。

他还发现了58个鸟类新种和100多个昆虫新种。然而，中国的历史书很少提到这位法国传教士的名字，网上的资料错误地将“Père David”译成“佩尔·戴维”，而不是“谭微道神父”（Père是“神父”的意思，不是本名）。

下面的拉丁语人名译名也能说明汉译名的问题[①]：

Augustinus

E: Augustine

D: Augustin, Augustinus

J: A-u-gu-su-ti-nu-su

注音符号：ㄠㄍㄨㄙㄊㄧㄋㄨㄙ

已有翻译：奥古斯丁、奥斯定、奥思定、思定、奥古斯定

发音直译：奥古斯提努斯

发音简译：奥古斯廷

名字释义：“小奥古斯图斯”，来自Augustus（奥古斯都），即“崇高者”“伟大的人”，词根是augere（“增加”“扩大”）

人物：拉丁教父Aurelius Augustinus（354—430），北非希波里吉诃（Hippo）之主教，最有影响的古代晚期作者，曾写《忏悔录》和《上帝之城》（*De civitate Dei*）

① 这些例子来自本人编的《古希腊罗马人名译名词典》（未出版）。

Benedictus

E: Benedictus, Benedict

D: Benediktus, Benedikt

J: Be-ne-di-ku-tu-su, Be-ne-de-i-ku-to-u-su

注音符号：ㄅㄝㄋㄝㄉㄧㄎㄊㄨㄙ

已有翻译：本笃、本尼狄克特、别涅狄克特、贝内迪克

发音直译：贝内迪克图斯

发音简译：贝内迪克特

名字释义："被祝福的"，从 benedico"祝福"

人物：意大利隐修者（480—547），本笃会（Benedictine Order）的创始人

出处：Greg. Mag., Dialogi 2

Boethius

E: Boethius

D: Boethius

J: Bo-e-ti-u-su

注音符号：ㄅㄛㄝㄊㄧㄨㄙ

已有翻译：波伊提乌斯、波伊丢斯、波伊提乌、波依提乌、波埃修斯、波哀丢斯、溥埃提乌斯、波埃修、波爱修

发音直译：波俄提乌斯

名字释义："协助者"，从 boetheia"协助"

人物：罗马思想家和翻译家 Anicius Manlius Severinus Boethius（476—524）

Cupido

E: Cupid

D: Cupid

J: Kyū-pi-do, Ku-pi-do

注音符号：ㄎㄨㄆㄧㄉㄛ

已有翻译：丘比特、库皮得、丘必德、邱比特

发音直译：库皮多

名字释义："渴望"，从 cupido"渴望"

人物：传说中的爱神，亦称 Amor

出处：Plat. Symp., Ov. Met. 1, Apuleius, Met.

四、拉丁语名著的翻译：从《几何原本》到《神学大全》

利玛窦的早期汉语著作中都有拉丁语单词或内容，比如《交友论》中包含西塞罗的一些成语。然而，他在晚年花费了很多的时间和精力翻译拉丁语的《几何原本》。当然，外国传教士首先想翻译宗教书，尤其是《圣经》。《圣经》的翻译是艰难的工作，因为涉及人名和地名，而《圣经》部头很大，20 世纪的汉译本约有 200 万字。第一个翻译部分《新约》的人是阳玛诺，他的《圣经直解》（1636）大约包含福音书 25% 的内容。在《约翰福音》的开始，他将 Verbum 译成"物尔朋"：

In principio erat Verbum, et Verbum erat apud Deum, et Deus erat

Verbum.

厥始物尔朋已有。斯物尔朋实在天主，实即天主（参见附录）。

在阳玛诺之后还有很多其他人士翻译《圣经》的部分文献或全部文献，都参考的是拉丁语译本（即 Vulgata 通行本）。

早在1654年，意大利人利类思就着手翻译托马斯的巨著《神学大全》，关于他用的神学术语，请参见本人的《汉语神学术语辞典》[①]。中国人在20世纪自己承担翻译工作，其中一个人物是耶稣会会士吕穆迪神父，他从20世纪30年代到20世纪60年代翻译了托马斯·阿奎那的部分著作，2013年由安徽人民出版社出版，共6卷，即《哲学基础》（*De principiis naturae*）、《宇宙间的灵智实体问题》（*Tractatus de spiritualibus creaturis*）和《驳异大全》（*Summa Contra Gentiles*）4卷：《论真原》《论万物》《论万事》《论奥理》。

在“译后的回想”中，译者写道：

近三十年矣！访问了欧、美、亚诸洲三十多座学府和图书馆，对照了拉丁原文、古今十几种抄本和印本，比较了英、法、德、意、西班牙和日本诸国许多译本（日文译本，即将出版）；埋头书写，夜经继昼，终于完成了这个翻译工作；给读者缩短了时空距离，将远代远方的智思光明，集中投射到每位读者心内的银幕上，观赏逻辑哲理永远现实、超越时空的神妙。

① 参见雷立柏《汉语神学术语辞典》，宗教文化出版社，2007年。

随时异地，译者受了师长友好的协助或同情。回想起来，十分感激。文化工作的慰乐，是人间文化的进步。圣多玛斯开卷誓志，愿尽“上智任务”，将上智的乐趣，分给天下读者，津津咀嚼。读者内心之乐，也是天心神智的降衷同乐。

1969年4月20日 吕穆迪 灯下[①]

20世纪下半叶，台湾道明会的人士在几十年内翻译了《神学大全》，2008年由台湾碧岳学社出版，共18卷。同时，武汉大学哲学系的部分学者从1998年以来就在段德智老师的指导下翻译《神学大全》，第一集于2013年由商务印书馆出版。

其他的名著，比如奥古斯丁的《忏悔录》和托马斯·肯璧斯的《师主篇》都有很长的翻译史，曾有很多译本，这里不一一罗列。

在20世纪拉丁语译汉语的工作上，特别有成就的人士不多，但其中应该提到王焕生先生。他1939年9月生于江苏南通，1959年进入北京外国语学院学习俄语，次年进入苏联莫斯科大学语言文学系古希腊罗马语言文学专业学习，获得了良好的古典学教育，1965年毕业回国，但无法发挥自己的才能，10年后在中国社会科学院从事古希腊罗马文学研究。其主要的著作是《古罗马文学史》，也与他人一起合译了很多书，包括《伊索寓言》《希腊罗马散文选》《古罗马戏剧选》《伊利亚特》《奥德赛》，西塞罗的《论共和国》《论法律》《论老年》《论友谊》《论义务》《论演说家》。

① 参见圣多玛斯·阿奎纳《阿奎纳著作集：论奥理》，吕穆迪译述，安徽人民出版社，2013年，455页。

第十一章：拉丁语在 21 世纪初的发展

一、出版物

21 世纪初，很多拉丁语著作被译成汉语并在中国出版，但仅仅在法学领域中有很大的进步，比如见下列著作和工具书：

1. 尤斯提尼安（Justinianus）著，徐国栋译《法学阶梯》（Institutiones），北京：中国政法大学出版社，2000 年（第二版 2005 年；拉丁语汉语对照版）。

2. 黄风《罗马法词典》，北京：法律出版社，2002 年。

3. 薛伯主编《元照英美法词典》，北京：法律出版社，2003 年（2017 年第 12 次印刷；该词典包含很多拉丁语法律格言，而且基本上汉语的译文很恰当、可靠）。

4. 彭小瑜《教会法研究》，北京：商务印书馆，2003 年（这本研究是根据拉丁语资料写的，因为作者的拉丁语水平很高）。

5. 孙笑侠编译《西方法谚精选》，北京：法律出版社，2005 年（拉丁语、英语、汉语对照）。

6. 郑玉波《法谚》（上下两册），北京：法律出版社，2007 年（拉丁语法律格言的日本语、英语、汉语翻译）。

7. 雷立柏（Leopold Leeb）《拉英德汉法律格言辞典》，北京：宗教文化出版社，2008年。

8. 陈卫佐编《拉丁语法律用语和法律格言词典》，北京：法律出版社，2009年。

9. 约翰·格雷（John Gray）著，张利宾译《法律人拉丁语手册》，北京：法律出版社，2009年。

10. 拉扎尔·伊曼纽尔著，魏玉娃译《拉丁法律词典》，北京：商务印书馆，2012年。

11. 孙怀亮《教会法实证研究：以〈教会法典〉为中心》，博士论文，北京航空航天大学，2015年（未出版）。

在文学、哲学、历史学、法学、宗教学、美术等方面都有很多拉丁语著作被译成汉语，翻译的水平也在不断上升。虽然很多译者根据英语译本翻译汉语，但他们也会更多地重视原文或关键词。如果一部著作很明显地没有参考拉丁语原文，只是从英语转译的，很多学者就会谴责这样的译著并对作者加以批评。这种现象意味着中国学者比以前更强调“原来的味道”。

二、大学、修道院和其他教学机构

大部分中国大学仍旧没有专业的拉丁语老师，也没有古典语文学系。然而，来自法学、哲学、文学、医学、植物学等领域的学生和老师越来越清楚地意识到，他们应该学习基本的拉丁语语法。因此，各种拉丁语教科书都开始有了一定的市场，比如信德麟（出生于1927年）于2007年在北京出版的语法书《拉丁语和希腊语》在几年内加印了很多次。本人于2010年出版的《简明拉丁语教程》到2014年已经第4次印刷，发行量总共15000册。基本上，中国的大学对开设拉丁语课程越来越开放：北京师范大学从2006年以来为研究生开设“拉丁语基础”一课，中国政法大学从2009年以来为本科生开设拉丁语课，北京大学也有几位老师（属哲学系和历史系）开设拉丁语课。

世界古典文明史研究所于1984年创立于（长春）东北师范大学，该研究所也很早（20世纪80年代末）就开始开设拉丁语和古希腊语的课程，推动古典文明史研究的灵魂人物是林志纯教授（1910—2007）。

全国高校中成立最早的古典学专门研究机构之一是广州中山大学古典学研究中心，这家中心成立于2008年7月。2015年11月起，中心隶属单位为中山大学人文高等研究院，由甘阳教授任主任。中山大学古典学研究中心致力于从西方古典学、中国经学和古典接受史等三个方向开展研究，其研究成果包括由刘小枫教授（曾任中心主任）和甘阳教授主编的“经典与解释”系列丛书，已出版360余种（截至2015年1月）。

2010年北京外国语大学创立“拉丁语言文化中心”，由意大利学者麦克雷引导，他从2009年以来在北京外国语大学开设了拉丁语课程。

2011年11月北京大学创立西方古典学中心，与此有关系的学者是黄洋、吴天岳、穆启乐（Fritz–Heiner Mutschler）[①]、彭小瑜、靳希平、吴飞、李猛、薛军、刘津渝、章永乐、刘淳。

2012年北京师范大学附中请美国学者杜大伟（David Quentin Dauthier）除了英语以外还要教拉丁语。这位热爱古代文化和西方古代语言的学人用“自然方式”教学生，即尽可能地用拉丁语来教拉丁语，学生在课本上很快就能阅读一些完整的句子，而不是先背诵“rosa”“dominus”等名词的变格形式。杜老师的努力第一次为中学生提供了学习拉丁语的机会。曾在北京生活了近20年的杜老师于2018年1月回到美国。

2013年本人在北京认识了一位想创立“三语学校”的老师，他想教6岁的小孩子中国的古代经典，同时也要教他们拉丁语，甚至古希腊语。这位老师的思想出发点是，他认为中国在民国时代能出很多人才是因为当时的人同时接触自己的古典文化和西方的古典文化，而这种文化土壤才能产生优秀的人才。

在中国的天主教和基督教神学院和修道院中，拉丁语的教学情况在2000年后有一定的恢复趋势，但因为老师和词典的缺乏，很少有修院能长期开正规的和水平较高的拉丁语课。天主教在传统上更重视拉丁语，而基督新教更强调“圣经的语言”，即希腊语和希伯来语。2005年后曾在金陵神学院任教的芬兰神学家罗明嘉（Mikka Ruokanen）也在金陵教授拉丁语[②]，因为欧洲的神学传统建立在拉

① 穆启乐是一位德国古典学家，生于1946年。他曾在20世纪80年代末在长春东北师范大学世界古典文明史研究所教拉丁语。

② 这是罗明嘉于2015年在北京告诉我的。

丁语之上，无论是奥古斯丁、托马斯·阿奎那或马丁·路德，都有重要的拉丁语著作。

2014 年以来，本人也在后浪出版公司开设拉丁语、古希腊语和古希伯来语的课，部分参与暑期班课程的人是中学生，甚至还有小学生。

三、学术会议

北京外国语大学于 2011 年 6 月 10 日召开“首届中国高校拉丁语教学研讨会”，参与会议的人包括北京的拉丁语老师，比如北京大学历史系的彭小瑜教授、北京大学中文系的康士林（Nicholas Koss）教授、北京外国语大学的罗莹老师和麦克雷老师、杜大伟老师，以及本人。

北京外国语大学于 2013 年 4 月 3 日举行“313：改变西方语言的一年”的学术会议，其中麦克雷老师发表了“基督教对拉丁语的影响——以 130 个拉丁语单词为例”一文，而南京大学的纪志刚老师分析了《几何原本》的汉译本，并认为“利玛窦和徐光启……依据拉丁语名词，他用新的术语系统为中国传统数学注入了新的语汇，其中一些名词甚至沿用至今”。

在中国众多大学中，唯一的拉丁语专业在“北外”。北京外国语大学拉丁语专业于 2011 年获教育部批准成立，北外的拉丁语专业设立于欧洲语言文化学院。2016 年，拉丁语专业制定了本科人才培养方案。2018 年 9 月，拉丁语专业迎来了首届全日制本科生。

为了对北外拉丁语专业的人才培养目标、人才培养模式、教学理念和教学方法等内容进行研讨，为提高中国的拉丁语教学水平，探讨中国的西方古典学发展方向，北京外国语大学欧洲语言文化学院于2018年11月24日至25日举办了“中国高校拉丁语专业建设暨西方古典语言文化教学研讨会”（Symposium on the Development of Undergraduate Latin Programs and on the Teaching of Western Classical Languages and Culture in Chinese Universities）。参与会议的国内外专家和拉丁语老师谈论了拉丁语教学在中国语境中多方面的意义。

2000年以来，中国几所大学曾举行过一些与古典学（包括拉丁语研究）有关系的会议，其中也经常对比中国的古典学和西方的古典语文学，比如2017年11月25日至26日在上海复旦大学举行的会议——“中西古典学的会通”。

四、现代汉语和拉丁语的有趣故事

2000年后的北京有很多浴室，外面写着“SPA”，但很少有人知道，这三个字母来自Salus per aquam（通过水而获得健康）。所以我上课时经常告诉学生：“北京人身在水中不知SPA。”

20世纪90年代在中国最流行的车应该是“桑塔纳”，即Santana，而这个名字来自Sancta Anna（西班牙语Santa Ana，即Santana）。“亚纳”是基督教的圣徒，而Sancta Anna是“圣亚纳”的意思，也是拉丁美洲某城市的名字。

很多公司喜欢用拉丁语的名字，比如汽车公司。“沃尔沃”来自 Volvo，意思是“我在转动”，现在时表示永恒的状态：“我始终要转动。”我用拉丁语的“转动”一词说明“进化”（evolution）和“革命”（revolution）以及“书卷”（volumen）的关系：古人看书卷时，要“展开”（evolvere）它，有时候还要“回转”和“重新阅读”（revolvere）——原来“革命”是“重读历史”的意思!

上课时我问学生：“世界上最浪漫的语言是哪种？”他们回答“法语”或“意大利语”，有人也说“汉语是最浪漫的语言”。然而，“浪漫”来自 romantic，其词根是 Roma，而 ROMA 的倒写是 AMOR，即“爱神”！

大约 2008 年我和北京朋友喝啤酒时，突然发现啤酒瓶上从上到下写着一个拉丁语的词：MONS（即“山”，英语 mountain）。我非常高兴，但我朋友说：“你喝多了。而且你要从另一个角度看，不是‘MONS’，而是‘SNOW’！”实际上，我就是看反了，把“雪花”读成了“山”。

汉语词“首都”和《唐诗三百首》中的“首”都与拉丁语的 caput（头、首）有关系，因为现代汉语的“首都”来自英语的 capital，而英语的 capital 来自拉丁语的 caput，而这个词也有“首都”的意思。而且，英语的 chapter（章）也同样来自 caput，所以《唐诗三百首》中的“首”就是英语的 chapter 或“章”。另外，拉丁语的 caput 也有“资金”的意思，所以“资本主义”（capitalism）一词也有拉丁语的词根。

从语言学来看，吃汉堡包是一件很有启发的事，因为“汉”是日耳曼语的单词，“堡”则是希腊语和拉丁语的混合单词，而“包”

才是汉语的的词：Hamburger 中的 Ham 即是与 Hansa 有关系的日耳曼语词，Burg 是中世纪拉丁语对 pyrgos 的改写，而 pyrgos（火炬塔、烽塔）来自希腊语的 pyr（火，参见英语 fire）。在中世纪，人们用 burgus/burgum 去描述与“烽塔”有关系的“城堡”，所以至今仍有很多西方地名与 burg 有关系，比如“汉堡”（Hamburg）。这样，物质上的汉堡包有三层，而其名称也有三个层次：“汉”“堡”和“包”。

古汉语的“社会”一词指“社区的聚会”，即“庙会”和“社火”。现代汉语的“社会”深受拉丁语 societas（即英语 society）一词的影响，而“社会学”“社会分析”“社会主义”等词就是外来词。耐人寻味的事实是，拉丁语的 societas 和 socius（朋友、盟友）有关系，所以“社会”可以说是“友谊关系的成果”，但中国的小孩子都知道“社会是阶级斗争的产物”这句话。可能现代社会要更多地强调“合作”和“友谊”，少谈“斗争”。

一个来自山西的笑话：在民国时期，山西天主教修道院对修道生拉丁语能力的要求比较严格。有一次一名修生被开除，因为他的拉丁语不够好，他只好回家种地。不久后，当地的外国神父路过时看到这位修道生在耕地，惊讶地问他：“你为什么不在修道院呢？”这个修生用流利的拉丁语回答说：“Lingua Latina agricolam me fecit（拉丁语使我成为一个农民）。”神父马上去修道院，替那个修生的拉丁语能力做辩护。结果，那个“农民修士”被允许继续修道。[①]

① 作者在2005年从山西太原的一位老修生口中听到这个笑话。

然而，很多神父也在农村参加生产队，也许当时那位神父可以说："Lingua Latina iterum agricolam me fecit（拉丁语再次使我成为农民）。"

五、其他

几十年以来，中国天主教在各处建立了很多教堂，但很少能在教堂外面或里面看到拉丁语铭文[①]，而碑文上也同样比较少有拉丁语。

在学术方面，北京外国语大学有一些年轻学者注重拉丁语研究和拉丁语文献的翻译史，比如罗莹女士的博士论文（《儒学概念早期西译初探——以柏应理的〈中国哲学家孔子〉为中心》，2011）以及王硕丰女士的博士论文（《贺清泰〈古新圣经〉研究》，2013）。

拉丁语的歌声在北京也偶尔能听到，比如北京的陈经纶中学于2002年创立了"经纶之声"合唱团，该合唱团在他们的指导老师王帅的引导下曾参与国外很多歌唱竞赛，多次获奖。值得注意的是，这些学生也唱英语、法语和拉丁语的歌曲，这在国内是很少见到的。

北京的外国人也在2000年后组织了一些唱拉丁语歌曲的合唱团，比如"国际节日合唱团"（International Festival Chorus，2002年创立），以及成立于2003年的北京文艺复兴小型合唱组（Beijing

① 山西省太原市晋源区姚村的新教堂于2012年落成，在教堂外面有一些拉丁语铭文，这算是罕见的现象。

Renaissance Ensemble）。

北京外国语大学的“拉丁语言文化中心”从2012年以来每年11月举行一次“拉丁歌表演”，其中会邀请一些愿意唱拉丁语歌曲的个人或合唱团演唱。

附录一：罗明坚《大学》译文

［原文］：大学之道，

［拉丁语］：Humanae institutionis ratio，

［英语］：The plan for the education of the people，

注：耶稣会会士使用“ratio studiorum”一词来形容他们的教育计划，即当时很盛行的亚里士多德式的哲学教育、托马斯主义的神学理论和自然科学，等等。拉丁语中的 ratio 有“考虑、计划、规则、理由、理性”等意思。殷铎泽后来将“大学”译为“大人物的知识教育”（Magnorum virorum sciendi institutum）。

［原文］：在明明德，

［拉丁语］：posita est in lumine naturae cognoscendo et sequendo,

［英语］：lies in knowing and following the light of nature,

注：从语法来看，posita est 是被动完成时，来自 pono, ponere, posui, positus（安放，设定）；“明德”译为 lumen naturae（自然之光），指人的天赋理性，在神学中指启示以外的真理（比如古希腊的形式逻辑）。托马斯主义强调“自然之光”有自己的独立性且具有价值。第一个“明”译为 cognoscendo et sequendo，这是 cognosco, -ere（认

识）和 sequor, sequi（跟随，随从，遵从）的动形词（gerundive），其夺格符合 lumine（光），所以可以译为“应该被认识和遵守的自然之光”。在西方语言中“观看”和“遵守”有内在的关系，比如希伯来语的 shamar、希腊语的 phylattein、拉丁语的 observare、英语的 observe 都有“观察”和“遵守”两层含义。译者认为“明”指“明认”（cognoscendo）和“表达出来”（sequendo）两个意思。

［原文］：在新（亲）民，

［拉丁语］：in aliorum hominum conformatione,

［英语］：and in the conformity to the other people,

注：拉丁语译文以 alii homines（其他人）翻译“民”，而原文的“亲”译为 conformatio。拉丁语的 conformatio, -onis, f.（采取同样的形式，符合，适应）是英语 conform、conformation、conformity、conformable 的来源。这个词使基督徒联想到《新约：腓立比书》（Phil 2:5.7），在那里提到耶稣原来有“神的形象”（forma Dei），但他“接受了奴仆的形象”（formam servi accipiens）。古罗马的哲人塞涅卡（Seneca）也强调一个人的言行应该“平易近人”：“内心的思想也许和别人完全不一样，但在外表上应该符合社会环境（Intus omnia dissimilia sint, frons populo nostra conveniat，参见 Seneca, *Epistulae morales*, 5）。”

［原文］：在止于至善。

［拉丁语］：et in suscepta probitate retinenda.

［英语］：and in keeping the goodness once it has been accepted.

注："至善"译为 suscepta probitate。单词：suscipio, -cipere, -cepi, -ceptum 是获得，接受，支持，采取，领受；probitas, -atis, f., 是善，正直，荣誉。动形词 retinenda（阴性符合 probitate）来自 retineo, -ere（遵守，坚持等）。

［原文］：知止而后有定，

［拉丁语］：Quando compertum fuerit ubi sistendum, tunc homo consistit.

［英语］：When it is understood where one should stop, then a person comes to a halt or becomes steadfast.

注：连词 quando 在这里是"一旦"或"当……时"；compertum fuerit（被动将来完成时的虚拟式，中性）来自 comperio, -perire, -peri, -pertum（发现，了解，学会，意识到）。拉丁语 quando compertum fuerit 的英语可以译为 once it would have been understood。拉丁语 sistendum（动形词，中性）来自 sisto, sistere, stiti, statum（站住，停止）。拉丁语 consisto, -ere 的意思是停止、站住、变坚定、成稳定、凝固等。值得注意的是，拉丁语的 sistendum 和 consistit 有同样的词根（参见英语的 stand, standing, steadfastness），而汉语的"止"和"定"在写法上也有一点相似性。

［原文］：定而后能静，

［拉丁语］：Consistens quiescit,

［英语］：Being steadfast he or she is calm,

注：consistens 是 consisto 的现在时分词，单数主格；quiescit 来自 quiesco, quiescere, quievi, quietus（休息，睡眠，沉默，安静下来）。

［原文］：静而后能安，

［拉丁语］：quietus securus est,

［英语］：being calm he or she is secure,

注：拉丁语的 securus（不怕的，安静的，安全的）来自 se cura（=sine cura，无忧虑的），近义词是 compositus、serenus、tranquilus、pacatus、tutus。

［原文］：安而后能虑，

［拉丁语］：securus potest ratiocinari, et dijudicare,

［英语］：being secure he or she is able to consider and to discern,

注："虑"译为两个词：ratiocinor, -cinari, -cinatus sum（计算，估计，推理，思考）；dijudico, -are, -avi, -atum（区分，鉴别）。

［原文］：虑而后能得。

［拉丁语］：demum potest fieri voti compos.

［英语］：and finally he or she can become satisfied.

注："得"译为拉丁语的 voti compos，这个优美的词组可以译为英语的 having one' s prayers answered(见到自己的意愿实现了，

因此感到满意与幸福）。参见 compos, compotis（拥有的，获得的，做主的，把握的）。亦见 compositus, -a, -um（结合的，安排的，安静的）。

［原文］：物有本末，事有终始。

［拉丁语］：Res habent ordinem, ut aliae antecedent, aliae sequantur.

［英语］：The things follow an order, some come first, others may follow.

注：汉语的“物”“事”都可以用拉丁语的 res 来表达，因为 res 既指具体的东西，也可以指抽象的事，比如法律规则、社会秩序等。“本末”和“终始”结合译为“有的在前，有的在后”，同时将“本末”“终始”和下句的“先后”译为拉丁语的 ordo（秩序）。在托马斯（Thomas Aquinas）的哲学中，自然秩序（ordo naturae）是很关键的概念。

［原文］：知所先后，则近道矣。

［拉丁语］：Qui scit hunc ordinem tenere, non procul abest a ratione quam natura praescribit.

［英语］：Who knows to keep this order is not far from the rule which nature prescribes.

注：“知”译为 scit … tenere（知道如何遵守），参见 teneo、tenere（抓住，保持，遵守）。“道”译为 ratio quam natura praescribit（大自然所规定的规则）。早期的耶稣会会士在其他的译著中把“道”

译为 regula（规律）、via（道路）或 norma rationis（理性的规则）。

[原文]：古之欲明明德于天下者，

[拉丁语]：Inde qui voluerunt indagare insitum naturae lumen datum ad mundi regimen,

[英语]：Thus those who wanted to investigate the inborn natural light which has been given for the government of the world,

注：拉丁语的 voluerunt 是 volo, velle 的完成时[三复]。参见 indago, -are（寻找，追求）；insitus 来自 insero, inserere, insevi, insitum（播种，植入，印入）。在这里，"明德"译为 insitum naturae lumen（内在的自然之光）；"于天下"译为 datum ad mundi regimen（为管理世界而给予的）。拉丁语的被动式 datum（曾经被给予的，从 do, dare, dedi, datum）在基督教的文献中暗示"神所给予的"（given from God）。

[原文]：先治其国。

[拉丁语]：prius regni administrationes sibi proposuerunt.

[英语]：they first tried to govern the kingdom.

注："治"译为 administrationes sibi proposuerunt（致力于管理）。从词根看，administratio 中有 minister[仆人，地位不高的，与 minor（较小的）有关系]。该词使读者联想到"从下面的服务"，而不是"从上面的控制"。

［原文］：欲治其国者，

［拉丁语］：At qui volebant regnum suum recte administrare,

［英语］：And those who wanted to govern their kingdom properly,

注："欲治"译为过去时的 qui volebant……administrare，即"那些曾经愿意管理……"。

［原文］：先齐其家。

［拉丁语］：prius domum suam disciplina recte constituebant.

［英语］：first layed down a good rule for their house.

注：拉丁语的"家"是 domus, -us，f.，也可以指"家族"。"齐"译为 disciplina recte constituere（恰当地使用规律来整理）；现代英语 constitution（宪法）的来源是拉丁语的 constituo, -ere, -ui, -utum（建设，设定，制定）。

［原文］：欲齐其家者，先修其身。

［拉丁语］：Qui recte volebant domum suam disciplina constituere prius vitam suam instituerunt.

［英语］：Those who wanted to lay down a good rule for their house first ordered their lives.

注："修其身"译为 vitam suam instituere（整理自己的生活），参见 instituo, -ere（管理，规定，决定，教导）。

［原文］：欲修其身者，先正其心。

[拉丁语]：Qui vero voluerunt vitam suam instituere prius animum suum instituerunt.

[英语]：Those who wanted to order their lives first ordered their hearts.

注：拉丁译文将“修”和“正”都译为 instituere。拉丁语有几个词指“心”（如 cor, pectus, mens），其中一个是 animus, -i, m.（意愿，愿望，心意，精神，志气）。

[原文]：欲正其心者，先诚其意。

[拉丁语]：Qui animum voluerunt instituere mentis intentionem et actiones rectificarunt.

[英语]：Those who wanted to order their hearts rectified the intentions of their minds and their actions.

注：“诚其意”译为 rectificarunt mentis intentionem et actiones（纠正内心的意向和种种行动），rectificarunt 是 rectificaverunt 的简写形式。古典拉丁语没有 rectifico, -are 这样的词，它来自中世纪的传统，接近英语的 rectify。

[原文]：欲诚其意者，先致其知。

[拉丁语]：Qui suae mentis intentionem et actiones volebant dirigere scientiam sibi comparabant.

[英语]：Those who wanted to direct the intentions of their minds obtained knowledge for themselves.

注：“致知”译为 comparare scientiam（获得知识）；scientia 的原义是“知识”，但在现代语境中使人联想到“科学”。拉丁语的 dirigere（指导）和前句的 rectificare （=rectum facere，纠正）有同样的词根，即 rego, regere（指导）。

［原文］：致知在格物。

［拉丁语］：Absolutio scientiae posita est in causis et rationibus rerum cognoscendis.

［英语］：The perfection of knowledge is found in the understanding of the causes and purposes of things.

注：原文的“致知”译为 absolutio scientiae，参见拉丁语 absolutio, -onis, f.（完成，完满）。动形词 cognoscendis 修饰 causis（种种原因）和 rationibus（种种原则）。这句话符合古希腊和古罗马对“知识”的定义：“理解各事物的原因，其来源和目标。”希腊语的关键词是 aitia（来源），拉丁语则是 causa（原因）。Ratio 的意思非常广泛，包含“规律”“原则”“目标”，等等。

附录二：为什么中国学生应该学习拉丁语？十个论点

学习拉丁语是为了——

（1）更好地理解及分析欧洲语言，尤其是英语的单字。口语英语 50%—60% 的单字有拉丁语词根，书面英语 70%—80% 的单字有拉丁语词根。比如英语的 science（科学）来自拉丁语的 scire（知道），英语的 progress（进步）来自拉丁语的 progredior（迈进）。

（2）掌握汉语中的外来语。一些欧洲来的翻译家（比如利玛窦、艾儒略、利类思）从 17 世纪开始将一些拉丁语的文献译成汉语，他们创造了一系列复合词，这样开始塑造现代汉语的部分术语，如“人类”“行为”“选择”“错误”等词都来自那个时代。19、20 世纪，西方语言的文献被译成汉语，很多有拉丁语词根的概念成了现代汉语中的词语。

（3）理解英语词及汉语词的象征意义或寓意。比如汉语的“母校”来自拉丁语的 alma mater（“伟大的母亲”，可以指一个学校）。“母语”来自拉丁语的 lingua materna。现代汉语有“热爱”一词，但“四书五经”中并没有“热爱”一词。“热爱”即英语的 ardent love，来自拉丁语的 ardenter amare（热切的爱慕）。

（4）澄清思想概念，提高思维的逻辑性。拉丁语语法的规律性影响了欧洲各国的语言。有规律的语言也能创造清楚的、有逻辑的思维。比如单数和复数、主动和被动、现在时和过去时之间的差别在学术文献中应该得到清楚的表达。现代汉语的表达仍然在某些方面忽略了这些细节，比如英语的复数词 Chinese languages 经常被译为“中国语言”，这样容易被理解为（单数的）“汉语”。学习拉丁语语法能提高汉语的翻译水平。

（5）更深入地了解西方人的思想。与汉语成语一样，拉丁语成语和俗语也表达人们的感受、思想和世界观。拉丁语的成语影响了英语、法语、德语等欧洲语言的成语。很多拉丁语成语也涉及法律、伦理学或宗教思想。了解拉丁语成语有助于品尝原汁原味的西方文化。

（6）能够分析许多西方人名和地名。很多西方人名、地名来自一些拉丁语、希腊语或希伯来语的单字，比如“桑塔纳”来自 Sancta Anna（圣亚纳），“沃尔沃”来自 Volvo（我在转动），“慕尼黑”来自 monachus（隐修士），等等。

（7）认识欧洲的经典。欧洲文化建立在某些经典著作的基础上，而这些经典来自古希腊和古罗马时代，大多是以希腊语或拉丁语写成的。影响最大的经典是犹太人的《圣经》，它的原文是古希伯来语（《旧约》）和古希腊语（《新约》），但最有影响的版本是拉丁语的译本。如果想理解西方传统文化就必须研究这些经典著作，应该学习原文。

（8）更好地理解中国和西方之间的对话。中西思想交流意味着中国的经典被译成外语，而西方的经典被译成汉语。这种交流和对话是在17世纪开始的，当时有利玛窦、艾儒略、阳玛诺、利类思等学者将中国的经典译成拉丁语，将拉丁语的经典译成汉语。研究中西交流史必须考虑到这些翻译著作在中国和西方的影响。

（9）更好地理解现代思想概念的历史演变。比如，拉丁语的modernus（摩登）来自modo（不久前），在公元500年已经有罗马人使用“摩登”这个词。中世纪的西方人也使用它，今天每天也都能听到“现代”“现代化”这样的词。然而，在这1500年的过程中，“摩登”这个词的含义发生了什么变化呢？拉丁语是这类思想史问题的钥匙。

（10）第十个理由是最重要的，也是范围最广的：中国大学生应该学习拉丁语，因为他们要走入一些新的研究领域。如比较文学（comparative literature）、古典语文学（classical philology）、教父学研究（patristic studies）、罗马法（Roman law）、中世纪法律史（history of medieval law）、中世纪历史、哲学和文学（medieval history, philosophy, and literature）、基督宗教历史（history of Christianity）、圣经学（biblical studies）、基督宗教神学（theology）、比较语言学（comparative linguistics），等等。这些研究领域在20世纪的中国没有获得充分的发展，其中一个原因是：走入这些学科的领域都需要掌握拉丁语。

文献选目

中文文献

贝迪荣：《辣丁中华字典》，上海土山湾慈母堂光绪三十二年，1906 年。

陈卫佐编：《拉丁语法律用语和法律格言词典》，北京：法律出版社，2009 年。

丁光训、金鲁贤、张庆熊主编：《基督教大辞典》，上海：上海辞书出版社，2010 年。

丁俊：《中国阿拉伯语教育史纲》，北京：中国社会科学出版社，2006 年。

方豪：《拉丁文传入中国考》，载《方豪六十自定稿》，台北：台湾学生书局，1969 年，1—38 页。

方豪:《中国天主教史人物传》,北京: 宗教文化出版社,2007 年。

凤翔教区牧委会编：《天主教凤翔教区的过去和现在》（未正式出版），宝鸡：凤翔教区，2005 年。

甘肃省文化艺术研究所编；宋国荣、顾善忠、程硕主编：《骊靬探丛》，西安：陕西旅游出版社，2005 年。

高华士：《欧洲和耶稣会传教士之间的书籍来往：西堂、北堂图书馆简史》，载古伟瀛编《基督宗教与近代中国》，北京：社会科学文献出版社，2011 年，240—277 页。

高龙鞶：《江南传教史》，周士良译，上海：上海光启书局有限公司，2008 年。

高智瑜、马爱德主编：《虽逝犹存：栅栏——北京最古老的天主教墓地》，澳门：澳门特别行政区政府文化局和美国旧金山大学利玛窦研究所，2001 年。

格雷：《法律人拉丁语手册》，张利宾译，北京：法律出版社，2009 年。

顾赛芬：《汉拉词典》，河间府，1892 年。

古伟瀛、赵晓阳编：《基督宗教与近代中国》，北京：社会科学文献出版社，2011 年。

顾卫民编：《中国天主教编年史》，上海：上海书店出版社，2003 年。

黄时鉴、龚缨晏：《利玛窦世界地图研究》，上海：上海古籍出版社，2004 年。

惠泽林：《北堂图书馆的历史变迁》，载谢和耐《明清间耶稣会士入华与中西汇通》，耿昇译，北京：东方出版社，2011 年，149—174 页。

江沙维：《辣丁中华合字典》，澳门，1841 年。

基歇尔：《中国图说》，张西平等译，郑州：大象出版社，2010 年。

柯博识：《私立北京辅仁大学 1925—1950：理念、历程、教员》，台湾：辅仁大学出版社，2007年。

赖德烈：《基督教在华传教史》，雷立柏等译，香港：香港道风山书社，2009年。

雷立柏：《1924年的全国主教会议与公教对华夏文化的评论》，《基督教文化学刊》第25辑，2011年春，173—192页。

雷立柏：《古希腊罗马及教父时期名著名言辞典》，北京：宗教文化出版社，2007年。

雷立柏:《古希腊语入门教程》,北京:北京联合出版社,2014年。

雷立柏:《汉语神学术语辞典》,北京:宗教文化出版社,2007年。

雷立柏：《简明拉丁语教程》，北京：商务印书馆，2010年。

雷立柏：《拉丁成语辞典》，北京：宗教文化出版社，2006年。

雷立柏：《拉英德汉法律格言辞典》，北京：宗教文化出版社，2008年。

雷立柏：《论基督之大与小：1900—1950年间华人知识分子眼中的基督教》，北京：社会科学文献出版社，2006年。

雷立柏：《西方经典英汉提要》（卷一、二、三、四），北京：世界图书出版公司，2009—2010年。

雷立柏：《拉丁语汉语简明词典》，北京：世界图书出版公司，2011年。

雷立柏：《为什么中国学生应该学习拉丁语？十个理由》，载韦洛克（Fred. M. Wheelock）《韦洛克拉丁语教程》（第二版），张卜天译，北京：世界图书出版公司，2011年，门页。

雷立柏：《1924年的全国主教会议与公教对华夏文化的评论》，

《基督教文化学刊》第25辑，2011年春，173—192页。

雷立柏:《现代汉语的竞争能力》,《世界汉学》第9卷,2012年,180—187页。

雷立柏（Leopold Leeb）：《拉丁语桥：拉丁语－英语－汉语修辞学词典》，北京：中国书籍出版社，2012年。

雷立柏：《拉丁语入门教程Ⅰ：语法篇》，北京：北京联合出版公司，2014年。

雷立柏：《拉丁语入门教程Ⅱ：文献篇》，北京：北京联合出版公司，2014年。

雷立柏：《拉丁语语法速记表、拉丁语基本词汇手册》，北京：北京联合出版社，2014年。

雷立柏：《为什么中国人应该学习欧洲书法？》，《新知》第3期，2014年5月，90—93页。

雷立柏编译：《托马斯·阿奎那哲学名言选录》，北京：宗教文化出版社，2015年。

雷立柏：《中国基督宗教史辞典》，北京：宗教文化出版社，2013年。

雷立柏：《我的灵都》，北京：新星出版社，2017年。

李镜峰：《图解拉丁语课本》，宝鸡：凤翔教区，2010年（非正式出版）。

李奭学：《中国晚明与欧洲文学：明末耶稣会古典型证道故事考诠》，台北：“中央研究院”联经出版公司，2005年。

李文彬：《华英翻译金针》，上海：商务印书馆，1911年。

李晓晨：《近代河北乡村天主教会研究》，北京：人民出版社，2012年。

利玛窦：《天主实义今注》，梅谦立（Thierry Meynard）注，谭杰校勘，北京：商务印书馆，2014年。

罗存德编：《英华字典》，香港每日新闻社，1866—1869年。

马礼逊编：《华英字典》，澳门，1822年。

麦克雷：《拉丁语基础教程》，北京：商务印书馆，2014年。

梅谦立：《北京教堂及历史导览》，北京：上智编译馆，2007年。

苗德秀、彭加德编：《中华拉丁大辞典》，香港：保禄印书馆，1957年。

敏春芳：《文明的关键词：伊斯兰文化常用术语疏证》，北京：民族出版社，2002年。

彭泰尧编：《拉汉词典》，贵阳：贵州人民出版社，1986年。

彭小瑜：《教会法研究》，北京：商务印书馆，2003年。

荣振华等：《16—20世纪入华天主教传教士列传》，耿昇译，广西：广西师范大学出版社，2010年。

沙百里：《中国天主教指南》，新加坡：新加坡中华公教联络社，2000年。

石类思：《拉丁文法》，山东兖州：圣保禄印书馆，1942年。

上海耶稣会：《咏唱经文》（Chants Sacres），上海：土山湾印书馆，1935年。

史有为：《外来词：异文化的使者》，上海：上海辞书出版社，2004年。

舒乃伯、苗德秀编：《拉丁中华哲学辞典》，济宁：圣保禄印书馆，1935年。

苏其康：《西域史地释名》，高雄：中山大学出版社，2002年。

孙笑侠编译：《西方法谚精选》，北京：法律出版社，2005年。

王硕丰：《早期汉语〈圣经〉对勘研究》，北京：社会科学文献出版社，2017年。

维昌禄：《拉丁文初学话规》，济宁：圣保禄印书馆，1915年。

韦洛克(Fred. M. Wheelock)：《韦洛克拉丁语教程》，张卜天译，北京：世界图书出版公司，2009年。

魏明德编：《古罗马宗教读本》，北京：商务印书馆，2012年。

伊曼纽尔：《拉丁法律词典》，魏玉娃译，北京：商务印书馆，2012年。

翁绍军校勘并注释：《汉语景教文典诠释》，北京：生活·读书·新知三联书店，1996年。

吴金瑞：《拉丁汉文辞典》，台北：光启社，1965年。

吴玉章：《文字改革文集》，北京：中国人民大学出版社，1978年。

谢大任等编：《拉丁语汉语小词典》，上海：上海外语教育出版社，1988年。

谢大任主编：《拉丁语汉语词典》，北京：商务印书馆，1988年。

谢大任：《拉丁语语法》，北京：商务印书馆，1959年。

熊月之：《西学东渐与晚清社会》，上海：上海人民出版社，1994年。

徐以骅：《圣约翰大学》，石家庄：河北教育出版社，2003年。

薛伯主编：《元照英美法词典》，北京：法律出版社，2003年。

杨慧玲：《19世纪汉英词典传统：马礼逊、卫三畏、翟理斯汉英词典的谱系研究》，北京：商务印书馆，2012年。

伊力：《图说汉字的故事：人性化阅读文丛》，北京：人民日报出版社，2008年。

尤斯提尼安：《法学阶梯》，徐国栋译，北京：中国政法大学出版社，2000年。

张西平：《传教士汉学研究》，郑州：大象出版社，2005年。

张雅琨：《清前中期拉丁语在中国的运用状况》（中国人民大学历史学院硕士学位论文，未出版），北京，2017年。

郑玉波：《法谚》（上下两册），北京：法律出版社，2007年。

中国伊斯兰百科全书编辑委员会：《中国伊斯兰百科全书》，成都：四川辞书出版社，2007年。

钟少华：《中文概念史论》，北京：中国国际广播出版社，2012年。

周有光：《朝闻道集》，北京：世界图书出版公司，2010年。

邹振环：《马相伯与〈拉丁文通〉》，《复旦学报》第6期，2005年，112—119页。

日文文献

大贯隆、宫本久雄、名取四郎、百濑文晃：《岩波キリスト教辞典》，Tokyo: Iwanami Shoten，2002年。

井上哲次郎：《英独仏和哲学字彙》，Tokyo: 丸善株式会社，

1912年。

西文文献

Anderson, H., ed. Biographical Dictionary of Christian Missions. New York: Macmillan, 1998.

Bettray, Johannes SVD. "Die Priesterseminare der Steyler Missionsgesellschaft in China". In Zeitschrift für Missionswissenschaft 1 (1958): 32–38; 2 (1958): 125–134.

Biermann, Benno. Die Anfänge der neueren Dominikanermission in China. Berlin: Albertus Verlag, 1927.

Charbonnier, Jean. Christians in China: A.D. 600–2000. San Francisco: Ignatius Press, 2007.

Coblin, W. South. Francisco Varo's Glossary of the Mandarin Language. Nettetal: Monumenta Serica Institute, 2006.

d'Elia, Pasqual. Catholic Native Episcopacy in China, Being an Outline of the Formation and Growth of the Chinese Catholic Clergy 1300—1926. Shanghai: T 'usewei Print Press， 1927.

d'Elia, Pasqual. The Catholic Missions in China. Shanghai: Commercial Press, 1934: 73.

Evers, Georg. "Jin Luxian, The Memoirs of Jin Luxian, Volume One: Learning and Relearning 1916–1982". In China heute 178 (February 2013): 124–128.

Fuchs, Friedrich. "Quaedam proposita quoad Seminaria minora". In

Collectanea Commissionis Synodalis，1939: 730–734.

Fuhrmann, Manfred. Latein und Europa. Geschichte des gelehrten Unterrichts in Deutschland von Karl dem Grossen bis Wilhelm II. Koeln, 2001.

Georges, Karl Ernst. Ausführliches lateinisch-deutsches Handwörterbuch. Basel: Benno Schwabe Verlag, 1951.

Goncalves, Affonso. Grammatica latina ad usum sinensium juvenum. Macao: In regali collegio Sancti Joseph, 1828.

Harrison, Henrietta. The Perils of Interpreting. Princeton: Princeton University Press, 2021.

Launay, A., MEP. Journal d'Andre Ly, Pretre Chinois, Missionaire et Notaire Apostolique, 1746–1763. Texte latin. Paris, 1906.

Leslie, D., Gardiner. The Roman Empire in Chinese Sources. Bard, 1996.

Ma Li. "Das Gesangbuch als Dokument einer sich entwickelnden chinesischen Kirchenmusik". In China heute (April 2013): 233–241.

Malek, Roman, ed. Macao: Herkunft ist Zukunft. Nettetal: Steyler Verlag, 2000.

Masini, Federico. The Formation of Modern Chinese Lexicon and its Evolution toward a National Language: The Period from 1840 to 189. First published in Journal of Chinese Linguistics. 1993.（汉译版参见马西尼《现代汉语词汇的形成》，英河清译，上海：汉语大词典出版社，1997年。）

Mensaert, Georges, ed. Relationes et Epistolas Fratrum Minorum Hispanorum in Sinis qui a. 1672–1681 Missionem ingressi sunt. Roma, 1965.

Metzler, Joseph. Die Synoden in China, Japan und Korea 1570–1931. Paderborn: Schöningh, 1980.

Nunez, Cesar Guillen. "The Portrait of Matteo Ricci". In Portrait of a Jesuit: Matteo Ricci, pp. 87–89. Macao: Jesuitas Publications, 2010.

Peintinger, F. X. "In nomine Domini, ein christlicher Grabstein in Yangzhou, 1344". In The Chinese Face of Jesus Christ, Vol. 1, edited by Roman Malek, pp. 285–292. London: Routledge.

Rivinius, Karl Josef, SVD. Das Collegium Sinicum zu Neapel und seine Umwandlung in ein Orientalisches Institut: ein Beitrag zu seiner Geschichte. Sankt Augustin: Monumenta Serica, 2004.

Rouleau, Francis, SJ. "The Yangchow Latin Tombstone as a Landmark of Medieval Christianity in China". In Harvard Journal of Asiatic Studies, no. 17 (1954): 346–365.

Rutten, Joseph, CICM. "Le programme des etudes dans les petits seminaires de Chine". In Collectanea Commissionis Synodalis (1935): 630–637.

Rybolt, John. The Vincentians: A General History of the Congregation of the Mission, Vol. 3: 1789–1843. New York: New City Press, 2013.

Sachsenmaier, Dominic. Die Aufnahme europäischer Inhalte in

die chinesische Kultur durch Zhu Zongyuan (ca. 1616–1660). Nettetal: Monumenta Serica, 2001.

Standaert, Nicholas, ed. Handbook of Christianity in China, Vol. 1: 635—1800. Leiden: Brill, 2001.

Steyler Missionsbote, May 1938.

Sybesma, Rint. "A History of Chinese Linguistics in the Netherlands". In Chinese Studies in the Netherlands, edited by Wilt Idema, pp. 127. Leiden: Brill, 2014.

Walter, Gonsalvus. Gottes Kampf auf gelber Erde. Paderborn: Schoeningh, 1938.

Wiest, Jean-Paul. Collectanea Commissionis Synodalis: Digests of the Synodal Commission of Catholic Church in China (1928–1947), Bethesda: Academic Editions, 1988.

Wyngaert, Anastasius van den, OFM, ed. Sinica Franciscana, Vol.1: Itinera et Relationes Fratrum Minorum Saeculi XIII et XIV. Florence: Firenze, 1929.

Xu Longfei. Die nestorianische Stele in Xi'an: Begegnung von Christentum und chinesischer Kultur. Bonn: Borengässer, N M, 2004.

双语人名索引

跋

从拉丁语在中国的发展历史可以观察到清朝皇帝的保守态度和封闭的文化政策，也可以看到中国文化（尤其是汉字）的保守性：中国人在引进外国文字方面很犹豫，很慢。在编写双语或多语词典方面，19 和 20 世纪的日本学人远远超过中国学者。新中国成立后，中国的教育制度更强调理科，不重视西方古典语言、外语语源学、西方古典文学史、西方古代文明史，所以学习拉丁语的人较多属于医学和生物学的领域，而他们不从文学或思想的角度来学，只学习专用术语。1950 年后拉丁语的教学工作从天主教的修道院转到社会上的大学，但国内 2000 多所大学从 1950 年到 2000 年间没有培养出一批名副其实的拉丁语专家、古希腊语专家、古典学专家，也没有推出一套（小型、中型、大型）综合性拉汉词典和古希腊语汉语词典。中国大多数的大学仍旧没有任何资深的拉丁语老师（或古希腊语老师），这意味着拉丁语的教学传统在大学里还没有生根。现代汉语中的词汇大约 50% 来自拉丁语（比如“现代”“单词”与拉丁语 modernus 和 vocabulum 有关系），但很少有学者分析现代汉语的词义和词源。

值得注意的是，大约自 2004 年以来，新出版的拉丁语教程和古希腊语教程比以前多，北京的名牌大学（北京大学、清华大学、中国人民大学、北京外国语大学、北京师范大学、中国政法大学等）里有一些老师（包括外籍老师和中国人）提供拉丁语课程，所以学习拉丁语的人比以前多一些。

将来要做的教学和编译工作还很多，拉丁语在中国的发展潜力还很大。

雷立柏（Leopold Leeb）

中国人民大学林园

2022年6月8日

图书在版编目（CIP）数据

拉丁语在中国：另一种中西文化交流史 / (奥) 雷立柏著. -- 西安：西北大学出版社，2025. 1. -- (爱言：古典语文学丛书 / 黄瑞成主编). -- ISBN 978-7-5604-5470-2

Ⅰ. H771-092

中国国家版本馆 CIP 数据核字第 2024JC7791 号

拉丁语在中国：另一种中西文化交流史

[奥] 雷立柏 著

出版发行：西北大学出版社

（西北大学校内　邮编：710069　电话：029-88302621　88303593）

经　销：全国新华书店

印　装：陕西龙山海天艺术印务有限公司

开　本：889mm × 1194mm　1/32

印　张：10.625

字　数：220 千字

版　次：2025 年 1 月第 1 版

印　次：2025 年 1 月第 1 次印刷

书　号：ISBN 978-7-5604-5470-2

定　价：68.00 元

本版图书如有印装质量问题，请拨打电话 029-88302966 予以调换。